学行堂语言文字论丛

第六辑

邓章应 / 主编

科学出版社

北京

内 容 简 介

　　《学行堂语言文字论丛》（第六辑）围绕甲骨文金文研究、简帛文字研究、碑刻与敦煌文献研究、少数民族语言文字研究等主题，以语言文字为主要研究对象，共收录专业学术论文26篇，在相关专业领域内皆取得一定程度的突破。

　　本书可供文献学、文字学、语言学领域学者及相关专业研究生、本科生阅读与参考。

图书在版编目（CIP）数据

学行堂语言文字论丛. 第六辑 / 邓章应主编. —北京：科学出版社，2018.5

ISBN 978-7-03-057897-6

Ⅰ. ①学… Ⅱ. ①邓… Ⅲ. ①语言学–文集Ⅳ. ①H0-53

中国版本图书馆 CIP 数据核字（2018）第 129611 号

责任编辑：范鹏伟 / 责任校对：贾娜娜

责任印制：张克忠 / 封面设计：墨轩教育

科 学 出 版 社 出版

北京东黄城根北街 16 号

邮政编码：100717

http://www.sciencep.com

三河市荣展印务有限公司 印刷

科学出版社发行　各地新华书店经销

*

2018 年 5 月第 一 版　　开本：787×1092　1/16

2018 年 5 月第一次印刷　印张：17

字数：300 000

定价：89.00 元

（如有印装质量问题，我社负责调换）

目　录

殷墟甲骨文"肆釐"研究*

王　森

提　要："肆釐"为何组和无名组卜辞中习见用语，其含义表示"延长福祉"，在卜辞中作为命辞，表示疑问语气。其字形和使用语境存在较为明显的类间差异，其使用的时代主要集中在廪辛、康丁时期，上限至祖甲时期，下限至武乙时期。

关键词：甲骨文；分类；肆釐

"肆（叙）釐（敊）"为殷墟甲骨文习语，主要分布于村北系列的何组卜辞和村南系列的无名组卜辞中，本文通过通检《甲骨文合集》《甲骨文合集补编》《小屯南地甲骨》所著录甲骨文中出现的"肆釐"，对其作如下几个方面的研究。

一、"叙敊"之考释成果

"肆釐"根据字形严式隶定当为"叙敊"，《甲骨文字典》将"叙"字定为《说文》聿部之"肂"字，解字曰："從又從彑（希），即隸之初文。肂在古籍中亦作肂、肆、肆、肂，训为'延也，陈也。'"又释义曰："肂，延也。肂敊，即延釐，福祉绵长之意。"①《甲骨文字典》将"敊"字定为《说文》攴部之"敊"字本身，解字曰："象手持来（来，义同麥），以攴（支）击之而脱粒之形，以示有丰收之喜庆，引申为福祉之义，为釐之初文。《说文》十三下里部：'釐，家福也。'"又释义曰：

* 本文是 2016 年国家社科基金重点项目"殷墟甲骨文分类与系联整理研究"（16AKG003）成果之一。
① 徐中舒：《甲骨文字典》，四川辞书出版社 1989 年版，第 318 页。

"𨽙（隶）嫠义同延釐，福祉绵长之义。"①

由以上说解可知，"叙""嫠"二字从字形角度当归入《说文》之"𨽵"与"嫠"，从字义角度当释为《说文》之"隶（同肆）"与"釐"。《甲骨文字诂林》观点与《甲骨文字典》相近，其"叙"字下云："按：（叙）字当释𨽵，通作肆，于（省吾）先生已详加论证。卜辞之'𨽵嫠'即延长福祉之意。犹它辞言'征嫠'。"②"嫠"字下云："按：嫠、嫠本为一字，釐与嫠、嫠则为古今字，《说文》歧为三。许慎训嫠为'坼'，训嫠为'引'，于典籍无证。训釐为'家福'，更属不辞。段玉裁谓'家福者，家居获祐也'；王筠谓'言家者，为其从里也'，皆曲为许氏回护。实则只是福僖之义。《汉书·文帝纪》如淳注谓'釐，福也'；颜师古注谓'釐读曰僖'。卜辞言'叙嫠'、'征嫠'，均为延长福祉之意。"③

"叙嫠"根据以上考释成果，可知其为动宾结构短语，"叙"指延长，"嫠"指福祉，在卜辞中充当命辞，表达疑问语气，语法性质相对独立，是极其简省的句子结构。

二、"叙嫠"之字体分类

根据旧有断代标准，"嫠叙"一词主要出现于殷墟甲骨文第三期，即村北系列的何组卜辞和村南系列的无名组卜辞中。而从字形分类的角度，根据《殷墟甲骨分期研究》的分类标准，具体说来，则是指何组二类、何组三A类、何组三B类、历无名间组、无名组一A类、无名组一B类、无名组一C类、无名组二类、无名组三类这九类④。刘风华女士在《殷墟村南系列甲骨卜辞整理与研究》中提出"非典型无二类卜辞"，我们赞同这一新的小类⑤。同时，根据后续的研究，我们将无名组一B类根据所含"吉"字的三种不同字形（𠮷、𠮷、𠮷），将其分为甲、乙、丙三群。因此，含有"叙嫠"的卜辞便可根据字体分为十二小类，现逐类说解字形如下。

---

① 徐中舒：《甲骨文字典》，四川辞书出版社1989年版，第288页。
② 于省吾：《甲骨文字诂林》，中华书局1996年版，第3243页。
③ 于省吾：《甲骨文字诂林》，中华书局1996年版，第1462页。
④ 李学勤、彭裕商：《殷墟甲骨分期研究》，上海古籍出版社1996年版，第142~153页、第269~291页。
⑤ 刘风华：《殷墟村南系列甲骨卜辞整理与研究》，上海古籍出版社2014年版，第146~156页。

（一）何组二类

这类卜辞可举《合集》26975、27385、28001 等为例，其"叙觳"字形如下：

叙　　　　　　　　　觳

其字形特点为"叙"字所含"希"字口部中空，不似其他小类皆被贯穿，"希"字与"又"字之间有至少两个点状饰笔，这些饰笔可能是表示"希"这种兽类身上的灰尘、毛发等脱落之物。"觳"字所含之"来"字，多含两个下垂型麦穗，且上端有横笔，下部多有表手持的"又"字，少数字形缺少"又"字。右边"支"字所持击具上端有横笔，是其特点。

（二）何组三 A 类

这类卜辞可举《合集》26899、26907、27223 等为例，其"叙觳"字形如下：

叙　　　　　　　　　觳

其字形特点为"叙"字所含"希"字腿部大多弯曲幅度很大，也有少数幅度较小，字体朝向左右皆有。"又"字大多位于"希"兽的臀部，也有位于头部的，且不含点状饰笔。"觳"字所含"来"字为下垂型麦穗，穗数较多，是其特点，"来"字下部均无"又"字。

（三）何组三 B 类

这类卜辞可举《合集》29683、30757、31854 等为例，其"叙觳"字形如下：

叙　　　　　　　　　觳

其字形特点为"叙"字所含"希"字腿部大多弯曲幅度较小，字体朝向左右皆

有，"又"字大多位于"希"兽头部，点状饰笔数量不定，且位置很随意。"㪔"字所含"来"字均为上直型麦穗，其下部多有"又"字，也有少数没有。少数"来"字带有点状饰笔，表示"攴"字击打脱落的颗粒。

（四）历无名间组

这类卜辞可举《合集》27415、27616、31667等为例，其"叙㪔"字形如下：

其字形特点为"叙"字所含"希"字腿部弯曲幅度较大，"又"字均位于"希"兽腿部左边，且无点状饰笔，字形很稳定。"㪔"字所含"来"字均有四个下垂型麦穗，下部"人"字朝向左右皆有，其左右两边各有一个"又"字，是其显著特点，也有只有一个"又"的，"攴"字所持击具笔画较长。

（五）无名组—A类

这类卜辞仅见一例，即《屯南》3545，且"叙"字只残余下半部。

（暂缺）

根据"叙"字残余部分，可知其"希"字腿部弯曲幅度较大。"㪔"字所含"来"字有三个下垂型麦穗，左二右一。下部"人"字之下有"又"字。

（六）无名组—B类甲群

这类卜辞可举《合集》27396、30003、31844等为例，其"叙㪔"字形如下：

其字形特点为"叙"所含"希"字的躯干略有弯折，尾部开始分为三笔，与何

组、历无名间组不同。"又"字较大,通常有两个点状饰笔。"麳"所含"来"字有四个下垂型麦穗,下部"人"字朝向左右皆有,"又"字位于"人"字右边。

（七）无名组—B类乙群

这类卜辞可举《合集》27227、31177 及《屯南》73 等为例,但片数较少,未见清晰"麳"字,故字形暂缺。

叙　　　　　　　　　　　　　麳

（暂缺）

其"叙"字字形不定,"希"字腿部有直有曲,有的含有点状饰笔,有的没有。"麳"字根据《合集》31177 的模糊字形,可以看出其"来"字带有四个下垂型麦穗。

（八）无名组—B类丙群

这类卜辞可举《合集》28940、30001、31851 等为例,其"叙麳"字形如下:

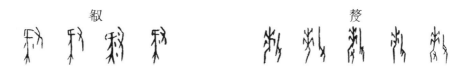

叙　　　　　　　　　　　　　　　麳

其字形特点为"叙"所含"希"字腿部较平直,"又"字位于"希"兽头部,尾部分为三笔,多数带有一个点状饰笔。"麳"字所含"来"字均有四个下垂型麦穗,下部"人"字多朝向右边,少数朝向左边,部分字形在"人"字的右方带有"又"字。

（九）无名组—C类

这类卜辞可举《合集》28218、28767、31842 等为例,其"叙麳"字形如下:

叙　　　　　　　　　　　　　　　麳

其字形特点为"叙"所含"希"字躯干稍有折笔,尾部分为三笔,"又"字折笔明显,通常带有一个点状饰笔,也有超过一个的。"麳"所含"来"字均带有四个上直型麦穗，下部"人"字朝向右方为主，均不带有"又"字，少数"嫠"字带有点状饰笔。

（十）无名组二类

这类卜辞可举《合集》26908、27281、27398等为例，其"叙嫠"字形如下：

其字形特点为"叙"字所含"希"字腿部弯曲明显但柔缓，尾部分为三笔或两笔，"又"字笔画弯曲柔和，少部分"叙"字带有一个点状饰笔。"嫠"所含"来"字大多数带有三个下垂型麦穗，以左一右二为主。下部"人"字左右朝向不定，大多数带有"又"字，"又"字位置亦左右不定。

（十一）非典型无名组二类

这类卜辞可举《合集》30334、30820及《屯南》748等为例，其"叙嫠"字形如下：

其字形特点为"叙"字字形多变，所含"希"字腿部有直有曲，部分"希"字的颈部和口中竖笔不是同一笔写成，尾部分为三笔，点状饰笔可有可无。"嫠"字最大特点是"来"字中间竖笔和下部"人"字连为一笔，上直型麦穗和下垂型麦穗均有。"又"字亦可有可无。

（十二）无名组三类

这类卜辞可举《合集》27325、27822、29031等为例，其"叙嫠"字形如下：

其字形特点为"叙"字腿部笔直，尾部分为三笔，通常有两个点状饰笔，"又"字中笔常和点状饰笔连接，形似"支"字。"虋"最大特点是下部"人"字膝盖处有明显弯曲，且多数带有"又"字。上部"来"字既有上直型麦穗，也有下垂型麦穗，麦穗数通常为四个。

通过以上分类，可以看出"叙虋"的字体特征存在较明显的类间差异。但在分析的过程中，我们发现何组有两片卜辞存在特殊的字体现象，即《合集》26975 和《合集》29626（仅余虋字），其"叙虋"字体如下：

《合集》26975（何组二类）　　　　　　　《合集》29626（何组三 B 类）

《合集》26975"贞"字作𝖧，"其"字作𝖔，"何"字作𝖺，是典型的何组二类字体，但"叙虋"二字却是何组三 B 类的。《合集》29626"贞"字作𝖬，"受"字作𝗒，"吉"字作𝖺，是典型的何组三 B 类字体，但"虋"字确实何组二类的。这一现象的产生，有可能是两种字体同版造成的，但除了这两片卜辞之外，何组二类和何组三 B 类尚未发现其他的同版现象，因此其原因尚无法完全确定，但确是值得注意的特殊现象。

三、"叙虋"之使用语境

前文已经说明，"叙虋"一词表示"延长福祉"，因其经常单刻于辞旁，所以其作为语言成分是相对独立的，所以有必要对其同版其他卜辞进行归类，以说明其使用语境的规律。在此，我们选择在内容上有讨论价值的卜辞，按照第二节的分类标准进行类间比较。

（一）何组二类

《合集》26975：①庚戌卜何贞：妣辛岁其叙虋？②庚戌卜何贞：其于来辛酉？③庚申卜何贞：翼辛酉毓其隹？

《合集》27385：①己酉卜暊贞：其又中己？②贞：其叙虋？

《合集》28001：①贞：叙辇？②丁未卜晌贞：卢方酓萑新家今秋王其比？③贞：其叙辇？④壬寅卜晌贞：翼日癸卯王其逊？

何组二类"叙辇"主要使用在祭祀卜辞中，未见祭品，祭名有"岁""又""酱"。其最大特点在于，"叙辇"不单刻于辞旁，而是处于卜辞文句当中，尚未完全独立，尤其是根据"贞：叙辇？"这种句式，可以看出其具有命辞性质，这与何组三类及无名组卜辞不同。

（二）何组三 A 类

《合集》26899：①贞：其［又日］父己？②贞：更今夕？③贞：于来日？④癸亥卜口贞：其祝于妣更裸用？⑤贞：更岁？⑥贞：其馘今夙亡吝？⑦叙辇？⑧贞：发巳？⑨贞：其又众？⑩贞：其令马亚射麋？

《合集》26907：①辛亥卜彭贞：其易卩？②辛亥卜贞：叙每？③辛亥卜贞：其乎往？④贞：王其令乎射鹿射？⑤叙辇？⑥己巳卜彭贞：御于河羌三十人？才十月又二卜。⑦贞：卯十宰？⑧贞：其沈？⑨辛丑卜狄贞：今夕亡田？

《合集》27223：①贞：三宰？②贞：五宰？③癸亥卜壹贞：其又小乙畴祭于祖乙？④叙辇？《合集》28173：①癸丑卜何贞：于皿？②癸丑卜何贞：叙辇？

何组三 A 类"叙辇"使用的语境相比何组二类要丰富许多，有祭祀类卜辞，不仅祭祀已亡先人，也祭祀自然神如"河"，祭名有"又""祝""裸""岁""馘""御""卯""沈""畴"，还出现了祭品如"羌""宰"。有田猎卜辞，如"射麋""射鹿"，以及田猎地名"皿"。但值得注意的是，在《合集》28173 中，"叙辇"依然处在卜辞文句之中，具有明显的命辞性质，与何组二类相同，这说明文例的演变不是随着卜辞字体的改变而立刻改变的，但何组三 A 类大部分的"叙辇"已变成独立的语言成分，位于辞旁。

（三）何组三 B 类

《合集》29590：①三牢［王受］又？②叙［辇］？

《合集》29626：①贞牢［王］受［又］？大吉。②叙［辇］？

《合集》29683：①□宰王受又又？②叙辇？

《合集》30019：①其又大雨？②叙［辇］？

《合集》30757：①癸卯卜狄贞：其祝？②癸卯卜贞：叀裸？③癸卯卜贞：叀岁？④癸卯卜狄贞：弜巳叀又工丁湔？⑤甲辰卜狄贞：王其田叀翼日乙亡灾？⑥丙辰卜狄贞：爰出？⑦甲子卜狄贞：王其田亡灾？吉。⑧甲子卜狄贞：王翼其田亡灾？吉。⑨甲子卜狄贞：王其往舟叀丁？⑩叙觳？

《合集》30822：①贞：叀乙酉酚王受又又？②叙觳？

何组三 B 类"叙觳"所处语境最大的特点，是卜辞中常出现"王受又"这一习惯用语，以及"吉""大吉"这样的占辞。同时也有祭祀和田猎卜辞，祭名有"祝""裸""岁"，祭品有"牢""宰"，田猎卜辞则有"王其田亡灾"这一固定文例。

（四）历无名间组

《合集》27415：①王其𠂤□桒至父庚？②叙觳？③桒父己父庚叀彸往𠂤？
《合集》27616：①戊辰卜其征兄己兄庚…②叙觳？
《合集》30111：①王其𠂤不菁雨昏帝？②叙［觳］？
《合集》31667：①叙觳？②習兹卜王其𠂤戊申？③王其𠂤戊申祝？
《合集》31679：①叙觳？②乙丑卜其又岁于…③其用兹卜。
《屯南》4543：①甲子卜：叙觳弜方寮？

历无名间组"叙觳"所处的卜辞中，最大特点是含有"𠂤"这一祭名，其他祭名还有"桒""征""昏""祝""岁"。《合集》31679"其用兹卜"一语较为少见，无名组卜辞常见的用辞"兹用"，有可能是由其简化而来。另外《屯南》4543 中的"叙觳"处于卜辞文句之中，而不是独立于辞旁，比较特殊，亦值得注意。

（五）无名组一 A 类

本类卜辞只有一例，《屯南》3545：①叀又羌衻用？②叀今甲寅酚王受又？③叙［觳］？

其为祭祀卜辞，祭名有"衻""酚"，祭品有"羌"，有习惯用语"王受又"。

（六）无名组一 B 类甲群

《合集》27396：①叙觳？②其又父己叀莫酚王受［又又］？③叀入自父庚夕酚王受又又？

《合集》30003：①叙燹？②亡雨？③亡雨？④叙燹？

《合集》30020：①叙燹？②叀羊又大雨？③叀小宰又大雨？

本群"叙燹"主要出现于祭祀卜辞和卜雨辞中，祭名为"又""酓"，祭品有"羊""小宰"，有习惯用语"王受又又"。

（七）无名组一 B 类乙群

《合集》27227：①祭于祖乙其菁又□岁王受又？②叙［燹］？

《合集》30028：①叙［燹］？②叀万乎无又大雨？③叀戉乎无又大［雨］？

《合集》31177：①叙燹？②叀牝又正？

《屯南》73：①其又父己于来日王受［又］？②叙燹？

本群"叙燹"类似于甲群，也主要出现于祭祀卜辞和卜雨辞中，祭名有"菁""岁""又"，祭品有"牝"，有习惯用语"王受又"。

（八）无名组一 B 类丙群

《合集》26931：①癸亥卜：酓蓳其…②叙燹？③其又羌？

《合集》27130：①叙燹？②三牢王受又？③五牢王受又？④□牛用大乙？

《合集》27547：①叙燹？②其又姬于妣辛？

《合集》27921：①盂犬告鹿其比，禽？②叙燹？

《合集》29488：①叙燹？②叀勿牛？

《合集》29783：①妢戈一斧九又…②大食其亦用九牛？③叙［燹］？

《合集》29855：①不雨？②其雨？③叙［燹］？

《合集》30001：①其睾□？②又雨？③叙燹？

《合集》30047：①己巳卜：其寻睾又大雨？②叙燹？

《合集》30503：①叙燹？②其又三牢？

《合集》31175：①叙［燹］？②叀牛又正？

《合集》32715：①…父丁乡卒？②叙［燹］？

《合集》41412：①其彶岁叀宰？②叙燹？

《合补》9665：①叙［燹］？②卯？③弜卯？④五豚？

《合补》10279：①于宫亡戋？②叀斿田射又麋？③叙燹？④叀日壬王其迓于桼

亡戈？

本群"叙鼙"出现次数较多，在祭祀卜辞中，祭名有"酚""又""姬""妞""枺""彡""征""岁""卯"，祭品有"羌""牢""牛""戈""斧""窜""豚"，有习惯用语"王受又"。在田猎卜辞中，有"盂""宫""斿""桼"等无名组卜辞常见地名，出现了"于+地名+亡戈"的固定格式。

（九）无名组一C类

《合集》27397：①叙［鼙］？②其又父己叀莫酚王受［又］？

《合集》27408：①于父己王受又？②叙［鼙］？

《合集》28218：①庚子卜：其用受［年］？②弜用受年？③叙鼙？

《合集》28767：①叙鼙？②癸卯卜：今日不雨？③其雨？④其逆？

《合集》30246：①叙鼙？②不遘大风？③其遘？

《合集》32325：①…其又升…上甲三牢？②叙鼙？

《屯南》4453：①…王才裸…受［又］？②…彡日父己遘又王受又？③叙［鼙］？

本类"叙鼙"使用语境主要为祭祀卜辞，祭名有"又""酚""升""裸""彡""遘"，祭品仅见"牢"。除此之外，还有卜雨辞、卜风辞、卜年辞，根据《合集》28767"其逆"可知当有田猎卜辞。

（十）无名组二类

《合集》26908：①叙鼙？②其又升大乙羌五十人？

《合集》27123：①荀牛其用大乙？②叙鼙？

《合集》27160：①大甲帅叀大牢？②闵寮叀小宰？③叙［鼙］？

《合集》27184：①叙［鼙］？②其又升祖乙牢又一牛王受又？

《合集》27281：①叙鼙？②辏叀㘅各于裸用王受又？③于入自裸用王受又？④其同于祖丁昏王受又？

《合集》27347：①叙鼙？②其征曽小乙叀璜日酚王受又？

《合集》27398：①丁卯卜王其又父己…②叀牛王受又？③叙鼙？

《合集》27401：①叙鼙？②父己岁叀莫酚？③叀夕酚？④父己岁叀羊王受又？

《合集》27419：①叙鼙？吉。②父己罕父庚酚？吉。③父己来日？大吉。

《合集》28342：①其雨？②叙祭？③王其征至于戠亡𢦏？④弜至戠其每？⑤其𥺢戠鹿，禽？

《合集》28862：①叙祭？②禽？③不禽？

《合集》28946：①叙祭？②从盂？大吉。兹用。③从宫？④从桼？⑤从丧？

《合集》29578：①叙祭？②三牢？③五牢？

《合集》30169：①又大雨？吉。②叙祭？③其莫侃毋又雨？大吉。④弜莫亡雨？吉。

《合集》30287：①叙祭？②丁酉卜戊王其田从兆亡𢦏？③从南门？

《合集》30444：①其雨？②叙祭？③叀𡆥零酓…雨？

《合集》30490：①叙祭？②其又夕岁二牢王受又？吉。

《合集》30505：①叙祭？②其又叀小宰王受又？③叀牛王受又？

《合集》30515：①叙祭？②其又夕象？

《合集》30524：①叙祭？②其御又史王受又？③［其］𠂤（裸［王］受又？

《合集》30594：①叙［祭］？②其用旧智廿牛受年？③卅牛受年？④其𡎚年于河叀今辛亥酓受年？

《合集》30943：①叙祭？②王叀己巳裸？

《合集》31867：①于之若？②叙祭？

《合补》9708：①叙祭？②其征岁叀小宰王受又？③叀牛王受又？④叀小宰用？

《屯南》57：①叙祭？②叀牛？③其牢？

《屯南》226：①叙祭？②戊不雨？③其雨？④…王其田兽亡𢦏？

《屯南》658：①甲辰卜王其省鼓弗每？吉。兹［用］。②叙祭？③乙巳王其省鼓？吉。④叙祭？⑤其先寮乃省［鼓］？

《屯南》822：①叙祭？②其昏𡒊小乙王受又？③于姚庚王受又？④昏姚庚若酓于裸王受又？

《屯南》2267：①叙祭？②…叀今夕酓王受又？

《屯南》2276：①己未卜祖丁大升王其征大甲？②弜征？叙祭？

《屯南》3009：①叙祭？②其祮大甲三牛？

《屯南》3027：①叙祭？②王叀躔日辛省田亡𢦏？③壬𨒪亡𢦏？

《屯南》3088：①叙［祭］？②其又二子叀小宰？③叀牛？

《屯南》4358：①叙［燮］？②辛不雨？

《屯南》4396：①叙［燮］？②其用才父甲王受又？③至于祖丁王受又？吉。
④叀今日甲用王受又？

无名组二类出现的"叙燮"是最多的，其中以祭祀类卜辞为主，祭名有"又"
"升""师""寮""裸""昏""征""酌""岁""御""寨""祜"，祭品有
"羌""牛""大牢""小宰""卣""羊""牢"。有习惯用语"王受又"，以及
占辞"吉""大吉"和用辞"兹用"。在田猎卜辞中，所见地名有"戠""盂"
"宫""桑""丧""兆""南门""兽""鼓"，与田猎卜辞相配合，也常常出现卜
雨辞。在《合集》27419 中，"叙燮"旁有占辞"吉"，也证明"叙燮"当为命辞，
"吉"字用来判断"叙燮"之吉凶。

（十一）非典型无名组二类

《合集》30334：①其又升…小乙宾宗？②叙燮？

《合集》30820：①叙燮？②叀丁卯酌？③叀丁丑酌？④三牢？⑤五牢？大吉。
兹用。

《屯南》748：①叙燮？②父己卯牢王受又？③二牢王受又？④三牢王受又？

《屯南》2406：①叙燮？吉。②其寨年叀祖丁册用王受又？大吉。③叀父甲册用
王受又？吉。

非典型无名组二类"叙燮"主要用于祭祀类卜辞，祭名有"升""宾""酌"
"卯""寨""册"，祭品有"牢"，有习惯用语"王受又"。在屯南 2406 中，"叙
燮"旁有占辞"吉"，类似于无名组二类的《合集》27419。

（十二）无名组三类

《合集》27325：①丙戌卜：其［又］四祖丁？②叙燮？

《合集》28949：①叙燮？②翊日乙王其逐于向亡戈？

《合集》29031：①叀束西麋比？②王其田雞？③叙燮？④翊日辛王其逐于丧？
⑤于向？⑥于宫？

《合集》30440：①…升于河三牢王受又？②叙燮？

《合集》32390：①叙燮？②上甲史其祝父丁裸？③弜巳？

《合补》10286：①叙燎？②乙亥卜：其眔又于高祖十牛王受又又？

《屯南》3550：①叙燎？②其又伐王受又又？③弜又？

《屯南》4558：①丁亥卜：王其升辖于□王其宾若受又又？大吉。②叙燎？吉。

在无名组三类中，"叙燎"主要用于祭祀卜辞，祭名有"又""升""祝""裸""眔""伐""宾"，祭品有"牢""牛"。田猎卜辞出现的地名有"束""雞""丧""向""宫"。在《屯南》4558 中，占辞"吉"出现在"叙燎"旁，与《合集》27419、《屯南》2406 情况相同。

通过以上归类分析，我们可以看出"叙燎"在使用语境上存在着类间差异，具有一定的特色，但由于可供探讨的卜辞数量尚少，有些结论仍需要进一步验证和补充。

四、"叙燎"之使用时代

分析"叙燎"这一习语使用的时代，需要从与其同版的称谓系统入手，本文研究材料出现的称谓按照时代先后排列如下。

上甲：无一 C（《合集》32325）、无二（《屯南》4091）

大乙：无一 B 丙（《合集》27130、27132）、无二（《合集》26908、27123）

高祖：无三（《合集》27822）

大甲：无二（《合集》27160、《屯南》2276、《屯南》3009）

大戊：无二（《合集》30594）

祖乙：何三 A（《合集》27223）、无一 B 乙（《合集》27227）、无二（《合集》27184）

小乙：何三 A（《合集》27223）、无二（《合集》27347、《屯南》822）

妣庚：无一 B 甲（《合集》31844、《屯南》822）

四祖丁：无三（《合集》27325）

祖丁：无二（《合集》27281、《屯南》2276、《屯南》4396）、非典型无二（《屯南》2406）

妣辛：何二（《合集》26975）、无一 B 丙（《合集》27547）

父己：何三 A（《合集》26899）、历无名间（《合集》27415）、无一 B 甲（《合集》27396）、无一 B 乙（《屯南》73）、无一 C（《合集》27397、27408，《屯南》

4453）、无二（《合集》27398、27401、27419）、非典型无二（《屯南》748）

中己：何二（《合集》27385）

父庚：历无名间（《合集》27415）、无一 B 甲（《合集》27396）、无二（《合集》27419、27431）

父甲：无二（《屯南》4396）、非典型无二（《屯南》2406）

兄己：历无名间（《合集》27616）

兄庚：历无名间（《合集》27616）

父丁：无一 B 丙（《合集》32715）、无三（《合集》32390）

其中，"兄己""兄庚"等称谓是祖甲时期的称谓，因此这是"叙肇"使用时代的上限，而"父丁"是武乙对康丁的称谓，因此这是"叙肇"使用时代的下限。同时，"兄己""兄庚""父丁"出现次数很少，而"祖丁""父己""父庚""父甲"等廪辛、康丁时期的称谓出现次数较多，所以我们可以得出结论，"叙肇"主要使用于廪辛、康丁时期，上及祖甲时期，下延武乙时期。

（王森，四川大学历史文化学院，wangsen901104@163.com）

克罍、克盉铭文"宅"字补释*

刘　杨

提　要：近年发现的克罍、克盉铭中的🔲、🔲、🔲、🔲，学者观点颇多，有释"赴""徙""宋""寁""寓""寝""宅"的说法。本文赞成李学勤先生的观点，将克罍、克盉铭中的这个字隶定为"寁""窑""寝""寝"，读为"宅"，并对其进行补苴。

关键词：克罍；克盉；叕；垂；宅

近年新发现的克罍、克盉铭文涉及早期燕国的史料，意义非同凡响，学者多有讨论。克罍、克盉铭文相同，其中有一字颇有争议，在克罍铭中作下揭之形：

A1：盖铭　　　　　　　　　　A2：器铭①

在克盉铭中作如下之形：

B1：盖铭　　　　　　　　　　B2：器铭②

A1 较 A2 为清晰，字从宀，从🔲，从止。A1 所从止形讹作了"又"，古文字不乏其例③。A2 拓本稍显模糊，其所从🔲形与 A1 的🔲不类。而 B1 和 B2 都省去"止形"，其余部分与 A1 相同。

对于这个字，殷玮璋先生把 A1 除去"又"形的部分隶定为🔲，把 A2 除去"止"

---

* 本文为"天津师范大学博士研究生学术新人项目"（项目号：2016BSXR009）阶段性成果。小文在第七届出土文献研究与比较文字学全国博士生论坛宣读后，蒙陈年福、陈英杰二位先生提出许多宝贵的指导意见，谨致谢忱！

① 克罍铭文拓片来自《中国文物精华》，文物出版社 1997 年版，图版 52。
② 克盉铭文拓片来自陈平：《初燕克器铭文"心"、"邕"辨》，《北京文博》1999 年第 2 期，第 39 页。
③ 相关论证参见刘钊：《古文字构形学》，福建人民出版社 2011 年版，第 337 页。

形的部分隶定为，但无法确识该字①。陈公柔先生释为《说文》的"趚"，义为赴、趋一类的意思②。尹盛平先生释为"徙"③。

刘雨先生释为"宋"④。李仲操先生也释为"宋"⑤，义即来。孙华先生赞成殷玮璋先生的隶定，将其释为"逮"，义为赶赴⑥。杜迺松先生起先怀疑是"寓"字异体，后怀疑是"宅"字异体⑦。张亚初先生隶定为"窫"，认为其所从是正面直立的人形"大"，其双手和双足上加饰短竖笔，以表示手足用绳索束缚之形，将该字释为《集韵》的"窫"，表示"穴中出貌"⑧。陈平先生起初认为为金文床榻形符之繁变，后赞成张亚初先生之说释为"窫"，训为到某地中止之义⑨。韩建识先生依从殷玮璋先生之隶定，又据陈平先生"床榻之说"之说，认为应释为"寝"⑩。方述鑫先生认为 A1 所从应即《说文》之禾字，而《说文》禾字古文形体所从毛声，遂以为 A1 释为"宅"⑪。李学勤先生起先把 A1 释为"疆垂"之"垂"，后据方述鑫先生读为"宅"⑫。

这些说法中，陈公柔、尹盛平、刘雨、李仲操、孙华、杜迺松诸位先生的说法或未举出字形依据，或所举字形与 A1、A2、B1、B2 相差甚远，皆有臆测之嫌。但他们的观点中亦有可取之处，比如孙华先生赞同殷玮璋先生的隶定，杜迺松先生怀疑该字释为"宅"等。张亚初先生对 A1 的隶定是正确的，但他把该字与《集韵》的"窫"联系在一起，则证据太晚，很不合适。陈平和韩建识二位均将看作床榻之形，缺乏严格的字形对比，但陈先生后改释"窫"和韩先生认可殷玮璋先生的隶定都是可取的。方述鑫先生认为即《说文》之"禾"，周宝宏师认为："按西周金文未见禾字，西周金文華字

---

① 殷玮璋：《新出土的太保铜器及其相关问题》，《考古》1990 年第 1 期。
② 陈公柔发言，详参《北京琉璃河出土西周有铭铜器座谈纪要》，《考古》1989 年第 10 期。
③ 尹盛平：《新出太保铜器铭文及周初分封诸侯授民问题》，《第二次西周史学术讨论会论文汇编》1992 年。
④ 刘雨发言，详参《北京琉璃河出土西周有铭铜器座谈纪要》，《考古》1989 年第 10 期。
⑤ 李仲操：《燕侯克罍盉铭文简释》，《考古与文物》1997 年第 1 期。
⑥ 孙华：《匽侯克器铭文浅见——兼谈召公建燕及其相关问题》，《文物春秋》1992 年第 3 期。
⑦ 杜迺松释"寓"，详参《北京琉璃河出土西周有铭铜器座谈纪要》，《考古》1989 年第 10 期。杜先生释"宅"，参见《克罍克盉铭文新释》，《故宫博物院院刊》1998 年第 1 期。
⑧ 张亚初发言，详参《北京琉璃河出土西周有铭铜器座谈纪要》，《考古》1989 年第 10 期。张先生对"窫"的详细分析可参见《太保罍、盉铭文的再探讨》，《考古》1993 年第 1 期。
⑨ 陈平的"床榻之说"可参见《克罍、克盉铭文及其有关问题》，《考古》1991 年第 9 期。后训"中止之义"，可参见《再论克罍、克盉铭文及其有关问题——兼答张亚初同志》，《考古与文物》1995 年第 1 期。
⑩ 韩建识：《释""、""》，《北京文博》1998 年第 2 期。
⑪ 方述鑫：《太保罍、盉铭文考释》，《考古与文物》1992 年第 6 期。
⑫ 李学勤释"垂"，可参见《北京琉璃河出土西周有铭铜器座谈纪要》，《考古》1989 年第 10 期。李先生后改释"宅"，可参见《克罍克盉的几个问题》，《走出疑古时代》，辽宁大学出版社 1994 年版，第 160 页。

所从也与此'囲'不同，释'囲'为禾于字形上无据，因此把圙读为'宅'，也就失去了依据。"①周师对方先生的怀疑是有理据的。李学勤先生依据方述鑫先生的论证把A1的囲释为"垂"，读为"宅"，则接近于事实。

我们认为，释读该字的关键在于对 A1 的囲、A2 的囲的认识。

对于 A1 的囲。经过学者讨论，认为其与甲骨文𣲘、𣲘一脉相承，具有形体上前后演变关系。张政烺先生将甲骨文𣲘隶定为"叕"。汤余惠先生据秦简"叕"字𣲘、𣲘释金文𣲘、𣲘为"叕"，再把金文𣲘分析为从叕从欠的歡字。刘钊先生据以上二位学者的意见将金文𣲘释为叕，又认为⻊旧释为隌是正确的②。张亚初先生将A1、B1释为窒、窓，继承了以往学者的观点。周师对这个字的各家说法进行了反复细绎，指出："所谓窓字，克疊盖铭作🔲、克疊腹铭作🔲（其中⻊上部有残缺，而下部从𣲘（止）则甚明晰），克盉盖铭作🔲、克盉腹铭作🔲，其中⻊形也许是西周金文𣲘（叕）形的讹变，但⻊与𣲘二形毕竟有一定差别，因此张亚初释为"窓"或"窒"只可备一说，不可视为定论。……因此，圙字是否为窒（窓），如果是窒，在铭文中为何义，都需要进一步证明，张亚初所训之义是不可从的。"③周师倾向于将囲释为"叕"，但在结论上是非常谨慎的。

对于 A2 的囲形。陈平和张亚初先生认为囲、囲是繁简体的关系，周师则认为囲是囲的残损之形。殷玮璋、孙华、韩建识三位先生则把二形隶定为🔲、🔲，可见他们认为囲、囲并不是简单的繁简关系，囲也不是囲的残损之形。我们仔细观察囲会发现，字形上所从▱形有左右斜向上歧出的短笔，分明是"中"形，囲不同于囲。因此，囲应为囲的异体。字形虽异，但在文字充当的功能是相同的。

裘锡圭先生在《释"求"》一文中提到几个与囲、囲联系紧密的古文字：

> 卜辞里还有一个写作𣲘、𣲘、𣲘、𣲘，经常在提到"良"的人祭卜辞里出现。这个字的字形跟𣲘（按：裘先生怀疑是"蔡"）相近，不过它的下部的两条较长的斜笔一般是直的，跟"大"的下部有别，上端或作𣲘，下部或加◇，也跟用作地名的𣲘不一样。这个字跟𣲘究竟是什么关系，有待研究。④

---

① 周宝宏：《近出西周金文集释》，天津古籍出版社 2005 年版，第 101 页。
② 张政烺、汤余惠、刘钊三位先生的观点可参见《古文字构形学》，福建人民出版社 2011 年版，第 171~172 页。
③ 周宝宏：《近出西周金文集释》，天津古籍出版社 2005 年版，第 101~102 页。
④ 裘锡圭：《释"求"》，《裘锡圭学术文集·甲骨文卷》，复旦大学出版社 2015 年版，第 275 页。

虽然裘先生最后没有指出⿱⿱⿱、⿱、⿱应该释作什么字，很明显⿱和除去土块◇的⿱就是 A1 所从的⿱，而⿱、⿱除去土块◇的形体上亦有 A2 的"中"形，这个形体可与 A2 的⿱形作类比。其实，早年间李孝定先生把⿱释为"垂"，在卜辞中用为祭祀用品之名。罗琨先生也主张⿱是被杀祭者，也释为"垂"。张秉权先生认为是一种祭祀时的牺牲品。姚孝遂先生总结各家之说认为裘先生上引诸字"唯释'垂'可备一说"①。这些观点是颇有见地的。

秦汉文字中"垂"字作：

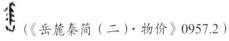（《岳麓秦简（二）·物价》0957.2）　　（《岳麓秦简（二）·物价》0957.1）

（《里耶秦简（一）》8-660 背）

（《北大汉简（四）·妄稽》Z2.13）　　（《居旧汉简甲乙》505.27）②

岳麓秦简中的形体所从⿱、⿱向两边倾斜的笔画省去末尾分叉之形。里耶秦简字形稍模糊，但可看到其所从⿱向两边倾斜的笔画末尾的分叉之形。北大简的形体属于隶变中的产物，⿱形也没有分叉之形，⿱形左上横笔可以看到一个与之垂直的小短竖笔。

我们再看出土文献中的"叕"字，季旭升先生在《说文新证》中列举以下几例被古文字学者公认为"叕"的字：

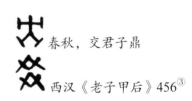

金文：　　春秋，交君子鼎　　　　　　春秋，交君子鼎

秦汉简：　　秦《睡·日乙》145　　　　西汉《老子甲后》456③

《说文》："缀联也。象形。凡叕之属皆从叕。"字形分析为从大，像人两手两脚有连缀之形（毛羽花草之类）。显然，裘先生上举甲骨文⿱、⿱、⿱除去土块◇形和中形的部分正是季旭升所举的"叕"字，正是 A1 的⿱形。

我们用表 1 揭示以上诸字的关系：

① 李孝定、罗琨、张秉权、姚孝遂四位先生的观点请参看于省吾主编：《甲骨文字诂林》，中华书局 1996 年版，第 258~261 页。
② 岳麓秦简字形请参见贺晓朦《〈岳麓书院藏秦简〉（二）文字编》，湖南大学硕士学位论文 2013 年，第 224 页。里耶秦简字形请参见蒋伟男《〈里耶秦简（一）〉文字编》，安徽大学硕士学位论文 2015 年，第 202 页。北大汉简字形请参见李红薇《北京大学藏西汉竹书集释及字表》，吉林大学硕士学位论文 2015 年，第 241 页。居延汉简字形请参见李瑶《居延旧简文字编》，吉林大学博士学位论文 2014 年，第 832 页。
③ 季旭升：《说文新证》，福建人民出版社 2010 年版，第 987 页。

表1　　"垂"，"叕"字形对比

	甲骨文	金文	秦汉文字
古文字中的"垂"	（裘引） （裘引） （裘引）	A2 的（该字省去土形◇）	（岳麓二·物价 0957.2） （岳麓二·物价 0957.1） （里耶一 8-660 背） （北大四·妄稽 Z2·13） （居旧甲乙 505·27）
古文字中的"叕"	（裘引）	A1 的 （春.交君子鼎） （春.交君子鼎）	（秦.睡.日乙 145） （西汉.老子甲后 456）

　　从形体的角度讲，虽然 、 可以释"叕""垂"，但在铭文中的用法究竟是什么，仍须讨论。

　　首先，我们注意到李学勤先生最初把 A1、A2、B1、B2 读为"疆垂"的"垂"，"垂燕"意如疆燕，即划定燕的疆界，后依方述鑫先生的意见改释为"宅"。李学勤、方述鑫二位均将 、 直接视作《说文》的 ，而 字收有古文"㞢"，故 、 和"乇"字能互通，因此 A1、A2、B1、B2 都可释为宅。此说贸然将 和 等同于《说文》的 ，我们以为不妥。李桂森、刘洪涛二位在《释"華"及相关诸字》中指出：

　　　　古文字中很多从" "的字，其实本都不从" "，是由许多不同文字或偏旁经过相同或类似的形体变化才变作" "字形的。据统计，能变作" "字形的主要有"来""棄""中""朿""麥""木""㯃""朇"等八字或偏旁。①

　　李、刘二位认为《说文》的" "是后起的讹变写法，因为这种讹变写法为后世汉字所继承，许慎没有发觉，因而造成了很多错误。比如《说文·素部》："素，白緻缯也。从糸 ，取其泽也。凡素之属皆从素。"从古文字演变角度来看，"素""索"本一字，"素"是从"索"分化来的，"索"字上部的"中"形讹变作" "，朱德熙先生早有论断②。再如《说文·左部》："差，贰也，差不相值也。从左从 。""差"字古文字上部本从"木"，后来讹变作" "，刘钊先生也有考证③。所以，古文字 、 不能直接等同于《说文》里的" "字。经过上文分析，我们知道 是"叕"， 是上引甲骨文 、 省去土块◇形的形体，可视为"垂"之省体。"垂"字古音在禅母歌部，"叕"字古音在端母月部，歌月阴阳对转，声母同属舌音。二字在文献

---

① 李桂森、刘洪涛：《出土文献》（第 5 辑），中西书局 2014 年版，第 163~172 页。
② 朱德熙：《朱德熙古文字论集》，中华书局 1995 年版，第 66 页。
③ 刘钊：《〈金文编〉附录存疑字考释（十篇）》，《人文杂志》1995 年第 2 期。

中常有通假之例，以"叕"为声的"娺"在《说文》中"娺读若唾"，"垂"是能够以"叕"为声的[①]。卍、卐必定在随后的形体演变中发生了同"素""差"一样的讹变。岳麓秦简的、尚保留古文字阶段"垂"字初形，里耶秦简的上部所从则与《说文》"乖"类同，北大简的、则是"垂"隶变中的产物。这样，我们就明白卍、卐无论释"叕"，还是释"垂"，都不妨碍将其读作"乇"。虽然方述鑫先生没有意识到《说文》"乖"字是众多字形讹变的产物，但他在《太保罍、盉铭文考释》一文中的论证依旧是有价值的：

> "克宝匜（燕）"：克，能也。宝，从止（盉铭不止），乖声。会意兼形声字。从宀，因封域故从宀。从止，因就封故从止。读作宅，作营建讲。《说文》："宅，所讬也。从宀，乇声。""场伯切。"上古属舌音定纽铎部字，中古以后分化为澄纽字。宅从乇得声，《说文》："乇，艸叶也。从垂穗，上贯一，下有根，象形。""陟格切。"上古属舌音端纽铎部字，中古以后分化为知纽。又《说文》："乖，艸木华叶乖。象形……物，古文。""是为切。"上古属括音定纽歌部字，中古以后分化为禅纽字。乖字古文偏旁从乇，当从乇得声。黄侃以为乖和乇两字可以就初文同声求其同类。宝宅古音同属舌音，可以通转，又铎部是与鱼部相对的入声韵，歌鱼可以旁转，声韵有联系。《释名·释宫室》："宅，择也，择吉处而营之也。"《尚书·召诰序》："成王在丰，欲宅洛邑，使召公先相宅。"《何尊》："余其宅兹中或（国）。"铭文中的宝和上引材料中宅的意思相同。[②]

其实，甲骨文中的、、、和A2的卐应该就是《说文》"乖（垂）"字的真正来源。

顺便提一下，《说文》"乖"字古文"物"字在货币文字中已被发现：

黄锡全先生在《"白金三品"篆文及有关问题略议》中认为上面龟币篆文第一字左边从"乇"，右边从"力"，《说文》"乖"古文物右从所谓的"勿"形应是所从

---

① （汉）许慎撰，（宋）徐铉校订：《说文解字》，中华书局2011年版，第263页。
② 张亚初：《太保罍、盉铭文考释》，《考古与文物》1992年第6期。

"力"形的讹误①。他将这枚龟币文释为"垂光"，义为光芒俯射或俯射的光芒，比喻光辉照世或普世恩泽。除此之外，黄先生还考证先秦圆钱自名为"衛鉇"的"鉇"也应该释为"锤"，表示的是重量单位②。还有，燕国兵器中有以"攴锯""攴鈇""攴鈌"之类命名的兵器，据何琳仪先生研究，"攴"字可读为"捶"，训击③。以上反映了"垂""屯"相通的事实在出土文献中存在着大量的例证。

另外，A2 的形体上正从"屮"，也可看作声符。《说文·屮部》："屮，草木初生也。象丨出形，有枝茎也。古文或以为艸字。读若彻。""屮"的上古音在是透母月部，"屯"的上古音在端母铎部。两者的声母属同一发音部位，仅是送气和不送气之别。两者的韵部的主要元音相同，仅是韵尾有别。屯和屮的上古音极近。再依据《说文·屯部》："屯，艸叶也。从垂穗，上贯一，下有根，象形。"我们认为"屯""屮"很明显是同源字的关系。甲骨文中的"毫"字不仅有以"屯"为声的（合集 22276）、（合集 28109）等，也有以"屮"为声的（合集 7061 正）、（合集 32675 正）等。所以，也可读为"屯"。

再次，在郭店简的《老子》乙简 16 中有一段话：

子孙以其祭祀不屯。（二七）

［注二七］："屯，简文为'屯'字省形。《说文》：'屯，难也'。裘按：从字形看，似为'屯'字。"这个屯字原篆作，裘先生认为是"屯"字④。郭店简中的这段话在今本《老子》写作"子孙以其祭祀不缀"。《古文字类编》《郭店楚简文字编》《楚系简帛文字编》（增订本）都将郭店简《老子》中的归于屯字条下。这是"屯"能读作"叕"的例证。

（刘杨，天津师范大学文学院，787329035@qq.com）

---

① 黄锡全：《"白金三品"篆文及有关问题略议》，《中国钱币》2003 年第 3 期。
② 黄锡全：《圜钱"卫鉇"试析》，《出土文献》（第 6 辑），中西书局 2015 年版，第 4 页。
③ 何琳仪：《战国文字通论》，江苏教育出版社 2003 年版，第 105、286 页。
④ 荆门市博物馆：《郭店楚墓竹简》，文物出版社 1998 年版，第 120 页。

试说遥尊铭文中的"耑"字*

马　超

提　要：近年新公布的商代铜器遥尊，铭文长达 36 字，内容记载了商王祭祀、飨酒、演奏乐舞等重要礼制内容，价值重大。铭文中有"耑"字，各家释读意见争议较大，或释为前，或释为通，或释为踊，其字有可能是"之同"二字合文，在铭文中读为"置庸"，即摆设乐器大铙，是器主受赏的原因。

关键词：商代金文；大万；合文；文字考释

遥尊（参文后图 1）或称大万尊、鱼尊，著录于《商周青铜器铭文暨图像集成续编》[①]0790，器形与铭文资料最早由吴镇烽先生《遥尊铭文初探》一文公布，此器现藏于香港私人手中，时代为商代晚期[②]，尊铭长达 36 字，在商代铜器中可谓鸿篇巨制。由于器属商代，铭文较长，又涉及商代祭祀、乐舞等礼制内容，因此资料公布后便引起了学界的关注。朱凤瀚[③]、李家浩[④]、李学勤[⑤]等先生均著文对尊铭进行了讨论，阐发了诸多高见，网络上亦有不少网友发表了精彩看法[⑥]。然而尊铭中个别问题仍存有较大异

---

* 本文是重庆市社科规划博士项目"两周金文所见传世文献佚记古国研究"（项目编号：2017BS19）阶段成果。本文在西南大学举办的第七届出土文献研究与比较文字学全国博士生论坛（2017 年 10 月）小组讨论时，受到了陈年福、陈英杰、李发几位先生的点评，多有获益，在此申谢！

① 吴镇烽：《商周青铜器铭文暨图像集成续编》，上海古籍出版社 2016 年版。以下简称《铭续》。
② 吴镇烽：《遥尊铭文初探》，复旦大学出土文献与古文字研究中心网站，2014 年 7 月 29 日，http://www.gwz.fudan.edu.cn/SrcShow.asp？Src_ID=2311。
③ 朱凤瀚：《新见商金文考释（二篇）》，《出土文献与古文字研究》（第 6 辑），上海古籍出版社 2015 年版，第 123 页。
④ 李家浩：《大万尊铭文释读》，《出土文献》（第 8 辑），中西书局 2016 年版，第 30 页。
⑤ 李学勤：《鱼尊铭文简释》，《中原文化研究》2016 年第 4 期，第 11 页。
⑥ 诸多网友高论，参复旦大学出土文献与古文字研究中心网站吴镇烽《遥尊铭文初探》文后评论。

议，铭文中的"▋"字即是争论的焦点之一，对此我们有一些不成熟的看法，在此提出，以就正于同好。为便于讨论，现参照各家意见，将遹尊铭文释写如下：

　　辛未，妇尊宜，才（在）霉大（太）室，王卿（飨）酉（酒），奏庸，新宜歆，才（在）六月，鲉十终三朕。遹凷，王赏，用乍（作）父乙彝。大万。

铭文前半"辛未，妇尊宜……才（在）六月"是讲六月辛未这一天商王与其配偶在霉太室举行祭祀，典礼之后进行飨酒，并举行奏乐与舞蹈。接下来"鲉十终三朕。遹凷"从文意上说似是在讲器主受到商王赏赐的原因。"鲉"字原拓片作"▋"，上为鱼旁，下部为▋，即是"由"字，或有学者认为"▋"为"鲁"字之讹①，或是"鱼由"二字，并将"鱼"视为器主②，恐均不可信。从铭文字形的总体铸写看，尊铭制作精致，字迹清晰，没有字形讹变与错乱的现象，故"▋"没有理由是讹变的字形；从铭文的行款布局来看，▋字的鱼、由两个偏旁书写紧凑，且与前文"庸""霉"相比，明显是占有一字的空间。这是我们赞同吴镇烽、朱凤瀚先生将遹视为器主的主要依据。

尊铭末尾的"大万"是其族氏铭文，"大万"族的得名含义对于理解尊铭至关重要，有必要先费些笔墨对此进行说明。"▋"释为"万"无疑，裘锡圭指出"万"为"丏"之初文。在甲骨、金文中常用来作"宾"字的声符，至战国文字里开始借为数词"万"。商代卜辞中屡见称为"万"的一种人，通常从事舞乐一类工作，"万"当读为万舞之"万"。商代金文中又有"大万"之称，大万应即万人之长③。

由上述可知"万"是乐舞一类的职事，尊铭"大万"吴镇烽先生已据裘先生的观点指出是"万"人之长④。"大万"在本铭中出现在铭文末尾，与上下文不连读，明显是族氏铭文，或许"大万"族长期担任"万"人之长，因此便以此为氏。这与薛国族氏铭文"史"一样，均属于以"职事"为氏⑤。黄杰先生主张末字应释为"丏（宾）"并以

① 李家浩：《大万尊铭文释读》，《出土文献》（第 8 辑），中西书局 2016 年版，第 31 页。
② 李学勤：《鱼尊铭文简释》，《中原文化研究》2016 年第 4 期，第 12 页。
③ 裘锡圭：《甲骨文中的几种乐器名称——释"庸""丰""鼗"》，《裘锡圭学术文集·甲骨文卷》，复旦大学出版社 2012 年版，第 39、49、50 页。
④ 吴镇烽：《遹尊铭文初探》，复旦大学出土文献与古文字研究中心网站，2014 年 7 月 29 日，http://www.gwz.fudan.edu.cn/SrcShow.asp? Src_ID=2311。
⑤ 李学勤：《〈仲虺之志〉与薛国史氏》，《中国经学》（第 4 辑），广西师范大学出版社 2009 年版，第 49 页；又《通向文明之路》，商务印书馆 2010 年版，第 163 页。

为是祭祀名①，是不正确的。"大万"族氏铭文还见于另外几件铜器，如前所述"大万"并不是"大"族与"万"族的联合，《商周青铜器族氏铭文研究》认为"大万"是复合族氏铭文②，现在看来也是不妥当的。

"鮋十终三朕"一句"鮋"字朱凤瀚先生读为舞蹈之"蹈"③；"终"字各家均指出是指"奏毕一章之乐谓之一终"；"朕"字李学勤先生读为"振"，据文献知意为万舞的一种仪节④，这些意见我们认为都是可取的。既已明白"遪尊"器主"遪"属于"大万"族，尊铭又恰是讲商王及配偶行乐舞之事，铭文中"遪𣄼"的"𣄼"应是一个动词，从文意上说似乎也应理解为器主受赏的原因之一，意义很可能也与其职事——乐舞有关。

"𣄼"字的释读意见以笔者所见大致有以下几种：

（1）吴镇烽先生将其释为"𣄼"即"前"字。意为前引，引导。尊铭"遪前"或谓遪是乐队的指挥或乐舞的前导。⑤

（2）董珊先生指出从原形看此字似从之从同，应将"之"形的横笔与"同"连起来看，即是从"舟"从"止"形的"前"字。器主𤞤之族以乐舞为职业，祭祀及之后的飨酒礼中，均有乐舞参与，他在商王和王后之前，因此受赏，为父乙作祭器以为纪念。

（3）网友"日古氏"指出所谓的"前"字，与陈剑释为"踊"的表意初文读为"通"之字是一个字形，因为同篇铭文的"庸"字下部明显与此字下部同形，已知"庸"下部为声符"用"，则此字下部视作声符"用"读为"通"恰好合适。也许此字就应该读为"踊"，训为"跳"，意思是说"𤞤"因参与了跳祭祀的舞蹈，所以"王赏"。

（4）网友 Wzf569 指出"遪前"与《简兮》的"在前上处"相当，是说遪排列在舞蹈队列的前面，担任前导。⑥

（5）朱凤瀚先生认为此字从之同声，读为通，训为得或达、至。"通王赏"即

① 参复旦大学出土文献与古文字研究中心网站吴镇烽《遪尊铭文初探》文后评论。
② 何景成：《商周青铜器族氏铭文研究》，齐鲁书社 2009 年版，第 607 页。
③ 朱凤瀚：《新见商金文考释（二篇）》，《出土文献与古文字研究》（第6辑），上海古籍出版社2015年版，第127页。
④ 李学勤：《鱼尊铭文简释》，《中原文化研究》2016年第 4 期，第 12 页。
⑤ 吴镇烽：《遪尊铭文初探》，复旦大学出土文献与古文字研究中心网站，2014 年 7 月 29 日，http://www.gwz.fudan.edu.cn/SrcShow.asp?Src_ID=2311。
⑥ 以上观点参复旦大学出土文献与古文字研究中心网站吴镇烽《遪尊铭文初探》文后评论。

器主得到王赏，或器主自认为其舞蹈达到了受王奖赏的高度。①

（6）李家浩先生认为此字上部的"之"乃是"止"旁之讹，其字为踊之异体，意为一种舞蹈动作。②

从字形看"𤴯"上部确是"之"旁，下部则是"同"字，因此严格来说，此字应该隶定为"𢓜"。"前""踊（𤴯）"均从"止"不从"之"，这两种释读意见不合于字形，难以成立；董珊认为应将"之"形的横笔与"同"连起来看，这样字的下部就成了"舟"旁，但是铭文中"之"下部的横笔"一"与"同"旁并不相连，这样拆分形体也不太合适；朱凤瀚先生认为此字从之从同，意见正确，但是读此字为"通"训为"得"，此种训释在文献中用例极少，训为"达""至"于文意上说则又不够协洽。

我们认为"𢓜"字有可能是"之同"二字的合文，可以读为卜辞常见的"置庸"，意义就是安放摆设乐器庸（大铙）。甲骨文置字作"𤰇"，裘锡圭指出其字形像双手置物于架座，"之"或"止"是其声符。而"庸"字又是从"同"得声的③。因此"之同"读为"置庸"从语音上讲是毫无问题的。尊铭文前言"奏庸"此言器主参与了"置庸"的工作，语义相协。或有人怀疑铭文先言"奏庸（演奏乐器）"后文才叙述器主"置庸（安置乐器）"，这样在逻辑上不符合先后顺序。

事实上并非如此，后文所述的"置庸"是器主追述自己受赏的原因，铭文的叙事逻辑是：先讲述了商王进行的一系列活动，然后器主再记叙其本人在这些活动中扮演的角色。西周早期的夰子鼎（《铭图》02385）即是此类叙述结构，其铭文言：

> 丁巳，王大祓。咸（戊午），夰子蔑厤（厤），敜白牡一。己未，王赏多邦伯，夰子丽，赏穗（夭邕）卣、贝二朋，用作文母乙障（尊）彝。

沈培先生指出"夰子丽"中的"丽"应读为"赞"，"王赏多邦伯，夰子丽"就是说：王赏赐诸邦伯的时候，器主充当了辅助性的职务④，叙事逻辑同样是先讲王的活动

① 朱凤瀚：《新见商金文考释（二篇）》，《出土文献与古文字研究》（第6辑），上海古籍出版社2015年版，第128、129页。
② 李家浩：《大万尊铭文释读》，《出土文献》（第8辑），中西书局2016年版，第34页。
③ 裘锡圭：《甲骨文中的几种乐器名称——释"庸""丰""鼗"》，《裘锡圭学术文集·甲骨文卷》，复旦大学出版社2012年版，第37、38页。
④ 黄锦前：《再论荆子鼎》，文后评论，复旦大学出土文献与古文字研究中心网站，2012年2月28日，http://www.Gwz.fudan.edu.cn/SrcShow.asp?Src_ID=1789。

（赏赐多邦伯），再追述器主在活动中承担的事务（丽）。金文万刿方彝（又称戍铃方彝、康方彝等，《铭图》13540）铭文言：

> 己酉，戍铃尊宜于召，置庸，舞（歌？）九律舞（歌？）。商（赏）贝十朋，万刿（？）用□□宗彝，才（在）九月，唯王十祀昜日五，唯来东。①

器主"万刿"的身份也是"万"，"刿"是其私名。戍铃在召地设置馈肴的时候，"万刿"参与了"置庸，舞（歌？）九律舞（歌？）"的活动，因此受到赏赐。彝铭与遖尊多有可以互参之处，两器记载的事件近似，均是"尊宜（设置馈肴）"之后举行乐舞，器主"刿"与"遖"身份职掌近似。由万刿方彝可知"置庸"也是"万"的职事之一，并可以因此受到赏赐，这为我们将"畣"释为"之同"合文，并读为"置庸"提供了依据。

图1　遖尊及铭文

（马超，西南大学历史文化学院，349611393@qq.com）

论"史""使""事"在出土文献中的发展与流变

李俊楠

提　要： 通过对甲骨文、金文、简帛等出土材料中"史""使""事"三字字形及词义用法的整理与分析，认为三字有共同的来源，是一字分化。"史"在甲骨文中已有了与"事"分化的趋势，从字形及词义用法上完全分化出来是春秋战国时期。"使"在商周时期与"事"共享一个字形，至春秋时分化出独立的字形后，逐渐将其相关词义也从"事"字形中分担出去。由于早期"使""事"同字，"史"在与"事"互用的过程中有时也会用作"使"，至战国中晚期，"史"用作"使"的情况增多，而"事"作"使"的用法却在急剧减少。

关键词： 史；使；事；分化；出土文献

"史""使""事"三字最早见于甲骨文，由于造字本义并未明确，且三字字际间关系及用法复杂，各家虽多有讨论，但终归各执一词，意见难以统一。本文拟从甲骨文、金文、出土简帛三种不同时期的出土文献中探索三字的字形变化及词义发展。

"史""使""事"本一字分化，在甲骨文中常作 𢎹（历组，H32969）、𠁁（何组，H27333）、𠁁（宾组，H5543）、𠁁（出组，H26872），有时也作 𢆉（屯0650）、屮（05444）、𠁁（27721）①。早期甲骨文中 𢎹、𠁁、𢆉 等字形并存，这些字形多象以手持

---

① 《新甲骨文编》立"吏""史"两个主字头，分别收𢎹和𠁁两种字形，"使""事"则重见于"吏"下。《甲骨文编》仅立"史"字头，下收𢎹、𠁁两种主字形，兼收𢎹、屮、𠁁等不常用字形。《甲骨文字典》立"史""使"为主字头，每个字头下皆收𢎹和𠁁两种字形。虽然多数文字编和字典认为𢎹和𠁁的记词功能存在差别，将𢎹释作"吏"或"事""使"，将𠁁释作"史"，但两种形体也时有混用，且卜辞中并没有出现《说文》所谓"治人者"之"吏"，将𢎹释作"吏"只是从其字形出发。

物形，但具体手持何物，各家意见不一。罗振玉认为"卜辞事字从又持简书，执事之象形也，与史同字同意"。王国维将手持之中解作盛算之器，并言算与简册本是一物，以此会"史官"之义。马叙伦认为史字的中是笔之倒形，从又持中，是会记事的意思。陈梦家认为："中为田猎之网而网上出干者，博取兽物之具也，史事通……由博兽之官进为祭祀之官，由祭祀之官进为文书之官，由文书引申为历史，由猎事祭事战事引申为一切事。"徐中舒认为："中或作中、中、丫等形，象干形，乃上端有权之捕兽器具，古以捕猎生产为事，故从又持干即会作事之意，史、事、吏、使初为一字，后世渐分化。"胡厚宣认为："古文字史、事、使三字不分，史从又持干，或从又持木，象史官奉命出使……总之，由甲骨卜辞来看，殷代的史尚非专门记言记事，掌握国家文书诏令簿书图册的文官，也不是专门担任着王朝钻龟占卜，钻燧取火以及国家庶事的任务。主要乃是担任国家边防的一种武官。"黎虎认为手持之物象旌旗竹节之形，为使者之凭证或标记，"史"之本义为"使"。

其中，持简册说、中为盛算之器说和持笔说皆不可信。卜辞多见"册"字，作册，但"史""事"等字却未见从又持册形；把中认为是盛算之器，但于中却无法说通。"笔"在甲骨文中虽有作中形，卜辞中未见将其倒置之例。文字的产生一个重要途径是象形，所象之形也多为人们日常生活常用或常见的物体。早期人类主要的生产活动是捕猎，丫当是其捕猎或作战的一种工具。甲骨文"干"字作丫（H32834），即为一种捕猎工具，后孳乳成中或中。可见，形中手持之物是捕猎作战的一种工具，以会"猎事、战事"义，并由此引申出包括"祭事"在内的一切事以及掌管战事、祭事的职官名。手持中当为中之变体，而所从的木象旌旗竹节之形，表"使"，以分担中的意义，只是该字形未能延续发展为主流字形。

中和木①在甲骨卜辞中主要有以下几种用法：①贞人名。②职官名。③使、令。④出使。⑤事务、事情。⑥祭祀之事。②

（1）癸卯〔卜〕，中（事）鼎（贞）：〔旬〕亡忧。（B04670）

（2）贞在北中（史）出只羌。（H00914 正）

（3）壬戌卜，殷鼎（贞）：气令我中（事）步伐舌方，受〔出（有）又（佑）〕。

---

① 下文涉及关于"史""事""使"在甲骨文中的字形类型以这两个字形为代表。
② 除此之外，还有用作氏族名和人名，其字形常释作"史"。

（B01804 正）

　（4）癸巳卜，殼，〔贞〕甶（使）人于舌，其⿱出日：三……一（H05537）

　（5）乎鸣比戉甶（使）眉。（H04723）

　（6）贞：勿〔乎〕山入御甶（事）。（H05561）

　（7）贞：乎□眔伇入御甶（史）。（H05560）

　（8）□丑卜，㽅，庚我又㽅（史）。（H40887）

　（9）戊戌卜，祖丁甶（史），其祉妣辛妣癸王〔受又〕。（H27367）

从卜辞来看，表贞人名时多用字形甶；表职官名、事情、事务等意义时，甶和甶两字形使用次数相当，如例（2）、（3）、（6）、（7）、（8），其中例（6）、（7）中的"事"和"史"都指事情，后来这种动宾结构凝结在一起形成一个表职官名的名词。统计甲骨文中以上字形及用法①，甶共出现 290 余次，有 121 次表示贞人名，75 次表示职官名，47 次表使令、出使义，48 次表事情义；甶共出现 150 余次，有 8 次表示贞人名，49 次表示职官名，4 次表使令、出使义，77 次表事情义，17 次表祭祀之事。从以上数据可以发现，在甲骨卜辞中甶和甶的用法还比较混乱，除作贞人名和表使令出使义时用甶字形特征明显外，用作职官名和事情时使用两个字形的次数虽不相同，但也不足以将其区分开来。

至西周中晚期，甶和甶的构字部件位置和形体开始向单一固定的方向发展，其所表示的三个字分化也渐趋明显。例如，甶和甶下部的⿱，在甲骨文中左右互用无别，这一时期则逐渐固定到右侧，位于左侧的⿱变少。甶基本保留其形体，在西周青铜器铭文中常作甶（史见卣，《集成》5305），表"史"字；而甶上部的笔画则发生了一些变化，中间的竖划延长至分权口外的甶（曶鼎，《集成》2838）②形使用次数增多，多表"事""使"二字。实际上在西周早期的甲骨卜辞和铜器铭文中已有这种字形，至西周中晚期，甶在铜器铭文中逐渐取代甶成为主流字形。在词义上，这一时期的"史""使""事"三字相较于在甲骨文中的用法既有继承，也有发展。在西周金文中，用作"史"时，常表史官类的职官名，有时又与"使"和"事"通用；用作"使"时，多是

---

① 统计数据来源于"汉达文库"（http://www.chant.org/Bone/Default.aspx），统计的对象为字形明晰可辨、卜辞内容较为完整或能够释读的甲骨片。

② 下文涉及西周青铜器铭文中"史""事""使"三字用甶和甶两种字形表示。

"使令""派遣、被使用""出使"义；用作"事"字时，沿袭甲骨文时期的用法，表"事情"和执事类的职官名，并在此基础上引申出"侍奉、任职"之意，也多有和"史"通用的情况①。如：

（1）王乎（呼）内𤔲（史）册命豆闭。（豆闭簋，《集成》4276）

（2）余令女（汝）史（使）小大邦。（中甗，《集成》949）

（3）自今余敢爰（扰）乃小大𤔲（事）。（𤼈匜，《集成》10285）

（4）𤔲（使）坪（厥）小子𧈪以限讼于丼（邢）吊（叔）。（曶鼎，《集成》2838）

（5）师嫠，才（在）先王小学，女（汝）敏可𤔲（使）。（师嫠簋，《集成》4324）

（6）唯十月𤔲（使）于曾。（小臣鼎，《集成》2678）

（7）母（毋）卑（俾）农弋（特），𤔲（使）坪（厥）友妻农，乃稟坪（厥）㝅、坪（厥）小子，小大𤔲（事）母（毋）又田。（农卣，《集成》5424）

（8）王令周公子明保，尹三事四方，受卿𤔲（事）寮。（矢令方尊，《集成》6016）

（9）唯坪（厥）𤔲（使）乃子戎万年辟𤔲（事）天子，母（毋）又（有）眈于坪（厥）身。（戎方鼎，《集成》2824）

（10）辛未，王才（在）阑𠂤，易（赐）又（右）𤔲（史）利金，用乍（作）檀公宝尊彝。（利簋，《集成》4131）

例（1）的"史"用作职官名，例（4）、（5）、（6）是"使"字的三种用法；例（7）、（8）、（9）的"事"则表"事情""职官名""侍奉"义；例（2）、（3）、（10）表明三字仍存在互用的情况。通过统计《殷周金文集成》中所收铜器铭文②，发现𤔲在西周青铜器铭文中出现 270 余次，其中用作"事"的只有 15 次，用作"使"的有 9 次，绝大多数用作"史"，表示职官名，在铭文中常写作"内史"或"史+人名"的格式，还有极少一部分用作族徽或人名；𤔲出现230余次，其中有3次用作"史"，25 次用作"使"，大部分则表"事"字，用作"事情""职官名""侍奉"等意义。𤔲在这一时期基本很少承担与"事"相关的意义，更多用来表示作为史官名的"史"字。𤔲则多用来表示作为事情、侍奉、执事义的"事"字，很少用作史。

---

① 与甲骨文情况相同，金文中也有用作人名和氏族名的，但常用"事"字，而非"史"字。

② 统计数据来源于"先秦甲骨金文简牍词汇库"（http://inscription.sinica.edu.tw/c_index.php），统计范围仅限于《殷周金文集成》中西周时期的青铜器铭文。

"使"在西周铜器铭文中都用![字形]和![字形]两个字形表示。由此可见，"史""事"在西周时期字形及词义的分工逐渐明显，但"使"还未分化出独立字形。

春秋战国时，许多文字形体发生了很大的变化，并形成了秦系文字、楚系文字等风格各异的文字体系。其中，秦系文字较多地继承了西周文字的形体特征，楚系文字则不然。![字形]字形在秦系文字中依然保留其形体特征，变化不大，作![字形]（《睡·日乙》52），而在楚系文字中一些基本构件发生的变化则较大，首先在"口"形中加了一横，又在"中"形竖画的右侧加一饰笔，作![字形]（《包二》158）。虽然秦系文字和楚系文字字形差别较大，但都是由![字形]发展演化而来，表"史"字。同样，![字形]字形在秦系文字中仍然变化不大，作![字形]（《睡·语》11）；在楚系文字中则变化较大，楚系文字![字形]（《包二》201）的来源可追溯到周原甲骨文![字形]，是在"口"形中加一横，且在上部的三岐笔形上加一饰笔发展演变而来，表"事"字，以区别于"史"字的字形。在战国中晚期，最值得注意的是"使"字分化出独立的字形，即在"事"字形的基础上加一形旁亻，金文里有![字形]（中山王![字形]鼎，《集成》2840）、![字形]（左使车工![字形]，《集成》4477）等形，楚简字形作![字形]（《清七·越》九），多释作"使"。从亻之"使"肇始于秦系文字，写作![字形]（《睡·法》180）①，三字在秦简和楚简中的用法大部分相同，基本承袭西周时期的词义和用法，与西周不同之处是："使"引申出"出使之人"的用法；"事"引申出"治人者"之义，后分化出"吏"字专表此义；"史""事"通用的现象变少；另外，"使"从"事"中分化出独立的字形后，借"事"字表意的情况与西周时期相比大幅减少，其新字形在出土竹简中多次出现②，但有时也常假借"史"字来表示③。

（1）畢得厗为右![字形]（史）。（《包二》一五八）

（2）其甬（用）心各异，教![字形]（使）肰（然）也。（《郭·性》九）

（3）句（苟）凄（济）夫人之善![字形]，劳其股肱之力弗敢单（憚）也，亾（危）其死弗敢爱也，胃（谓）之以忠![字形]（事）人多。（《郭·六》一七）

（4）毋以辟（嬖）士書夫=（大夫）卿（卿）![字形]（使）。（《上一·缁》一二）

---

① 下文涉及秦简中的"史""使""事"三字用![字形]、![字形]、![字形]三种字形为代表，楚简中用![字形]、![字形]、![字形]表示。

② 上博简仅《缁衣》中有一例，清华简《越公其事》中有七例，睡虎地秦简中《秦律十八种》《秦律杂抄》《法律答问》共有二十一例。

③ 上博简和睡虎地秦简中"使"多借用"史"字形表意。

（5）君越公不命𤸰（使）人而夫=（大夫）亲辱。（《清七·越》一五）

（6）出内（入）𤻪（事）王，尽卒岁窮=（躬身），尚毋又（有）咎。（《包二》二〇一）

（7）𤻪（事）又（有）讹（祸）焉，不忻以人，必身塵（擅）之。（《清七·子》五）

（8）卿𤻪（事）之阴车。（《曾》一九九）

（9）至计而上膚籍内史（史）。（《睡·秦》一七五）

（10）将发令，索其政，毋发可异吏（使）烦请。（《睡·为》一三五）

（11）县尉时巡视其攻（功）及所为，敢令为他事，便（使）者眦二甲。（《睡·杂》四二）

（12）冗妾二人当工一人，更妾四人当工一人，小臣妾可傻（使）者五人当工一人。（《睡·秦》一〇九）

（13）傻（使）者（诸）侯、外臣邦，其邦徒及伪吏不来，弗坐。（《睡·法》一八〇）

（14）民去其淫避（僻），除其恶俗，而便（使）之之于为善殹（也）。（《睡·语》三）

（15）毋（无）公端之心，而有冒柢（抵）之治，是以善斥（诉）事（事）。（《睡·语》一一）

（16）郡县除佐，事（事）他郡县而不视其事（事）者，可（何）论？以小犯令论。（《睡·法》一四四）

（17）其盈岁，虽弗效，新吏（吏）与居吏（吏）坐之，去者弗坐。（《睡·效》二一）

以上前八例是"史""使""事"在楚简中的用法，后九例是其在秦简中的用法。例（1）、（2）、（3）和例（9）、（10）表明"史"字在秦简和楚简中用法基本相同；例（4）、（5）和例（11）、（12）、（13）、（14）是"使"字的用法，其中例（4）的"使"假借作"士"，表"卿士"，这一用法并非"使"的常用义；例（5）的"使"用作名词，表"出使的人"，这一词义是春秋战国之际伴随"使"字独立字形的产生而出现的；例（6）、（7）、（8）和例（15）、（16）、（17）则是"事"字的用法①。

通过统计秦简和楚简中"史""使""事"三字的用法②，发现在楚简帛中史字形出现 73 次，用作史官之"史"25 次，用作使令之"使"45 次，用作侍奉、事情之"事"仅 3 次；事字形共出现 230 余次，大部分用来表执事、侍奉、事情义的"事"，仅 3 例表"使"；使字形共出现 7 次，表使令、使者义。秦简中，史共出现 70 余次，一半用作内史之"史"，一半用作从事文书事物的属吏之称，用作"使"的仅见 1 例，未见用作"事"的例子；事出现 130 余次，绝大多数用作事情之"事"；使出现 20 余次，皆用作表"使令""出使"义的"使"。据此可知，"史""事"二字在字形及词义的分化上已经非常明确，且各自还发展出其他的词义。"使"字也从"事"中分化出来，秦简多用其新字形使，楚简则常假借"史"字，有了新字形后"使"极少再用"事"字表示。

秦汉时期，"史""使""事"三字继承了秦系文字的特征，经历小篆字形，并在此基础上发生隶变，字形结构变化较小，但笔画简省且变得平直方正以便于书写。在《说文》中，史的小篆字形作史、使作使、事作事。汉简中三字分别作史（《武·少牢一》）、使（《武·士相见四》）、事（《武·士相见十一》），词义用法和战国时期基本相同。而与秦系文字风格迥异的楚系文字由于政治等各种原因而未能得到沿用。

另外，值得注意的是例（17）中用"事"的字形事表示"治人者"之"吏"，这样的用法在秦简中并不鲜见，但在楚简中却很少。表示"治人者"的"吏"字当是在战国中晚期产生。首先，从词义角度看，"事"本有作"职官名"的用法，在此基础上引申出"治人者"的意义有一定的理论依据；其次，在字形上也有演变的可能，事字形上部的分杈结构扁平化，演变作吏，其后《说文》中的小篆字形作吏，成为今天"吏"字的前身③。

---

① 上述例证中所列是这一时期"史""使""事"三字的常见意义及用法，其非常用义（比如"史"用作人名）不在讨论范围内，故未列出。

② 统计数据来源于"先秦甲骨金文简牍词汇库"（http://inscription.sinica.edu.tw/c_index.php），同时参考《清华大学藏战国竹简》一至七。

③ 甲骨文、金文、简帛中不乏将"史"或"事"字的字形释作"吏"的情况，但表示"治人者"义的"吏"实际上至春秋战国时期才出现。

表1　字形、词义演变表①

文字类型 ＼ 字	史	使	事
甲骨文（殷商）	𣱵（《合》17961） 1. 事情（含祭祀之事） 2. 职官名（史官类）	𠁞（《合》5489） 1. 使、令 2. 出使	𠁞（《合》5489） 1. 事情（含祭祀之事） 2. 职官名（执事类、史官类） 3. 贞人名
金文（西周~春秋）	𣱵（史见卣，《集成》5305） 1. 职官名（史官类） 2. 用作"使" 3. 用作"事"	𢽤（曶鼎，《集成》2838） 1. 使令 2. 出使 3. 派遣、被使用	𢽤（曶鼎，《集成》2838） 1. 职官名（执事类、史官类） 2. 事情 3.侍奉、任职
楚系文字（春秋战国）	𣱵（《包二》158） 1. 职官名（史官类） 2. 用作"使" 3. 用作"事"	𢽤（《清七·越》九） 1. 使令 2. 出使的人	𢽤（《包二》201） 1. 职官名（执事类） 2. 事情 3.侍奉、任职
秦系文字（战国中晚期）	𣱵（《睡·日乙》52） 1. 职官名（史官类） 2. 用作"使"	𢽤（《睡·法》180） 1. 使令 2. 出使的人 3. 出使的 4. 派遣、被使用	𢽤（《睡·语》11） 1. 事情 2. 侍奉、任职 3. 职官名（执事类） 4. 用作"吏"
小篆（秦汉时期）	𣱵（《说文》） 记事者也	𢽤（《说文》） 令也	𢽤（《说文》） 职也
隶书（秦汉时期）	史（《武·少牢一》）	使（《武·士相见四》）	事（《武·士相见十一》）

表1可见，殷商时期"史""事"二字的意义多用𠁞和𣱵表示，"使"常用字形𠁞表示，三字字形和词义的区分并不明显。

至西周时，𣱵字形未变，作𣱵，表"史"；𠁞演变作𢽤，表"事"和"使"。由于早期用字法的遗留，这一时期多有"使"写作𣱵的情况。另外，𢽤所表的"事"字也引申出"侍奉、任职"的词义。

春秋战国时期，𣱵和𢽤的形体在楚系文字中发生了较大变化，分别作𣱵和𢽤。"史""使""事"字形及词义用法基本明确分化出来，主要体现在两个方面。第一，"使"字分化出了独立的字形，作𢽤，将"使令、出使"等词义从𢽤中分担出来，不再与"事"共享一个字形。第二，"史"和"事"在"职官名"这一意义上完成分化，"事"字主要用来表示执事类的官职名，不再表史官类的官职名，而"史"字则多用作表示史官类的官职名。虽然此时"史"也有表"事情、侍奉"之义的用法，但此时这样的用法更应该被理解为假借关系。

到战国中晚期，与楚系文字并存的秦系文字也非常具有代表性。从上表可以看出，

---

① 分别选取殷商时期的甲骨文、西周的金文，以及春秋战国时期的出土竹简中"史""使""事"三字的典型字形。并在典型字形下，按所取字形的时代与材料总结其对应的词义与用法。

其字形基本承袭了西周文字的特征，变化较小。其中"使"字的字形多作 ，从"亻"之"使"沿用至今。这一时期三字的词义和用法更加丰富，分工也更加明确，体现为以下三点。首先，"史""事"二字通用现象大幅减少，"使"假借"史"的用法从西周时只是偶有几例，到此时这一用法却很常见。其次，"使"字除用作动词"使令、出使"，表被动的"被派遣、被使用"和名词"使者"外，又可以用作定语，表"出使的"。最后，表示"官吏"意义的"吏"字在这一时期也开始从"事"字中分化出来。

　　秦汉时期，统一而稳定的政治环境，为文字的统一与发展提供了得天独厚的条件。秦系文字得以传承，在大篆的基础上发展出小篆字形，后经过隶变成为了现在通行汉字的来源。表中所见《武威汉简》中的"史""使""事"三字的字形与现在通行汉字几无差别。

　　至此，"史""使""事"三字有了各自独立的字形，词义用法的分工也已然明确，且各自发展出其他的词义，其分化已基本完成。

说明：

　　1. 甲骨卜辞用例后引出处中以"H"开头的著录号出自《甲骨文合集》，释文出自《甲骨文合集释文》；以"B"开头的著录号及释文皆出自《甲骨文合集补编》。

　　2. 金文用例后引器名出自《殷周金文集成》，释文出自《〈殷周金文集成〉引得》。

　　3. 竹简材料用例出处简称对照表

简称	全称	简称	全称
包二	《包山二号楚墓简牍（三）》	睡·秦	《睡虎地秦墓竹简·秦律十八种》
郭·性	《郭店楚墓竹简·性自命出》	睡·为	《睡虎地秦墓竹简·为吏之道》
郭·六	《郭店楚墓竹简·六德》	睡·杂	《睡虎地秦墓竹简·秦律杂抄》
上一·	《上海博物馆藏战国楚竹书（一）·缁衣》	睡·法	《睡虎地秦墓竹简·法律答问》
清七·越	《清华大学藏战国竹简（七）·越公其事》	睡·语	《睡虎地秦墓竹简·语书》
清七·子	《清华大学藏战国竹简（七）·子犯子余》	睡·效	《睡虎地秦墓竹简·效律》
曾	《曾侯乙墓竹简》	睡·日乙	《睡虎地秦墓竹简·日书乙种》

（李俊楠，西南大学汉语言文献研究所，1129406838@qq.com）

"郜子姜首"解
——兼谈先秦女子称谓的几个问题*

许子潇

提　要： 郜子姜首盘是考古发现的郜国有铭铜器，具有很高的史料价值。其铭文断读尚有争议，值得继续研究。本文从出土文献与传世文献的证据出发，讨论先秦媵器女子称名的几个问题，进而论证盘铭的"郜子"当指嫁入郜国的子姓女子，"姜首"为该女子私名。此器为女子从母家携带而来的媵器，可以作为郜国嬴姓说的辅证。

关键词： 郜子姜首盘；郜国；子姓；女子称谓

《文物》1998 年第 9 期刊方辉先生《长清仙人台五号墓发掘简报》一文①。该墓所属墓地，位于山东省济南市长清区五峰山镇。墓葬形制为长方形土坑竖穴墓，一棺一椁，墓底中部有腰坑，殉狗。墓主女性，随葬品较丰富，料想是当时社会中身份较为尊贵的贵族妇女。墓中出土一铜盘（编号 M5:46），据《简报》所附线图及方先生描述，器形为窄沿，浅腹，附耳，平底，圈足，足沿有凸棱一周。铜盘时代在春秋中期，有长铭，记载了春秋时期寺（郜）国的一桩婚媾史料，殊堪瞩目。释文、线图及铭文拓本（图 1）如下②：

---

* 拙文承蒙冯师胜君、李峰先生、陈英杰先生、陈晓聪先生审阅指正，谨致谢忱。
① 方辉：《长清仙人台五号墓发掘简报》，《文物》1998 年第 9 期。
② 本文所引铜器铭文皆采用宽式。

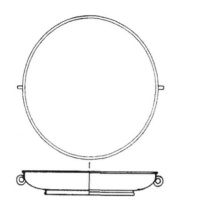

图1　长清仙人台五号墓铜盘（M5:46）线图及铭文

　　寺（郜）子姜首返（及）寺（郜），公冀（典）为其盥般（盘）。用旂（祈）眉寿难老，室家是保。它（佗）巸=（熙熙），男女无其（期），丂①终有卒。子=（子子）孙=（孙孙）永保用之。不（丕）用勿出。

　　此铭公布后，多位学者撰文考释，现学界对于铭文和铜器本身已经取得一些一致意见②。如铭中两次提到的"寺"实为典籍中所言的东方小国"郜"；再如从铭文的措辞和出土情况来看，此盘当为媵器，等等。同样，此盘还有一些问题悬而未决，如器主的姓名与族属，器主与作器者关系等，这些问题又牵扯郜国国姓、先秦女子称谓等问题。本文拟就上述问题，结合前人研究成果，谈一点我们的看法。

一、主要意见的梳理

　　要解决上述问题，难点在铭首"寺（郜）子姜首返（及）寺（郜），公冀（典）为

① 此字原释"于"，细审字形，其第二横与"于"字不类，陈剑改释为"考"字，参看陈剑：《金文字词零释（四则）》，《古文字学论稿》，安徽大学出版社 2008 年版，第 139 页。

② 由于本文所讨论的问题，只涉及铭文首句。关于整篇铭文的考释，可参看以下文章：方辉：《郜公典盘铭考释》，《文物》1998 年第 9 期；林圣杰：《公典盘铭文浅探》，《中国文字》2001 年新 27 期，第 91~102 页；李学勤：《郜子姜首盘和"及"字的一种用法》，《重写学术史》，河北教育出版社 2002 年版，第 267~271 页；涂白奎：《郜公典盘几个相关问题》，《考古与文物》2003 年第 5 期；涂白奎：《郜国之姓考辨》，《史学月刊》2008 年第 7 期；陈剑：《金文字词零释（四则）》，《古文字学论稿》，安徽大学出版社 2008 年版，第 139 页；张俊成：《公典盘铭补释》，《考古与文物》2014 年第 3 期，第 105 页；彭瑾：《周代媵器试论》，南京大学硕士学位论文 2014 年；耿超：《公典盘铭文及相关问题再探》，《中国国家博物馆馆刊》2016 年第 7 期，第 139~144 页；邓佩玲：《新见金文虾辞"于终有卒"探论》，载《康乐集：曾宪通教授七十寿庆论文集》，中山大学出版社 2006 年，第 208~215 页；袁金平：《郜子姜首盘铭"于终有卒"新论》，《古文字学论稿》，安徽大学出版社 2008 年版，第 212~214 页；魏宜辉、周海华：《读铜器铭文札记（四则）》，《东南文化》2005 年第 5 期。

为其盥般（盘）"一句的断读上，我们这里先将学者们对首句的理解作简要回顾。

第一种意见认为"郭"为妊姓国名，"子姜"为姜姓女子嫁到郭国为妻者之名。因其为"姜"姓，故盖为齐国女。"首"，初次。"返（及）"，到达。"公典"为作器者，当为郭国公族。此器为夫族作器①。

第二种意见认为受器者为"郭子姜"，作器者是"公典"，"及郭"指到达郭国。"首"为"郭子姜"私名。"公典"是郭子姜首的母家亲人。这种意见同样认为"郭子姜首"是齐国女②。

第三种意见认为"郭子姜首"应理解为郭人"子姜首"，而非"郭子"名作"姜首"。"子"为美称。"姜"是姓，"首"是名，齐女。"返（及）"为动词，意思是参预。"典"训礼。"及郭公典"意思是子姜首参加了郭国国君的典礼或与祭祀先君有关的仪式③。

第四种意见认为作器者是"郭公典"，所媵者为郭国之女"姜首"。"子"是姜首的身份，表示郭国之女。这是母家嫁女之器。"姜首"之"姜"为姓，"首"为私名，是郭国女子。"郭子姜首"可以证明郭国是姜姓。"返（及）"，往嫁之词。"郭公典"为"姜首"之父④。

第五种意见认为"郭子"和"姜首"为两人，该盘一器媵二女，"郭子"为嫁入郭国的子姓女子。"姜首"是母国姓加私名，姜姓女子，名"首"⑤。

第六种意见认为应把此句的"返（及）"字理解为并列连词，连接"郭子姜首"和"郭公典"两人⑥。此盘为二人一起作器。

今按，以上诸说均非。第一种意见来自方辉先生，方先生言"子姜"是姜姓女子嫁到郭国为妻者。与金文的"子仲姜""子叔姜"例同。又因为铭文字体和语言风格近齐国器，故推测"子姜"可能是齐女。按，郭国与齐鲁为邻，处齐文化辐射范围之内，是附庸齐国的小国，可以说属齐系文化。嫁入郭国的女子，死后墓中器物铭文表现出齐系

① 方辉：《郭公典盘铭考释》，《文物》1998 年第 9 期。
② 林圣杰：《公典盘铭文浅释》，《中国文字》2001 年新 27 期，第 91~102 页。
③ 李学勤：《郭子姜首盘和"及"字的一种用法》，《重写学术史》，河北教育出版社 2002 年版，第 267~271 页。
④ 涂白奎：《郭公典盘几个相关问题》，《考古与文物》2003 年第 5 期；涂白奎：《郭国之姓考辨》，《史学月刊》2008 年第 7 期。
⑤ 彭瑾：《周代媵器试论》，南京大学硕士学位论文 2014 年。
⑥ 耿超：《公典盘铭文及相关问题再探》，《中国国家博物馆馆刊》2016 年第 7 期。

风格本不足为奇。先秦时期嫁女，常以相去不远的邻国为姻娅首选，故该女子母家也受齐国作器风格影响，因而其所携媵器具有齐风也是大有可能之事，其墓中的器物伴有齐系风格并不能作为该女子国族判定的铁证，"姜姓说"可再商榷。方先生又言"首"当训"初"，说的是"子姜"初次来到邿国。我们认为这一训读于文理无碍，但于常理则不通。若言"首及"，似有"再及""三及"的可能，方先生既然认为这是夫族作器，那么站在作器者"公典"的立场，肯定是希望该女子能够乐其室家、安安稳稳地度过一生，所以来一次就够了，似乎不必强调"首及"。

第二种意见来自林圣杰先生，林文仍然认为器主是姜姓齐国女，但与第一种意见不同的是，林先生已经注意到"邿子姜首"和"公典"应为同姓亲族，这对于我们正确认识此盘的来历十分重要。

第三种意见李学勤先生主之，李先生命名该盘为"邿子姜首盘"，是首位准确定名的学者，可谓卓识。然其关于首句的理解方式颇有异趣，似乎有再讨论的必要。从铭文后半部分的行文来看，字里行间都表达了该女子亲族对于其婚后生活的美好祝福及殷切希望。联系首句，把该盘理解为媵器，于情理、逻辑上都很自然。李先生先训"返（及）"为"参预"，又将人名"公典"断读，理解为"邿公典礼"，进而认为此器为女子自作器。与前后文语境不甚融洽，恐不可信。

第四种意见涂白奎先生主之。涂先生在《邿公典盘几个相关问题》一文中，明确指出这是件媵器。并且首次提出"姜首"是人名，这是正确的。但是他认为"姜"是姓，"首"是名，则有误。涂先生还认为该盘是母家嫁女之器，"邿公典"与"姜首"为父女关系。这让我们很疑惑，既然是邿国嫁出去的女子，怎么会葬在邿国墓地？涂先生认为铭文末句"丕用勿出"意思是说："在夫家要发挥大大的作用，不要被休大归"，不料一语成谶，器主终究被夫家抛弃，回到母国，这只能说是一种合理的猜测，可备一说。此外，涂先生以"邿子姜首及"断读，认为铭文不言"姜首"所及之国和"姜首"的排行，可能是因姜首并非原配，进而考证"及"还有"继"的意思，"姜首"之嫁，乃是继室，这同样是猜测。今按，从媵器金文的女子称谓通例来看，女子排行并非是其称谓中的必然要素[1]。既然此盘并非"邿公典"为其女"姜首"所作媵器，那么涂氏的"邿国姜姓"说自然也应当重新考虑。（而且"姜首"之

---

① 可参看上注彭瑾的《周代媵器试论》一文后所附表格。

"姜"也并非姓氏,详后。)实际上,《文物》2003 年第 4 期的《山东长清石都庄出土周代铜器》一文公布了另外几件郱国器物,其中几件铜盨有铭文,明确记载了是"郱子仲"媵"孟嬴"作器,从媵器通例来看,这件器是郱为嬴姓的明证。但涂先生以少见的异姓媵器为证,论证此盨是"郱子仲"所媵的异姓女"孟妫(即孟嬴)"之器,这在逻辑链上并不稳固,恐难服人①。赵平安先生《郱子中的名称与郱国的姓氏问题》一文中认为石都庄出土铜器铭文中的"郱仲"之"郱"字是"郱子"二字合文②。所媵"孟妫"之"妫"当改释为"嬴"③。但是,若"孟嬴"是郱国女往嫁别国,其媵器为何会出土在郱国墓地?其中或许另有缘故,可惜今人无法还原历史全部细节,故难以知晓。

第五种意见来自彭瑾先生,其所言"'郱子'为嫁入郱国的子姓女子。'姜首'是母国姓加私名,姜姓女子,名'首'",十分有创见。彭氏是第一位指出"郱子"的"子"是姓氏的学者,以此出发,论证"郱"非子姓,这个结论也是与现在能看到的郱国材料相符的④。惜彭氏结论未达一间,我们认为,在一器媵二女的铜器中,对于陪嫁之女的称呼是有固定格式的,从来没有"母国姓+私名"之例,所以"姜首"很难理解为人名,将此盘理解为一器媵二女也是不正确的。

第六种意见存在两处明显漏洞。首先,郱子姜首盘首句"郱子姜首及郱",格式和曾侯簠(《集成》4598)的首句"叔姬霝作黄邦"如出一辙。"作",依前辈学者的意见,可训作动词"往"。"及",在古书中也同样有动词用法,表示"到达"一类的意思。且"及"与"作"可通,王引之有论⑤。又《书·无逸》篇言:"其在高宗,时旧劳于外,爰暨小人。作其即位,乃或亮阴,三年不言。""作"正训"及"⑥。其次,推敲文意,铭文后文的"为其盥盘"之"其",指代的宾语当为"郱子姜首"其人,若视"及"为连词,此句大概要陷入没有宾语的矛盾之中。

① 涂白奎:《郱国之姓考辨》,《史学月刊》2008 年第 7 期。
② 赵平安:《郱子中的名称与郱国的姓氏问题》,《古籍整理研究学刊》2006 年第 1 期。
③ 赵先生此文所商榷的问题与本文关系不大,属另一问题,"孟"下一字究竟该释为何字,也有再讨论的空间。但无论怎样,它都应该是郱国的姓。从该字结构来看,其绝非"姜"字可知,本文暂从赵先生说。
④ 郱伯鼎(《集成》2601)言"郱伯肇作孟妊蠶鼎",郭沫若认为此器为郱伯为妻孟妊所作,故郱非妊姓。参郭沫若:《两周金文辞大系图录考释》,科学出版社 2002 年版,第 199 页。然杨伯峻谓此鼎之郱伯与孟妊为父女,郱为妊姓,则失之。参杨伯峻:《春秋左传注》,中华书局 1981 年版,第 998 页。郱国嬴姓,参上注赵平安先生文章。
⑤ (清)王引之:《经传释词》"语词误解以实义"条,岳麓书社 1984 年版,第 247 页。
⑥ 杨树达:《词诠》,上海古籍出版社 2013 年版,第 243 页。

二、"郜子"为嫁入郜国的子姓女子

综合考虑各家之说，我们认为"郜子姜首"当理解为一人，即 M5 墓主，其称谓结构为"夫国名+母国名+私名"，是媵器常见的 DBA 式（详下）。"郜"为其往嫁之夫国名，"子"为其母家姓，"姜首"为私名。该女子最可能为宋国女。以下部分为行文方便，我们将先秦女子称谓进行拆解，以英文字母代替各个部分，对应方式如下：

A：女子私名，女字

B：女子母家姓

C：女子本人在母家排行

D：女子所嫁丈夫之国、氏、谥

E：女子母家之国

"郜"为嬴姓国，旧说妊姓[①]、姜姓[②]等已不足凭信。先秦社会有"同姓不婚"的原则，但仅为通例，绝非铁定不可打破之教条，典籍和出土文献中均有同姓通婚之例[③]。郜国嬴姓男子娶子姓女子为妻，符合异姓通婚的通例，是当时社会的常态。

"子"的解读，对于理解这则人名至关重要。依前文可知旧有三说："身份说"，认为"子"表示女子；"美称说"，认为"子"字表示对女子的赞美；"姓说"，作子姓。此三说最后一种可从。

先看第一种，说"子"表示身份，是"女儿""女子"的意思，这在训诂上是没有问题的，但先秦女子，尤其是媵器铭文女子称谓中，国名之后并无加"子"表示身份之例，此说为孤证。至于"美称说"，主此说的李学勤先生举齐昭公夫人"子叔姬"、金文"子孟姜""子仲姜"为证，但是只要详加审辨，就会发现这些论据并不可靠。先来看齐昭公夫人"子叔姬"，据《左传》载为鲁女，也称"昭姬"，"昭"乃从夫谥。"子叔姬"其人，《春秋左传》经传共三见，文公十四年、十五年《春秋经》并称"子叔姬"，这是鲁人对其的称呼。文公十四年传称"昭姬"，也是鲁人的

① 杨树达：《词诠》，上海古籍出版社 2013 年版，第 243 页。
② 方辉：《郜公典盘铭考释》，《文物》1998 年第 9 期；李学勤：《郜子姜首盘和"及"字的一种用法》，《重写学术史》，河北教育出版社 2002 年版，第 267~271 页；涂白奎：《郜公典盘几个相关问题》，《考古与文物》2003 年第 5 期；涂白奎：《郜国之姓考辨》，《史学月刊》2008 年第 7 期。
③ 如出现在《春秋左传》哀公 12 年的"吴孟子"，还有吴王光鉴和蔡侯残钟铭文中的"叔姬"，都是同姓婚。

称呼。同是文公十四年，为何经传对同一人的称谓有异？我们认为这是因为称呼一方的立场是有差别的。"子叔姬"其人命途不幸，习《左传》者均知。"昭姬"一称，是鲁襄仲向周王告此女之难时，鲁襄仲所用的称呼，是称呼鲁、周之外的第三国女的称谓，场合较为正式，采用了"夫谥+母家姓"的格式，也就是我们所言的"DB式"，可能是为了向周王强调"子叔姬"为昭公正妻的尊贵身份，又要表明"子叔姬"已经嫁出，并非完全意义上的鲁人。而"子叔姬"一称则不同，是鲁人自己记事，也就是此女"娘家人"的称呼，至多也就针对齐国这样的第二国，所以可以直言"子叔姬"。此外，鲁另有一位"子叔姬"，嫁为杞桓公夫人。见文公十二年《春秋经》，称"子叔姬"，同年《左传》记载她被大出，继而死亡，《左传》文公十二年称其为"叔姬"，不称"子"。后鲁侯又将另一位"叔姬"嫁给杞桓公，见成公三年《春秋经》，称"杞叔姬"。是则鲁国先后嫁给杞桓公二女，都是"叔姬"，但是时间有先后，想必当时人不至相混。旧说"子"言其已嫁。今按此说不严密，考《左传》中齐昭公之"子叔姬"的称呼，与杞桓公的"子叔姬"类似，二人均为鲁女，但一个是丈夫去世，一个是被丈夫抛弃，命运也是一样多舛。在客观上，她们都是已经嫁出，但现在无夫者，故此"子某姬""子姬"，或当表示已经出嫁，因遭变故而现下无夫的本国女。这也是成公三年《春秋经》的第二个"杞叔姬"从不被称为"子叔姬"的原因。第一个"杞子叔姬"在文公十二年被抛弃，当年死亡，所以此"子叔姬"的称谓不会太长，只存在了几个月。而"齐子叔姬"丈夫齐昭公在文公十四年才死亡，想必也就是这一年，她才有了"昭姬""子叔姬"这两个称呼。而此时，"杞子叔姬"已去世两年。依《春秋左传》经传的记载原则，当鲁国为第一称谓方，言及本国嫁出之女子时，都会加上女子排行，以表示区分[①]，故"杞子叔姬"和"齐子叔姬"在当时出嫁后，一应称"杞叔姬"，一应称"齐叔姬"，丧偶后的两位"子叔姬"称谓时间也能错开，在当时不会混淆。再看"子孟姜"，由于李先生行文简略，并未标明此"子孟姜"的出处，我们检之铜器，"子孟姜"共三见，其一见媵器庆叔匜（《集成》10280），辞例为"庆叔作朕子孟姜盥匜"，这里的"子"是"女儿"之意，并非美称。其二见同样见媵器贾孙叔子屖盘，"子"亦用为"女儿"之意，与

---

① 《春秋左传》经传记载，鲁国君之女为诸侯夫人者九人，分别称"纪伯姬、宋共姬、纪叔姬、鄫季姬、子叔姬、杞叔姬（两人，一人也称"子叔姬"）、郯伯姬、子叔姬（齐）、杞伯姬"，多有排行。可见DCB式是鲁人的称呼习惯。

上同[①]。其三见洹子孟姜壶（《集成》9729），其辞例为“洹子孟姜丧”“洹子孟姜用乞嘉命”，知此“子”是指“洹子”之“子”，并不与“孟姜”连读。可见，无论是典籍还是金文，所谓的“子某姬”“子某姜”之类女性称谓中的“子”，都不是美称。

下面我们来看第三种说法何以成立。“子”之为姓，是常识。两周时最有名的子姓国家当为宋国，其国为殷商后裔，与商王室同姓，这是典籍明确记载的。子姓女子嫁为人妻，在传世文献和出土文献中都不乏其例。鲁惠公三位夫人“孟子”“仲子”“声子”、晋献公妃“小戎子”、齐桓公妃“宋华子”、齐惠公妻“萧同叔子”[②]、齐顷公妻“声孟子”、齐灵公妃“仲子”[③]、“戎子”、卫灵公妻“南子”、郑穆公妃“宋子”“姚子”均为子姓女。然而典籍记载列国后夫人妃之名，多为“母国名+母国姓”，或“排行+母国姓”的结构（即EB式或CB式结构），跟我们所讨论的“郜子姜首”称谓格式很不相同[④]。实际上，典籍中所称女名多以 EB 式为基础，而金文中的称谓则较为复杂，需要依据不同的语境做出改变[⑤]。简单来说，在仅媵一女的媵器中，以DB式结构最为常见，或附加C、A式在其中，几乎不见E式[⑥]。（媵器中出现E式较为特殊，只出现在异国媵女的情况中）而夫家为女子作器，或者女子在夫家自作器时，又以 EB 式为基本结构。造成这种差异的原因，如李峰先生所言，当是因为立场不同。而称谓常常发生变换的根本原因，当是先秦社会人们为了区分同一女子所具有的不同社会角色和社会关系所致。传世典籍因多为一国或一人所著，在他们的观念中，称呼女子时只需区分她们是“本国女”还是“外国女”即可，所以在称呼他国后夫人妃时多用同一种格式，即 EB 式。而称呼自己国女时则不然，如上文列举的《春秋左传》中所记载的

---

① “子仲姜”的情况均与此同，为节省篇幅从略。金文四见，分别为𬭚镈（《集成》271）、公子土折壶（《集成》9709）、齐侯盂（《集成》10318）、大师盘（《夏商周》467）。

② “萧同叔子”称谓，旧说纷纭。《左传》记为“萧同叔子”，《史记·齐世家》记为“萧桐叔子”，《史记·晋世家》记为“萧桐姪子”。我们这里依陈槃意见，“萧”乃国名，“萧同”为累氏，如“卫康”“齐吕”等。因始封君采邑桐门，故称“萧桐氏”，也做“萧同”。子姓国，宋国附庸。见陈槃：《春秋大事表列国爵姓及存灭表撰异》，上海古籍出版社 2009 年版。

③ 此“仲子”在《史记·齐世家》中称为“仲姬”，此“姬”当指“女子”，非姓。

④ 需要说明的是，本文所言只是典籍中的常见称呼方式，特例尤多。以《春秋左传》为例，其称女名有八种方式，见杨伯峻之《春秋左传注》隐公元年注。但我们通检《经》《传》，发现对于列国后夫人妃，还是 EB 式和己谥+B 式为最大宗，次之 CB 式、D（夫谥）B 式，其他情况很少。但对于列国女，则以 DB 式较为常见，如桓公十五年之“雍姬”、宣公九年之“夏姬”、襄公二十一年之“栾祁”、昭公二十五年之“秦姬”，等等。

⑤ 参看李峰：《西周金文中的称名区别原则和西周宗族制度》，《文汇报》2016 年 2 月 19 日。

⑥ 我们这里所总结的是媵器中的一般原则，出土文献中有特例也需要承认，如曩侯簋之“曩邢姜妢母”即为 EDBA 式格式。但这种特例并不足以推翻我们的一般结论。见《铭图》4939。

鲁国嫁出之女的称谓，均为 DCB 式，这种差异就是立场不同而导致称谓不同的最好例证。总之，一般来说，在先秦女子称谓中，B 式是基本要素，不可省略；E 和 D 式要根据立场不同来转换，一般不同见；C 式和 A 式则根据需要酌情增减。我们认为，本文所讨论的主题是一件媵器铭文，所以从典籍中鲁国本国嫁出之女的称谓和金文媵器的女子称谓出发，才是解决"郜子孟姜"问题的正确方法。

《春秋左传》所载鲁国嫁女，几乎均以 DCB 结构称之，且不记女子私名或女字。而出土媵器中，女性称谓多缀有名字。如下举诸例：

妫四母	陈侯鼎	《集成》2650
许叔姬可母	蔡大师鼎	《集成》2738
季嬴稻	黄君簋盖	《集成》4039
鄬仲姬丹	蔡侯盘	《淅川下寺》P226/NA471

这是典籍和出土文献的又一大不同。造成这种差异的原因，我们猜测是因为典籍所记女名较为正式，在这种场合中，只需要明确女子的身份即可，并不需要提供女子的私名。而媵器则不然，多为母国亲族所赠，而且多为盘、匜之类的日常实用器，较为私密，体现了一种亲昵的人际关系，在这种情况下，称私名很正常。此外，我们怀疑，缀名字也有区别正妻和媵妾的作用。先秦贵族之间通婚，常以一女嫁之，多女媵之，如鲁庄公元妃哀姜，就有其娣叔姜陪嫁①。晋献公妃骊姬也有其娣陪嫁②。齐桓公之长卫姬、少卫姬大概也是相同情况③。齐灵公有颜懿姬、鬷声姬，二人为姑侄关系④。此外还有卫庄公之厉妫、戴妫⑤，鲁国的纪伯姬、纪叔姬⑥。根据媵婚的原则，这些女子多为同姓姊妹。母家亲族为这些同姓女子准备媵器，若不加私名，很容易混淆。如出土两件鲁伯大父簋铭文如下：

> 鲁伯大父作仲姬俞媵簋，其万年眉寿永保用享。（《集成》3989）
>
> 鲁伯大父作季姬婧媵簋，其万年眉寿永保用。（《集成》3974）

---

① 见《左传》庄公二十四年。
② 见《左传》庄公二十八年。
③ 见《左传》僖公十七年。
④ 见《左传》襄公十九年。
⑤ 见《左传》隐公三年。
⑥ 见《左传》隐公二年，隐公七年。

这两件器都是鲁伯大父所作的媵器，分别媵二女，此二女当同嫁入一国，故媵器铭文缀私名以加区别。

回到对"郑子姜首"的讨论上，从称谓结构可以看出，"郑"作为称谓中的国名，无疑对应 D 的位置，当为夫国名无误。而"子"结合上文论述，对应 B 位置是最为恰当合适的。我们找到另外一件铜器，其格式与本铭基本相同，是很好的平行证据。现将拓本（图 2）及释文迻录于下：

图2　鄩伯匜铭文拓片

寻（鄩）伯作邾子□媵匜，［子子孙孙］永保用。（鄩伯匜　《集成》10221）

另外还有多件寻（鄩）国铜器，陈絜先生在《鄩氏诸器铭文及其相关历史问题》一文中将它们全部搜罗到一起，进行细致的整理，读者可参看。依陈先生意见，"鄩"可定为子姓国族①，乃殷商后裔②，这件鄩伯匜，有学者认为"邾子"后当残两字，我们认为无论所残为几字，都不妨碍我们的论证。子姓鄩伯嫁女于邾，故此女称谓"邾子某"，就是典型的 DBA 式称名媵器，和"郑子姜首"如出一辙，更加证明了"郑子"之"子"当作姓理解③。

---

① 旧说鄩为姒姓，不可信。见陈槃：《春秋大事表列国爵姓及存灭表撰异》，上海古籍出版社 2009 年版。

② 陈絜：《鄩氏诸器铭文及其相关历史问题》，《故宫博物院院刊》2009 年第 2 期。

③ 铜器铭文还有宋眉父鬲（《集成》601），为宋眉父所作豐子之媵器。宋，子姓，"豐子"即加入豐国的子姓女子。

三、"姜首"为女子私名

再看所谓的"姜首"，旧说皆未得其义，盖因突破不了一个思维定式，那就是看到人名中有"姜"字，就理所当然地认为是姓。金文女名取二字者不乏其例，如曾姬壶（《集成》9710）的"曾姬无卹"，以及▇侯匜（《集成》4561）之"叔姬寺男"等，不见得只能以"首"为名。而且，典籍中以"首"为名的，也多作"某首"，如鲁之"夏首"、魏之公孙衍号"犀首"、齐威王臣"种首"，宣王臣"晏首"等，皆是其证。可见"姜首"连读，作该女子私名，是完全没有问题的。

彭瑾先生文章认为，"姜首"是另一个女子，为 BA 式称谓，之所以此盘同时媵二人，是因为"姜首"为姜姓国家派来，为"郱子"陪嫁之媵女。此说确实让人眼前豁然一亮，因为先秦社会的原则虽然是"诸侯嫁女，同姓媵之，异姓则否"[1]，但这条原则就跟"同姓不婚"一样，并不是绝对的。异姓媵女之例，典籍中有明证。如鲁成公女弟嫁宋共公时，卫、晋、齐三国均来媵女，而齐国即为姜姓[2]。再看上文所列举的鲁伯大父簋（图 3），此簋共有三件，另一件释文如下：

鲁伯大父簋作孟姜媵簋，其万年眉寿永保用享。　　（《集成》3988）

图3　鲁伯大父簋铭文拓片

这三件器殊为有趣，作器者均为鲁伯大夫，而前两件的器主为"仲姬俞"和"季姬婧"，都是鲁国本国女，要嫁给别的国家，而第三件所媵"孟姜"当非鲁人。从器形风格、字体和内容来看，此三器同为春秋早期，铭文风格字体相似，应该是同一人为了同

① 见《左传》成公八年。
② 见《春秋》成公八年、成公九年、成公十年。

一件事而同时铸造的，所以此"孟姜"可能是姜姓国家遣来的，为鲁国女陪嫁之女。故鲁伯大父一起铸造了媵器。也正好是金文中异性媵女的实例。

鲁伯大父虽然同时为三人作媵器，但这三个人分别拥有各自的媵器，跟彭先生所言的"一器媵二女"情况不类①。我们这里简要梳理金文中"一器媵二女"的一些问题，用以说明彭先生的"郜子姜首"两人说为何难以成立②。

金文所见"一器媵二女"的媵器有多件，我们选择从最容易把握的许子妆匜谈起，以便得出一般结论，进而检视其他例证。释文如下：

> 唯正月初吉丁亥，许子妆择其吉金，用铸其匜，用媵孟姜、秦嬴。其子子孙孙永保用之。　（《集成》4616）

从铭文我们可以得知，这件器是许国男子妆为孟姜、秦嬴所作的媵器。众所周知，许为姜姓，秦为嬴姓。那么孟姜的母国为许，跟作器者许子妆有亲属关系，同时秦嬴的母国为秦也是不言而喻的。孟姜的名称结构为 CB 式、秦嬴的名称结构为 EB 式。也就是说，在这件器物中，作器者同时为二女作媵器时，对于本家嫁出之女称 CB、对于他国来媵之陪嫁女称 EB。再看上鄀公匜，释文如下：

> 唯正月初吉丁亥，上鄀公择其吉金，铸叔芈、番改媵匜，其眉寿万年无期，子子孙孙永保用之。　（《淅川下寺》P9/NA401）

与上例相同，此匜也是媵器。番为改姓。鄀为芈姓，旧不知。今有鄀公匜（《集成》4569），是鄀公为女儿所作器，言"鄀公作遟仲，仲芈🔲男尊匜，子子孙孙永保用之"可证鄀为芈姓。如此，则在上鄀公匜中，对于本国嫁出之女称 CB、对于他国来媵之陪嫁女称 EB。再看曾侯簠：

> 叔姬霝作黄邦，曾侯作叔姬、邛芈媵器鷺彝，子子孙孙其永用之。　（《集成》4598）

曾，姬姓，这是近年来随着曾国问题研究不断深入，学界得到的共识。邛芈当为邛

---

① 相同情况还有祝侯求钟（《集成》47），祝，妊姓。此器为祝侯求为异姓女季姜单独所作之媵钟。

② 金文中"一器媵二女"现象，李峰先生将另有详文待刊。本文所提及李峰先生意见，为聆听李先生课程时所得，经李先生同意引用，或有抵牾之处，一概由本人负责。

国遣来陪嫁之女。邳为芈姓，见楚王钟：

> 唯正月初吉丁亥，楚王媵邳仲芈南穌①钟，其眉寿无疆，子孙永保用之。　　（《集成》72）

我们已经提过，当媵器只媵一个女子时，中以 DB 式结构最为常见，或附加 C、A 式在其中，从不见 E 式。但楚王钟却采用了 ECB 式，这是因为"邳仲芈"并非楚女，此器是楚王为邳国嫁女所作的媵器，也可以说明邳为芈姓②。那么，在曾侯簠中，对于本家嫁出之女称 CB、对于他国来媵之陪嫁女称 EB。

我们一连举三器，可将称谓列表如表1：

表 1　铜器铭文中女子称谓格式

	本国女子称谓格式	来媵女子称谓格式
许子妆匜	CB	EB
上都公匜	CB	EB
曾侯簠	CB/CBA	EB

可见，对于来媵女子，作器者通常称"EB"，这大概是因为在媵婚行为中，被媵的一方需要明确来媵国，而不是明确两位女子的夫国，换而言之，也就是女性的母国信息，比她们的名字、她们的婚姻幸福与否更受人关注，这是因为媵婚制本就是一种带有强烈政治色彩的联姻，是诸侯国君、世家大族之间维系政治资源、巩固联盟状态的重要方式。而若依彭瑾先生所言，将"郐子"和"姜首"理解为两人，其格式便为"DB""BA"，与上表所总结得通例扞格难通，绝对不是"一器媵二女"的称谓习惯。故彭

---

① "南穌"旧有理解为"邳仲芈"私名者，或将"穌钟"连读而将"南"视为"邳仲芈"私名者，均非。承冯胜君师告示，"南穌钟"当连读，即编钟铭文中常见的"蔷穌钟"（虢叔旅钟《集成》238）、"宮穌钟"（楚公家钟，见《周原出土青铜器》2036~2040）。"蔷"从林声、"宮"与"林"古双声叠韵，皆读为"林"，是修饰钟的形容词，《广雅·释诂三》："林，众也"。"林"亦可单独作为形容词修饰钟，不与"穌"连用，如《左传》襄公 19 年："季武子作林钟"、楚公家钟（《集成》43）之"敫（林）钟"、兮仲钟（《集成》65）之"蔷（林）钟"等。所以"林"与"穌"是并列的形容词，互相之间不存在特定的位置关系，"林穌"也可以调转作"穌林"，"穌林"的用法，金文也是习见的，如遟父钟（《集成》103）的"穌蔷（林）钟"、瘌钟（《集成》246）的"穌鑰（林）钟"，皆是其证。林，古音来纽侵部，南，古音泥纽侵部，二者韵部相同，均为舌音，音近可通。故"南穌"可读为"林穌"，并非女子私名。

② 楚王钟为楚王媵邳国芈姓女子，是同姓媵器的例证。若将此器理解为楚王为将嫁入邳国的楚国女子邳仲芈所作的媵器，并且视为楚邳之间同姓婚的证据，则失之。据北宋吕大临《考古图》记载，此器出土在浙江钱塘，并非邳国境内；且从上文所举铭文来看，非母家媵时，常不称女子私名，我们既然明确了"南穌"并非邳仲芈之名，那么邳仲芈非楚国女的可能性也大大提高了；加之"同姓不婚"的大原则，我们认为第一种情况更加合理。有趣的是，我们所举的三件"一器媵二女"铜器，都是异姓来媵，看来先秦社会"异姓不媵"的原则比我们想象的还要没有约束力。

说不可信。

以上是我们结合典籍以及出土文献的情况，对"寺（郱）子姜首迟寺（郱），公蓳（典）为其盥般（盘）"一句的断读提出的简单看法。通过上文论述，可知先秦媵器中的女子称谓，有其自身的一套规律，而且会依据具体情况产生差异。（如母家亲族媵女，同姓来媵以及一器媵二女时，称谓都不尽相同）明白了这个道理之后，我们对于郱子姜首盘铭文的把握会更加清晰。其首句中的"郱子"，指的是嫁入郱国的子姓女子；"姜首"为该女子私名；"迟"当释"及"，训至；"公典"为作器者，是郱子姜首的母家亲族，二人或为父女，或为兄妹，已难详考；"其"为代词，指代上句的"郱子姜首"其人。本句所记，一如曾侯簠（《集成》4598）所言之"叔姬霝作黄邦，曾侯作叔姬、邛羋媵器鸞彝……"，是说"郱子姜首到达郱国，公典为她制作了一件盥盘"。

补记 1：文中关于"一器媵二女"现象的讨论，李峰先生已经有专门文章发表，读者可参看，见《再论周代女性成名原则：答吴镇烽先生质疑》，武汉大学简帛网。

补记 2：关于"寺子姜首及寺，公典为其盥盘"的读法，李峰先生审阅本文后认为困难尚有两点：一是媵器大多有"媵"字；二是将"姜首"作为私名仍觉有点生硬。另外，"寺子"之"子"，可参考"秦子姬"的说法，寻求另一种解释，所谓的"郱子"，"陈子"，"秦子"等均是周人系统以外小国国君的称法。故"寺子姜"可能是姜姓女子嫁与寺子者，首仍可是私名，或作他解。李先生意见很值得重视，谨附于此。

（许子潇，吉林大学古籍研究所，sisyphus2007@sina.cn）

"矢"字及相关问题再议

郑珮聪

提　要：本文通过对从矢的字"戻"和"吴"进行研究，总结得到"矢"做偏旁时只能与"大""夫"等独体字互换，不能视作"吴"的省体或读作"吴"。"叔矢"不能读成"叔虞"。甲骨文"矢"颈部附半圆的异体，半圆是指事符号，突出其特征。

关键词：矢；戻；吴

一、"叔矢"能否读作"叔虞"

2000年底至2001年初，山西天马曲沃遗址北赵晋侯墓地出土了一件方鼎（图1），作器者自名"叔矢"。

图1　晋侯墓地方鼎铭文中的自名

最早李伯谦先生将"叔矢"读为"叔虞"，认为即周成王之弟，晋国第一代君主

叔虞①。此后多位学者皆从不同角度试图论证"矢"可视作"吴"的省体或可读作
"吴"，继而可以读成"虞"。李学勤先生认为商周时职部的"矢"，当为"昃"所
从，侧身而非偏头，当时倾头的"矢"与职部的"矢"只是同形的两字。"吴"字中
"口"以外的部分，乃是"虞"的本字，这个"矢"与"吴""虞"同音通假，同见时
彼此区别②。冯时先生则认为"矢"字本有两读，"其为倾首侧身之状，遂读矢音；然
侧身之态乃缘于大言之惊，故本有吴音"，继而认为"'吴'字当训为'大言也，从
矢口，矢亦声'。周初宜侯矢簋之'虞'作'虝'，从虍矢声，是'矢'有'吴'音
之证"③。但亦有学者提出了不同的看法。如黄盛璋、张懋镕先生便不赞同将"叔矢"
读为"叔虞"④。张先生谈道：

> 首先，在西周早期，矢国与虞国并存，一西一东，并无特殊关系。在宜侯矢簋
> 中，矢曾为虞侯，"虞侯矢"前一字虞为国名，后一字矢为私名，显示了虞、矢二
> 字的区别。其次，按西周金文看，周初的王朝重臣、侯国首领，如周公、应公、康
> 侯、矢王等，其所作器，恒以爵称署名，即或署上私名，也必定在私名前冠以爵称，
> 如康侯鼎。叔矢若是叔虞，其作器时已被成王封为一国之君，但私名前不见爵称，
> 殊为奇怪。再次，成王翦桐叶为圭以封叔虞一事，表明兄弟之间情同手足，在西周
> 麦尊、应侯钟铭中，周王给予邢侯、应侯以特殊礼遇，然而在叔矢方鼎铭中，看不
> 到这种氛围。最后，叔矢方鼎铭谈到周王"殷其士"，铭末又言叔矢感谢周王的赏
> 赐，"扬王光厥士"。似乎叔矢的身份仅为一个周臣，反映不出一国封君的情愫。⑤

我们赞成以上观点的后一种，下文将对此从文字学角度加以证明。

《说文·矢部》："矢，倾头也。从大，象形。""厂部"："仄，侧倾也。从人
在厂下。厌，籀文从矢，矢亦声。"许慎认为"矢""仄"二字，前者倾头，后者侧

① 李伯谦：《叔矢方鼎铭文考释》，《文物》2001 年第 8 期，第 39~42 页。
② 李学勤：《叔虞方鼎试证》，载《晋侯墓地出土青铜器国际学术研讨会论文集》，上海书画出版社 2002 年版，第
   249~251 页。
③ 冯时：《叔矢考》，《文物》2001 年第 8 期，第 259 页。
④ 黄盛璋：《晋侯墓地 M114 与叔矢方鼎主人、年代和墓葬世次年代排列新论证》，载《晋侯墓地出土青铜器国际学术研
   讨会论文集》，上海书画出版社 2002 年版，第 217~220 页；张懋镕：《晋侯墓地文化解读三题》，载《晋侯墓地出土
   青铜器国际学术研讨会论文集》，上海书画出版社 2002 年版，第 141~142 页。
⑤ 张懋镕：《晋侯墓地文化解读三题》，载《晋侯墓地出土青铜器国际学术研讨会论文集》，上海书画出版社 2002
   年版，第 141~142 页。

体，不能视为同一个字①。花园庄东地甲骨整理者在第 34 片龟腹甲释文注释中说：
"、新见字、像人倾斜状，为昃字之所从、隶为仄，其义与昃同。"②按，此字即
"仄"，但并非与"昃"义同。"仄"为"昃"的义符兼声符，"昃"特指太阳西下，
日光倾斜。"昃"本作侧身状（《合》20421）、（《合》13312）；异体从
"大"，（《合》21021）、（《合》4415 正）③。"仄"的形体倾斜幅度很大，
有些几乎与地面平行，如（《合》20968），因此诸如（《合》14932）、
（《合》29801）、（《屯》42）等虽然人形稍显弯折，但与正体对比其差异仍然明
显，不能视为从仄，仍应当是"大"。《合集》1051 拓片正面的几个字形、、
、、，古文字工具书一般纳入"矢"字头下。这几字在卜辞中用法相同，用作
人名"王矢"。最后一字可视作第一字人形头部繁化，但中间三字均未倾头，身体倾斜
幅度又远未及"仄"，可知实际是"大"，"矢"与"大"形近，故容易讹混。

春秋晚期滕侯昃戈铭文中的"昃"作，始见从矢，与从矢的"吴"特点一致，
"口"或"日"始终与倾头方向相反。战国文字中亦见《新甲三》159。商代以后
侧体的"仄"消失不见。"矢"和"仄"特点都在于倾斜，一个是头部倾斜，一个是
身躯倾斜。因此"昃"变成从矢属于义近形旁替换，同时"仄""矢"读音亦近，从
而使得形音义三者的关系更为紧密。"昃"所从的人均为正面站立，小篆作侧面人形
明显讹误。从厂的"仄"目前仅见一例，（《包二》181），倾头方向与"日"同
向，所从当是"大"。许慎或许见到过从厂从日从矢的"昃"，并依此作为籀文形体
的来源。

除"昃"之外，"吴"亦常见从大的异体，配儿钩鑃（《集成》02.427.1）吴
王夫差鉴（《集成》16.10295）《包二》98《曾》131④，"日"或"口"始终保

---

① 裘锡圭先生认为以"大"和"日"的相对位置表示日已西斜的意思，后来"大"形近音化变成"矢"，从而使原
字变为从"日""矢"声的形声字。（裘锡圭《释"勿""发"》，《裘锡圭学术文集》第 1 卷《甲骨文卷》，复旦
大学出版社 2012 年版，第 140~154 页，其中谈到"昃"的部分见第 150 页）按，我们认为身体侧倾的人形跟一般的
"大"还是存在差别的，很可能并非同一个字，因而本文仍依《说文》释为"仄"。
② 中国社会科学院考古研究所：《殷墟花园庄东地甲骨（考古学专刊乙种第三十六号）》（第六分册），云南人民出版
社 2003 年版，第 1572 页。
③ "昃"《合》20957 似乎亦从"矢"，但通过"吴"字形中"矢"与"口"的位置关系看，头始终与"口"反向，而
这一字形不符合此规律，当是"大"在刻写时起笔歪斜所致。
④ 《楚系简帛文字编》"吴"字头下收一字形（《曾》125），细审曾侯乙墓竹简 125 号"吴"并未省山，《曾侯乙墓
竹简文字编》摹写无误。滕壬生：《楚系简帛文字编》（增订本），湖北教育出版社 2008 年版，第 885 页；张光裕、
滕壬生、黄锡全主编：《曾侯乙墓竹简文字编》，艺文印书馆 1997 年版，第 30 页。

持在头部一侧。因此在倾头这一重要特征消失的情况下，倾斜义仍然能得以体现①。

"矢""昃""吴"的偏旁演变情况总结如表1②：

表1　矢、昃、吴偏旁演变

	商代		西周	春秋战国
	本字	异体		
矢	矢	大（少数）	矢	—
昃	仄	大	—	大、矢
吴	矢	—	矢	大、矢（少数）

无论"昃"还是"吴"，演变的主要方向都是变成从常见的"大"③。

"矢"作偏旁时还可以与"夫"互换。何琳仪、黄锡全先生在《"瑚琏"探源》一文中将1964年洛阳庞家沟西周墓地出土的青铜器铭文中从匚从矢的字█读为"医"，认为"矢"实为"大"，"大"与"夫"一字分化，如"善大（夫）""大（夫）差"，从而将"医联"读作"瑚琏"④。此释读十分准确。金文"馱"除从夫外，亦有从大的异体，█师馘鼎（《集成》05.2830）█王子午鼎（《集成》05.2811.2），而"矢"本来就与"大""夫"形近易混。

通过上文对"矢"及相关字的全面分析，可知能与"矢"混用替换的只有"仄""大"和"夫"。

假设"矢"是"吴"的省体或有"吴"音，文字系统必将造成一系列混乱，如此则所有"矢"都读作"吴"，"矢""吴"的区别便不复存在。上文所引张懋镕先生文已谈到金文中"矢"和"虞"常常同时出现却绝不混淆。"矢"与"仄""大""夫"皆为独体字，形体接近，而"吴"为合体字，显然作为偏旁互换的可能性很小。曹锦炎先生也曾认为"吴"不能省作"矢"，前者会意，后者象形，"特别是从古文字构形来

---

① 《楚系简帛文字编》"吴"字头下最后一个字形、《古玺汇编》1183、1184号，"口"在正中且附着在头部，均不能释为"吴"。《珍秦斋古印展》32号战国印█，通常释为"郭虞"，但一般"虞"作█（十钟三·十四），此字可能并非"虞"，存疑待考。《楚系简帛文字编》，湖北教育出版社2008年版，第886页；罗福颐主编：《古玺汇编》，文物出版社1981年版，第132页；萧春源：《珍秦斋古印展》，澳门市政厅出版文化康乐部1993年版，书中未标明页码。

② "—" 表示此情况不存在。

③ 尽管"吴"的隶书又变回了从矢，但不能否认古文字阶段其演变趋势为从"矢"到"大"。

④ 何琳仪、黄锡全：《"瑚琏"探源》，《史学集刊》，吉林大学出版社1983年第1期，第68~70页。

看，吴字从未省作矢的例子"①。本文第一部分的分析可视为对此观点的补充。

许多赞成"矢"读作"吴"的学者皆以宜侯矢簋铭文中的"虞"从虍从矢，作为"矢"可读作"吴"的证明。唐兰先生释此字为"虞"，并认为"从矢虍声，应该是虞字的早期写法"②。李学勤先生指出"从'虍'从'矢'，可理解为从'吴'省声，是'虞'字的异构"③。还有学者以吴王光戈（《集成》17.11255、11256、11257）铭文中"吴"省口作"大"，来证明"吴"字可以省口④。按，宜侯矢簋铭文该字形释为"虞"无误，但通过上文可知"矢"作偏旁时仅能跟"仄""大""夫"互换，"吴"是从口从矢的会意字，不能省口。那么宜侯矢簋的现象应该如何解释呢？

金文中还有一器，闞丘虞鵬造戈铭文中的"虞"似乎也从矢而不从吴。

（《集成》17.11073）　（《新金文编》581 页⑤）　（《铭图》16788⑥）

但仔细观察可发现，除了《新金文编》拓本左下方不太清晰外，《集成》和《铭图》拓本左下方的"口"显然是存在的，字当从"吴"而非"矢"。"虞"所从之"吴"，其"口"接近地面的还有虞嗣寇壶（《集成》15.9694.1），与此类似。

宜侯矢簋铭文一共出现了两次"虞"字，第一处"虞侯矢"，第二处"虞公父丁"，所有著录书收录拓片的第二个"虞"右半皆残泐，无法辨识，只能依据第一个"虞"来判断。"虞侯矢"的"虞"（）与恒簋盖（《集成》08.4199）"虞"（）字形如出一辙，后者"虍"头末端短横与人的肩颈部之间空隙处有一很小的"口"。因此我们推断，宜侯矢簋"虞"字形中的同样位置一定也存在"口"，但是由于锈蚀残损而消失了。我们将目前所见较为清晰的宜侯矢簋拓片，选取"虞"和邻近几个字的图像整理如下：

（《商周金文录遗》167⑦）　（《中国金石集萃》⑧）

① 曹锦炎：《关于〈宜侯矢簋〉铭文的几点看法》，《东南文化》1990 年第 5 期，第 174~175 页。
② 唐兰：《宜侯矢簋考释》，《考古学报》1956 年第 2 期，第 79~83 页。
③ 李学勤：《宜侯矢簋与吴国》，《文物》1985 年第 7 期，第 13~25 页。
④ 李伯谦：《叔矢方鼎铭文考释》，《文物》2001 年第 8 期。
⑤ 董莲池：《新金文编》，作家出版社 2011 年 1 版，第 581 页。
⑥ 吴镇烽：《商周青铜器铭文暨图像集成》第 31 卷，上海古籍出版社 2012 年版，第 262 页。
⑦ 于省吾：《商周金文录遗》（考古学专刊乙种第六号），中华书局 1993 年版，第 42 页。
⑧ 转引自周宝宏：《西周青铜重器铭文集释》，天津古籍出版社 2007 年版，图版。

　　▨（《商周青铜器铭文选》57①）　　▨（《西周铜器断代》②）

　　▨（《华夏文明史》③）　　　　　　▨（《铭图》05373④）

　　"虞"所从"矢"的肩部和右边"王"最下方横笔之间始终显示残留有笔画，而且为短笔，因此这一位置存在"口"的可能性极大。

　　甲骨文有字作▨（《屯》1100），下方的人身体倾斜，容易分析为"从虍从矢"，若将此字释为"虞"，于是又得出"矢"读作"吴"或"吴"以"矢"为声符的结论。该字所从的"大"还可不倾斜▨（《合》18319）。而在另一从皿的字中，该字所从的"人"或作正面▨（《合》6878），或作侧体▨（《合》6877）正。因此▨当为▨的讹变，并非"从矢"而是"从大"，不能释为"虞"。

　　陈斯鹏先生认为叔矢方鼎铭文"弔矢"上一字▨与鲁侯爵▨类似，二者皆为"觞"的象形，后者字形中间的▨可作为"易"的声符，因而整字当为"觞"，春秋晋公蟇铭文"我皇祖唐公"中的"觞"作▨，从"觞"声，由此可证"觞"能读为"唐"。因此叔矢方鼎铭文当读为"唐叔虞"无疑⑤。按，叔矢方鼎和鲁侯爵中类似的字，二者确为异体。但我们认为鲁侯爵脱离的笔画并非"万"，应当仍然表示爵的柱，鲁侯爵的实物形制为爵，铭文"鲁侯作爵"，通顺晓畅。鲁侯爵的"爵"字形因为讹变三竖顶端由尖头变成了短横；同时，之所以脱离是由于若三竖处于同一高度，其上的三条短横很可能会连成一笔，造成讹误，因而中间高出左右以显示是三横而非一横。文中提到的文王玉环铭文的"爵"▨也是由于此种原因，中间高出两侧，只是并未脱离。相比之下叔矢方鼎三竖下方的横笔较长，可以使间隔较宽，从而不至于使上方粘连。同时，"易"及从易的字皆未见仅以"万"表示"易"的例子。因此难以将该字释为"觞"。读作"唐"，继而得出"弔矢"当为"叔虞"的结论。

　　至于吴王光戈（集成17.11255、11256、11257）▨、▨、▨，我们认为当径直释为"大"。《吴越文字汇编》即将此形收入"大"字头下⑥。同一时代"吴"所从之"大"双臂皆下垂如▨吴王光鉴，唯独这几件器双臂皆上举。但吴越文字的"大"单

① 上海博物馆商周青铜器铭文选编写组：《商周青铜器铭文选》（一），文物出版社1986年版，第30页。
② 陈梦家：《西周铜器断代》（下册），中华书局2004年版，第575页。
③ 转引自周宝宏：《西周青铜重器铭文集释》，天津古籍出版社2007年版，图版。
④ 吴镇烽：《商周青铜器铭文暨图像集成》（第12卷），上海古籍出版社2012年版，第146页。
⑤ 陈斯鹏：《唐叔虞方鼎铭文新解》，载《古文字学论稿》，安徽大学出版社2008年版，第180~191页。
⑥ 施谢捷：《吴越文字汇编》，江苏教育出版社1998年版，第111页。

独成字时偶有作此形的例子，越王太子矛越奇字钟二。显然，铭文当读作"大王光趩"。

综上所述，"矢"作偏旁时可与"大""夫"讹混，但从未与"吴"替换。"吴"从口从矢会意，"叔矢"不能读成"叔虞"。

二、"矢"的异体探源

陈剑先生《据〈清华简（五）〉的"古文虞"字说毛公鼎和殷墟甲骨文的有关诸字》末尾附信中对"矢"的相关问题进行了详细的探讨。认为、（《合》1825）的后一种字形是由前者简化而来，这样于是跟倾头形的"矢"混同了。而前一种字形又是一种更原始形体（《合》16846）的变异。同时，推测即"胡"的表意初文，半圆表示颔下垂肉。之所以作倾头形的原因是"其造字时本应作在正面人形的颈下加一指事符号圈形，但由于透视关系，平面图形中圈形只能写在'大'形颈部的侧面；又为了明确其位置关系，'大'字上方遂作'倾头'之形，以示其圈形所加之处为颈部。……这样，所谓音'吴''虞'之'矢'字本为'胡'字表意初文，其可作音近之'吴'之声符、金文中多对应'虞'，在文字学上就讲通了"[1]。

甲骨文"须"作（《合》816）反（《合》17931），若表示"颔下垂肉"，最简便的方法即效仿"须"，人作侧身，然后在"口"下加圈形。同时，假设为"胡"的初文，这种形体极少见，陈文也认为"其限制性不强"[2]，而主流形体却观察不出"垂肉"之意。由此可知，并不为"胡"的初文，其产生当另有来源。

按：较之更为象形，并非的变异。金文"吴"早期作、、（《集成》03.996、03.997、12.6560），后来简化作（静簋，《集成》08.4272），与此类同。但当头部简化而与躯体连为一笔时，顶端处的弯折不易察觉，这样便很难与"大"区别开来，因而有必要在弯折处加上指事符号，以示其特殊之处。中的圈形即为指事符

① 陈剑：《据〈清华简（五）〉的"古文虞"字说毛公鼎和殷墟甲骨文的有关诸字》，载《第五届古文字与古代史国际学术研讨会论文集》，"中央研究院"历史言研究所 2016 年版，第 388~392 页。

② 陈剑：《据〈清华简（五）〉的"古文虞"字说毛公鼎和殷墟甲骨文的有关诸字》，载《第五届古文字与古代史国际学术研讨会论文集》，"中央研究院"历史语言研究所 2016 年版，第 392 页。

号，无实意。王孙诰钟铭文的"鼓"■右边即"矢"的此种异体。

通过以上分析可知，"矢"除了主体作■外，其两种异体，一种是更为象形的繁体，一种是增加指事符号而形成的异体。三者之间尚难体现时间上的先后关系。

（郑珮聪，南开大学文学院，919700458@qq.com）

浅谈鄂君启节的使用问题

王 谷

提 要： 鄂君启节从出土至今 60 余年，从 1957 年到现在，学界对鄂君启节进行了全面深入的研究。在文字方面，基本上可以做到通篇释读；在内容方面对节文中相关地理方位、交通线路、商业贸易、文化交流、封君制度、税收制度、符节制度等问题也进行了丰富的研究。在研究过程中学者们更多将目光关注到金节铭文以及节文中反映出的战国时期楚国历史文化、政治制度、商业经济等方面，而对于鄂君启节的数量及其使用问题，虽有所涉及，但仍主要停留在 20 世纪的成果上。故本文在征引和总结前辈学者观点的同时，提出自己的观点，拟对金节的形制及使用问题提出一些不成熟的看法。

关键词： 鄂君启金节；数量；货物通行凭证；返节制度；府库

鄂君启节于 1957 年出土于安徽寿县城东丘家花园，此发现轰动一时，围绕金节的研究工作随之不断开展。在研究过程中，学者们更多将目光关注到金节铭文上，故铭文的字词释读、地理方位的考证、交通路线的规划等问题在经历了半个多世纪的研究后都有了很大的进展，同时对于节文中反映出的战国时期楚国历史文化、政治制度、商业经济等方面的研究也在同步进行。而对于鄂君启节的数量及其使用问题，虽有所涉及，但至今仍停留在 20 世纪的研究成果上。本文拟对金节的形制及使用问题提出一些不成熟的看法。

我们将金节释文分列如下：

舟节释文[1]：

---

[1] 释文主要参考李天虹：《楚国铜器与竹简文字研究》，湖北教育出版社 2012 年版，第 47 页。

大司马邵（昭）阳败晋师于襄陵之岁，夏屄之月，乙亥之日，王尻（处）于葴郢之游宫。大工尹脽以王命命集尹悼猪、裁尹逆、裁令阢为鄂君启之贘（府）贎（赋）铸金节。屯三舟为一𦨶，五十𦨶，岁罷（一）返。自鄂市，逾油，上汉，豪（就）屓，豪（就）芸阳。逾汉，豪（就）鄀。逾夏，入邟，逾江，豪（就）彭张（射），豪（就）松阳。入泸江，豪（就）爰陵。上江，入湘，豪（就）䐒，豪（就）郴阳，入澨，豪（就）鄙，入资、沅、澧、滰。上江，豪（就）木闸（关），豪（就）郢。见其金节则毋政（征）。毋舍传饲。不见其金节则政（征）。如载马、牛、羊台（以）出内闸（关），则征于大贘（府），毋征于闸（关）。

车节释文①：

大司马邵（昭）阳败晋师于襄陵之岁，夏屄之月，乙亥之日，王尻（处）于葴郢之游宫。大工尹脽以王命命集尹悼猪、裁尹逆、裁令阢为鄂君启之贘（府）贎（赋）铸金节。车五十乘，岁罷（一）返。毋载金、革、龟、箭。如马、如牛、如德，屯十以当一车；如檐徒，屯二十檐以当一车；以毁于五十乘之中。自鄂市，豪（就）阳丘，豪（就）方城，豪（就）象禾，豪（就）柳棼，豪（就）繁阳，豪（就）高丘，豪（就）下蔡，豪（就）居鄸，豪（就）郢。见其金节则毋政（征），毋舍传饲。不见其金节则政（征）。

一、金节的数量问题

按照出土数量来讲，车节三枚、舟节二枚，但此数据是否是鄂君启节完整的数目，学者们持有不同的意见。第一种看法即多数学者认为金节应分为车节、舟节两组，每组各有五枚。对于为何一共只发现五枚金节，殷涤非、罗长铭两位先生在《寿县出土的"鄂君启金节"》一文中给出了两种推测：一是还埋于墓中尚未取出，一是根据《说文系传》的"守国者，其节半在内，半在外"的说法，分别存于楚王和鄂君之处，或因返节制度被楚王缴回。郭沫若先生认为："所缺数枚可能还埋藏在原地，也可能是分散在外地的关口去了。所铸的节每种当不止一套，必然有若干套，有的存在王府，有的分布

① 释文主要参考李天虹：《楚国铜器与竹简文字研究》，湖北教育出版社 2012 年版，第 47~48 页。

在重要关口，而以一套赠予受赐者。"①商承祚先生认为："我意一节归鄂君启掌管，其余四节则分发给四个主要的地方关。"②以上学者虽对于金节的分布意见有所不同，但均认为出土的金节数量并不能作为当时最终的铸造数量。第二种看法是罗长铭先生在《鄂君启节新探》中指出的，他认为："金节乃鄂君启加号时所颁赐的珪，所以铭文言'赓铸金节'……我意楚制一般执珪的珪只有一枚，只有上执珪才有三枚，故称'三珪重侯'。那么，现在发现的鄂君启节舟节二枚，车节三枚，所缺的只舟节一枚了。"③第三种看法是刘和惠先生提出的，他认为："从出土情况来看，鄂君启节很可能是窖藏之物……窖藏者为谁呢？愚疑为有两种可能：一是鄂君启的后代，把节当作传家之宝埋入底下的；一是鄂君启早已将此节撤回，存于大府，在紧急情况下，随其他物件匆促入土的，根据这些情况分析，出土的舟节二枚、车节三枚，有可能就是节的原数。"④

　　按目前讨论看来，我们赞同金节分为车节、舟节两组，每组各五枚的看法。殷涤非、罗长铭两位先生在金节出土之初就已根据实物的弧度进行拼合，两组拼合数皆为五（图 1）；后《中国文物精华大辞典·青铜卷》有着更为详细的数据说明："车节长29.6厘米，弧长8厘米，厚0.7厘米；舟节长31厘米，弧长8厘米，厚0.7厘米。"⑤数据的测量也从理论上为五枚相合提供了可能。

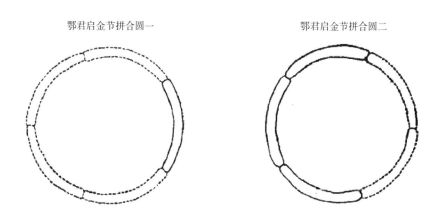

鄂君启金节拼合圆一　　　　　　　鄂君启金节拼合圆二

图1　鄂君启金节拼合图

（图采自殷涤非、罗长铭：《寿县出土的"鄂君启金节"》，《文物参考资料》1958年第4期，第9页）

① 郭沫若：《关于"鄂君启节"的研究》，《文物参考资料》1958 年第 4 期，第 3 页。
② 商承祚：《谈鄂君启节铭文中几个文字和几个地名等问题》，《商承祚文集》，中山大学出版社 2004 年版，第 405 页。
③ 罗长铭：《鄂君启节新探》，《罗长铭集》，黄山书社 1994 年版，第 79 页。
④ 刘和惠：《鄂君启节新探》，《考古与文物》1982 年第 5 期，第 60~61 页。
⑤ 国家文物局主编：《中国文物精华大辞典·青铜卷》，上海辞书出版社、商务印书馆 1995 年版，第 291 页。

二、各片金节的使用问题

鄂君启节作为封君经济行为的载体，涉及与国君、中央官员、地方官员等多方业务上的往来；同时金节也是国君放权给封君的政治行为的一种表现形式，在中央与地方的关系上也起到了凭证或者信物的作用。所以在研究这一问题时，需要分析鄂君经商过程中与外界联系的各个阶段，才能还原出当时金节的使用情况。基于此，我们认为楚怀王、鄂君启、楚之大府、鄂君之府及车队和舟队的主管人员应分别存有一对金节，每对金节的功能均有所不同。主要从三个方面来讨论金节的使用问题。

（一）商品货物凭通行证进行流通

在地方上进行商品买卖时，鄂君启节用作通行凭证与地方官员进行业务往来。我们知道，货物买卖通行是需要通行凭证的，这就意味着商队的主管官员在经商的途中一定是随身携带金节以备检验。《周礼·秋官·小行人》载："达天下之六节，山国用虎节，土国用人节，泽国用龙节，皆以金为之；道路用旌节，门阙用符节，都鄙用管节，皆以竹为之。"《周礼·地官·司货》载："凡所大货贿者，则以节、传出入之。"郑康成注："商或取货于民间，无玺节者，至关，关为之玺节及传，出（入）之……。"《周礼·地官·掌节》载："门关用符节，货贿用玺节。"《周礼·地官·司市》记载："……凡通货贿，以玺节出入之。"《周礼·地官·司关》记载："掌国货之节，以联门市。"郑玄注："自外来者，则案其节，而书其货之多少，通之国门，国门通之司市。自内出者，司市为之玺节，通之国门，国门通之关门。参相联以检猾商。"同时在出土文献中也记载相关事例，《睡虎地秦墓竹简》的《法律答问》简 184 记有："'客未布吏而与贾，赀一甲。'可（何）谓'布吏'？·诣符传于吏是谓'布吏'。"[①]即商人没有将通行证陈予官吏检验而直接进行商业活动，故被处罚金。也就是说不管货物用哪种方式进行交易，在其运输途中，经过关、市之地必须由专门的官员检验通行证以证明货物的合法性，这样就能减少商贾逃税和商品走私等现象，保证国家财政系统的正常运行。

---

① 睡虎地秦墓竹简整理小组：《睡虎地秦墓竹简》，文物出版社 1990 年版，第 137 页。

（二）金节无须合验但是需要验核

在地方鄂君与中央国君的关系中，鄂君启节作为信物起到监督规范鄂君商队经济行为的作用。在早期的研究中，郭沫若、黄盛璋、商承祚等先生认为金节除鄂君启手中存有一对之外，其他应分散在主要地方关口的官员手中。而我们不同意这种观点。首先，在金节铭文中一共记载了二十一个地名①，若每个地点的官员均持有金节，制作的成本巨大，不符合实际情况；若不是每个地方官员都有资格持有金节，则应明确具体的持节地方官员，而铭文中并未指出；同时，从金节管理的安全性来说，将金节流散于各地，是不利于其保存和管理的。其次，金节是楚王赐予鄂君启的重器，其接收的对象应为鄂君启，在鄂君启获得金节后，再由其本人分发予鄂君之府的相关人员，直接分发在地方官员手中是不符合常理的。罗长铭先生也指出："鄂君启节是重器，不可能分发到各个关口，让各个关口都持有一枚，可以在这条路线上活动，那样，流弊是很大的。"②所以，我们认为在经商的过程中，金节是不需要合验的，只需主管商队的官员手持金节，在铭文所记的地点出示金节，地方官吏加以核实即可放行。对于核实的具体流程，则如同杨小英先生所说："为了避免发生伪造诈骗的情况，车船所到达的各关口的官吏那里可能记有关于《鄂君启节》的具体细节，如长短宽厚、高度弧长、铭文内容、竹节的上下位置等。鄂君启的商队抵达指定关口时，只需拿出金节，官吏'见其金节'加以核实，即可免税放行。"③再回到金节的形制和体例上分析，金节与兵符等需要合验之物存在明显不同，出土的三枚车节和两枚舟节虽相合可形成竹筒形，但每一枚的文字均可独立成文，且内容相同，并不需要五枚相合之后才能辨认出其真假和发挥其功效，而需要合验的符则存在牝牡榫这种明显需要拼合的特征。容庚先生曾指出："符作伏虎形，面有文字，底有牝牡榫，用以发兵，必须双方符合，方生效力。至于节，等于汉代的竹使符，明代的腰牌，现代的通行证，皆只作证明，不必合验。"④罗长铭先生也认为："若论各节的弧，都达到八十

---

① 将金节所记的地名连接起来，我们可知，车节与舟节的终点"郢"不同属一地，舟节之"郢"在湖北江陵，而车节之"郢"在安徽寿春。
② 罗长铭：《鄂君启节新探》，《考古与文物》1982年第5期，第75~76页。
③ 杨小英：《"鄂君启节"所见楚史三题研究》，《江汉论坛》2004年第4期，第80~82页。
④ 商承祚：《谈鄂君启节铭文中几个文字和几个地名等问题》，《中华文史论丛》（第6辑），中华书局1965年版，第407页。

多度，合五枚成一圆规，多得太多。这不是古人制作不精，而是制作时原来没有验合的要求。"①而金节的体例与合验之符也有很大区别。如《杜虎符》："甲兵之符，右才（在）君，左才（在）杜。凡兴士被（披）甲，用兵五十人昌（以）上，必会君符，乃敢行之。燔燧（燧）之事，虽母（毋）会符，行殹也。"②再如《新郪虎符》："甲兵之符，右才（在）王，左才（在）新郪。凡兴士被（披）甲用兵，五十人昌（以）上，［必］会王符，乃敢行之。燔燧（燧）事，虽母（毋）会符，行殹也。"③通过将这两枚虎符的内容和鄂君启节的进行对比，我们可以看出句式上存在着明显的区别，符中用语较为固定，首句即表明该符已一分为二分别放在不同地方，说明了对于这一事实在符中必须明确地记录下来，随后写到如果用兵超过五十人就必须两符相"会"。而在鄂君启节中均无记录和要求，同时金节节文中"见其金节则毋政（征）……不见其金节则政（征）"。"见"字说明了只要地方官员看到了金节并加以证实即可放行，而无合验要求。

《周礼·掌节》中记有"关门用符节，货贿用玺节，皆有期以返节"。说明了当时"节"是需要定期返还的，而"返节制度"在金节铭文中的体现就是记载了"岁罷返"这句话。对"岁罷返"这句话进行理解，前人学者已有许多分析，主要有以下几种解释：一，以商队为主语，主要的观点有郭沫若先生④提出的商队往返有效期为一年；商承祚先生⑤提出的一年只允许水陆各做一次贸易；刘先枚先生⑥提出的限于一年之内，载货往返一次；朱德熙先生⑦提出的一年之内分批轮流返回。二，以金节为主语，主要的观点有于省吾先生⑧提出的金节的有效期为一年；李零先生提出的满一年要返节；汤余惠先生⑨提出的商队一年内返国后上缴金节；刘和惠先生⑩提出的一年必须返节一

① 罗长铭：《鄂君启节新探》，《考古与文物》1982 年第 5 期，第 77 页。
② 吴镇烽：《商周青铜器铭文暨图像集成》（第 34 卷），上海古籍出版社 2012 年版，第 551 页。
③ 吴镇烽：《商周青铜器铭文暨图像集成》（第 34 卷），上海古籍出版社 2012 年版，第 550 页。
④ 郭沫若：《关于"鄂君启节"的研究》，《文物参考资料》1958 年第 4 期，第 4 页。
⑤ 商承祚：《谈鄂君启节铭文中几个文字和几个地名等问题》，《中华文史论丛》（第 6 辑），中华书局 1965 年版，第 407 页。
⑥ 刘先枚：《释罷》，《江汉考古》1985 年第 3 期，第 73~74 页。
⑦ 朱德熙：《鄂君启节考释（八篇）》，载《纪念陈寅恪先生诞辰百年学术论文集》，江西教育出版社 1989 年版，第 61~70 页。
⑧ 于省吾：《〈鄂君启节〉考释》，第 442~447 页。
⑨ 汤余惠：《鄂君启节》，《战国铭文选》，吉林大学出版社 1993 年版，第 43~50 页。
⑩ 刘和惠：《鄂君启节新探》，《考古与文物》1982 年第 5 期，第 2 页。

次；罗长铭先生[1]提出的持金节从郢返鄂；陈伟先生提出的一个税务年度结束之后，重新开始执行新一轮的免税限额。在这些观点中，我们赞同陈伟先生的意见，他提出商队的往来次数和每次运载的工具、数量，皆无限制，相关的税所将一年的货物总数进行换算统计，对超过节文规定的数目不再免税，若未达到指标，则自行失效，金节在下一年重新开始执行新的免税限额以保证金节的连年生效。同时他还认为："一次出动五十艏（乘）、一年之内限定往返一次的推测，军事化、制式化的色彩颇浓，未免与自由度很大的商业行为不符。"[2]陈伟先生的观点为理解这一句话提出了新的思维方式，故在此基础上我们对具体的返节对象作出判断，"返节"之"节"应指返鄂君启所持有的金节，即在返节期间，鄂君启无须收回商队主管官员所执金节，仅需鄂君启将持有的一组金节在一个税务年度结束之后返还于楚王，与楚王所持的金节相验核，而商队则仍可持节继续进行正常的商业活动。这样既保证了商业的自由运行，也保证了返节这一制度的顺利实施。同时在此期间，中央官员除需要检验各片金节的真实性，还要考察鄂君商队经商时是否遵守了各项规定，以及审查鄂君启在此年度中是否服从中央的安排。若遵守各项规定，则金节返还给鄂君，下一年度继续使用；若有违反规定的，则楚王有权要求收回全部金节。

（三）货物的出入、税赋的征收上缴与楚大府、鄂君之府密切相关

从商品从府库的进出流程以及税收管理方面上看，鄂君启节起到了凭证的作用。《周礼·天官·大府》："大府掌九贡、九赋、九贡之贰。以受其货贿之人，颁其货于受藏之府，颁其贿于受用之府。凡官府、都鄙之吏及执事者受财用焉。凡颁财，以式法授之。"《礼记·曲礼下》："在府言府"，郑玄注："府，谓宝藏货贿之处也。"《吕氏春秋·分职》："叶公入乃发太府之货予众，出高库之兵以赋民，因攻之。"《吕氏春秋·季春》："开府库"，高诱注："府库，币帛之藏也。"《淮南子·道应训》："白公胜得荆国，不能以府库分人……叶公入，乃发大府之货以予众。"传世文献的记载已经表明大府有贮藏物资、管理税收的功能。再看出土器物的文字字形，也不乏相关线索。除本篇讨论的鄂君启节外，还有以下出土实物与大府相关，现将目前笔者

---

① 罗长铭：《鄂君启节新探》，《考古与文物》1982年第5期，第93页。

② 陈伟：《"鄂君启节"与楚国的免税问题》，《江汉考古》1989年第3期，第53页。

所见列出如下：

（1）1933 年安徽寿县出土的记有盛食器记有"大府之馈盏"①。

（2）1952 年安徽寿县收集的"大府镐"记有"秦客王子齐之岁，大府为王佥晋镐，集脰"②。

（3）1956 年安徽寿县出土铜牛状的镇席之器记有"大府之器"③。

（4）1976 年安徽凤台出土的铜量记有"郢大府之敦（？）□"④。

（5）《三代吉金文存》收有"大府之瑚"⑤。

（6）《金文编》收有大府簋⑥、大府鼎⑦。

（7）《古玺汇考》中收有楚玺"大府之玺"⑧。

在战国古文字资料中，凡从"府"从"贝"之"賦"节为府库之府，从字形上亦可表明其与财物有关，故可以推断出大府应是作为掌管楚国物资储存和财政税收管理的最高机构。

关于鄂君之府，何浩先生认为："楚之封君，犹如他们拥有封邑的行政权一样，他们也设有掌管经济收入和开支并主持各项经济活动的机构——'府'。'鄂君启节'，就是怀王命大工尹铸成发给'鄂君启之賦'的。在全楚境内经营商业，就是这个'府'所从事的经济活动项目之一。"⑨刘玉堂先生指出："这类贵族的府只以爵名或官名命名，而不以其制事命名，本身就说明它是一种包括手工业和商业在内的综合性经济活动管理机构。"⑩也就是说，鄂君之府和大府的职能相同，是封君经济活动的管理机构。既然鄂君府是存放财物的地方，故鄂君的所有财产应入府保存，而金节作为楚王所赐的重器，对于其保护和管理工作更应妥善处理，故存放于府中较为适合。同时鄂君商队所运的商品，是商队最主要的营利物品，也应在鄂君府中清点登记后，方能装运上车船。在清点货物的过程中，需要商队主管官员出示所持金节与鄂君之府所存的金节相

---

① 引自李家浩先生《楚国官印考释（两篇）》，《金文编》记为"大府敦"。

② 殷涤非：《寿县楚器中的"大賦镐"》，《文物》1980 年第 8 期，第 26~28 页。

③ 殷涤非：《安徽寿县新发现的铜牛》，《文物》1959 年第 4 期，第 1~2 页。

④ 安徽阜阳地区展览馆文博组：《安徽凤台发现楚国"郢大府"铜量》，《文物》1978 年第 5 期，第 96 页。

⑤ 罗振玉：《三代吉金文存》，中华书局 1983 年版，第 1001 页。

⑥ 容庚：《金文编》，中华书局 1985 年版，第 1345 页。

⑦ 容庚：《金文编》，中华书局 1985 年版，第 1317 页。

⑧ 施谢捷：《古玺汇考》，安徽大学博士学位论文 2006 年，第 156 页。

⑨ 何浩：《战国时期楚封君初探》，《历史研究》1984 年第 5 期，第 106 页。

⑩ 刘玉堂：《从考古发现看楚国的商业管理机构与职官》，《荆州师专学报》1996 年第 6 期，第 79 页。

验核，核实商队主管官员的身份，同时调动舟车等运输工具以及装载货物等活动，这样金节就起到了信物和凭证的双重作用。

再从金节铭文上分析，车节记载："毋载金、革、黾、箭。如马、如牛、如德，屯十以当一车；如檐徒，屯二十檐以当一车；以毁于五十乘之中。"舟节记载"如载马、牛、羊台（以）出内關（关），则征于大赝（府），毋征于關（关）。"金节中对于鄂君商队的贩运及禁运物品有着明确的规定，但对于这两句话的理解有两种：一，商队仅能贩运马、牛、德、羊和檐徒，禁止载运金、革、黾、箭，若在关内进行交易，则属于免税商品；若运出关外，则需要在大府交税。二，商队除金、革、黾、箭禁运外，其他的货物没有限制，同时马、牛、德、羊和檐徒在关内贩运时免税，载运到关外则需要在大府交税，而对于其他的商品没有特别指出，税收的征免按照楚国的政策进行处理。不论哪种解释更接近于当时的真相，我们都可以看出，赋税的征免都与大府联系密切。鄂君之府的地方政府官员与楚大府的中央政府官员有相关业务往来，故两府官员需要金节作为税收凭证，鄂君之府的官员用此以确定上缴税收的数目，楚之大府的官员以此节核对商队货物交税金额以及是否有偷运违禁品等违规问题。

根据以上的讨论，我们可以大致了解金节的使用分布情况，五组金节铸好之后，国君和大府各存有一组，剩下三组金节由国君赏赐给鄂君启用于商业活动。鄂君启手中存有一组金节，剩下的两组则掌握在鄂君府和商队的主管人员手中。楚王与鄂君启的金节主要用于返节时的核对工作；大府与鄂君府的金节主要作为税收征免工作时的凭证，同时鄂君府的金节还用于核实商队主管官员的身份；商队主管官员的金节主要作为货物的调运凭证以及出入关卡的通行凭证。各组金节的职能均有所不同，但它们却将每个阶段进行了串联，起着承前启后的作用，使鄂君启经商的整个事件完整地呈现出来。

（王谷，武汉大学简帛研究中心，crane590@163.com）

两汉铜器铭文近二十年语言研究概述*

孙元成

提　要：汉代铜器铭文著录与研究始于宋代。近二十年公布的出土两汉铜器数量增多，铭文研究状况发生变化，学界对不同类的铜器和铭文研究程度不同。综合和专门研究成果不断涌现。综合研究列举几部重要的论著，专门研究以回顾，尽量呈现出近二十年出土两汉铜器铭文语言研究的简要历史面貌。从中我们可以窥见近二十年出土两汉铜器铭文语言研究的特点与不足。

关键词：两汉；铜器铭文；语言；文字

出土两汉铜器铭文是指出土两汉青铜器上的文字。汉代与先秦青铜器相比，一改庄重面貌，礼制作用减弱。其功用在汉代器物中别具一格，礼制地位改变。汉代一般铜器①铭文主要记录器主、器名、重量或容量、纪年、监造工匠、数量、器物编号以及铸造地、使用地、传送地等信息。

汉代铜器铭文著录与研究始于宋代。直至清代，学者研究主要在著录上，研究成分较少。1949 年至 20 世纪末，陈直、裘锡圭、李学勤、丘光明等学者从不同角度研究，如裘锡圭《〈秦汉魏晋篆隶字形表〉读后记》对铭文"钾"与"㴩""湿"及相关诸字进行了详细考证；李学勤刊布《齐王墓器物坑铭文试析》一文，该文有助于深入认识1978~1980 年在山东淄博市窝托村南发掘西汉齐王墓出土的汉代铭文。学者从器物传制、辨伪、断代、度量衡制、地名等角度对铭文内容进行考证。

---

* 在本文的撰写过程中得到业师徐正考先生帮助与支持，在此表示衷心感谢！
① 一般铜器是指不包括货币、铜印、铜镜的铜器。

　　近年来，科技水平日益提高，考古事业不断进步。出土两汉铜器铭文重新聚集学界的目光，其语料价值越发被重视，早年和新近发现的汉代铜器不断被公布，发表和出版的相关论文专著数量增加。与其他出土两汉书写材料特点不同①，依据器物功用，出土铜器铭文可划分为不同的书写载体与形式——一般铜器铭文、镜铭、铜印文字、货币文字等。

　　学者对镜铭铭文研究成果比较丰富。铜镜铭文通常指铸在铜镜背面的文字，由于汉代铜镜数量可观、种类不一，铭文内容翔实，能够比较集中地反映两汉的语言现象、政策思想、宗教信仰等历史信息，是研究汉代语言观念、思想流变、经学致用、宗教风俗、社会制度的重要资料。与其他形式铭文比较，镜铭对字和词的使用体现出汉代独特的语言内涵。铭文所记录不同语言风格可能与地域差异相关，秦凤鹤、张杭州等学者以地域不同的器物铭文为研究对象，值得参考。铜印相关的研究文献如施谢捷《汉印文字校读札记（十五则）》重新校读《吉金斋古铜印谱》《十钟山房印举》等印文，修正《汉印文字征》中的部分释文，重新梳理和论证了一些原来存在争议的印文。对钱币文字研究的文章如《战国秦汉货币文字研究》，专列章节研究汉代五铢钱的圆钱定型，说明钱币文字的构字、形体差别和艺术价值。

　　学者研究涉及多个领域，程度不断加深。综合和专门性研究成果不断涌现，包括出土文物简报类文章均提供了宝贵信息和重要参考②。

　　综合性研究学者及论著兹举例如下。

　　徐正考《汉代铜器铭文中的数量词》对数词标记法及量词、数量组合的形式特征与语义特点分别作出有益探讨；《〈秦汉金文汇编〉释文订补》对《汉代金文汇编》释文订补，弥补原著不足；以往研究因"对汉代铜器研究则着力不多；加之因资料的零散和研究的系统性不够……该书则正好填补了这一空白"。《汉代铜器铭文综合研究》全面整理汉代铜器铭文及释文，并从史学角度研究了两汉"物勒工名"制度、纪年与断代、器名与制作地、器物制作数量与编号、器物转送与买卖、宫观、共厨、国邑、度量衡等

---

① 如简帛文献语料具有体例相对统一、语篇相对连贯、操作性较强等特点，早年出土的简帛语料近年陆续公布，如李守奎、单育辰等学者将其作为研究对象，研究角度不完全是语言，也涉及历史、文化等内容。
② 近二十年的发掘报告如杨深富、王仕安《山东日照市大古城汉墓发掘简报》，2006 年；李锋、邵向平、魏青利等：《河南镇平县程庄墓地汉代墓葬发掘简报》，2009 年；唐星良、彭辉等：《江苏常州兰陵恽家墩汉墓发掘简报》，2011 年；李则斌、齐军等 2013 年陆续发表的关于江苏盱眙大云山的发掘简报：《江苏盱眙大云山江都王陵二号墓发掘简报》《江苏盱眙大云山江都王陵 M9、M10 发掘简报》《江苏盱眙东阳汉墓群 M30 发掘简报》。

问题。《汉代铜器铭文文字编》是近年来第一本比较详尽地收录汉代铜器铭文的字书，作者对字编所收录的汉代铭文从构件理据度、构形模式、组合方式等编排、总结、分析，体例科学，查找便利，此文也是有关两汉铭文语言本体研究的重要论文①。其他学者的论文如刘俊勇、刘婷婷《大连地区汉代物质文化研究》（2012）、韩建武《陕西历史博物馆藏几件汉代刻铭铜器考释》（2014）、杜小钰与孙凯的《试论"长信宫灯"的最初所有者》（2015）也是从多角度综合研究的文献。

语言是系统性、动态的生成机制。运用合理方法对铜器铭文进行整理和研究有利于揭示汉代语言面貌，并为汉语传承与演变提供历史依据。近二十年语言研究发生新变化：从传统的经学和训诂角度考释文字到结合语言理论与成果对铭文全面释读与阐释的文字研究；从语义角度考释词语到充分关注两汉历史背景而深入发掘词语内涵的词汇研究；从分散的个体研究到逐渐增强发掘文本蕴含的语体、文体价值的语言本体研究。

与词汇、语法、语音等语言领域相比，学者对文字研究翰墨较多。

汉代作为古文字向今文字形体演进的过渡时期，是篆书向隶书、隶书向楷书转变的关键期，据此，学者根据某类器铭书体特征推测两汉文字形体演变过程。如邱龙升比较系统地整理"秦篆、缪篆、篆隶体、草书、隶书、隶省简体字、花体字等等"类型多样的镜铭文字，铭文书体特征在铜镜上体现充分。《两汉镜铭文字研究》除谈及隶变过程外，还关注到东汉时期文字通假等用字现象，在动态和静态中对镜铭文字细致描述，探讨镜铭形成原因并试图揭示文字形体演变的内部规律。李新城《东汉铜镜铭文整理与研究》除对北宋以来的铜镜铭文进行系统整理外，还研究了"读为字、异体字和错讹字"等用字现象。铭文形体差别可能体现了不同时代的用字特征与习惯，如熊长云认为铭文特殊形体体现王莽时期用字特点，总结这些特征，有助于探究铭文时代，也为王莽改制的年代提供佐证。学者或"字样"式归类搜集铭文，撰写字编。如张丹《汉代铜镜铭文研究概况及文字编》前半部分为研究综述，后半部分为文字编，主要由凡例、字编正

① 详细内容可参阅徐正考先生相关论著：《汉代铜器铭文中的数量词》，《烟台师范学院学报》1999 年第 1 期，第 17～19、29 页；《汉代铜器铭文著录与研究历史的回顾》从史学角度详细回顾了从宋代直至 2000 年学界对汉代铜器的著录和研究情况，为后来者的研究提供了有益的思路和线索，《史学集刊》2000 年第 1 期，第 19、83～88 页；《〈秦汉金文汇编〉释文订补》，《古籍整理研究学刊》2000 年第 1 期，第 22～25 页；《汉代铜器铭文综合研究》研究对象不包括货币文字、印文和镜铭，该书专列"汉代铜器铭文文字编"一章讨论两汉金文的文字问题，对两汉铭文中的简化和繁化、文字通假、讹误现象等文字现象描写分析，为研究两汉金文提供了重要的研究资料，作家出版社，2007年；《汉代铜器铭文文字编》，吉林大学出版社 2005 年版；《汉代铜器铭文选释》，作家出版社 2011 年版；徐正考、肖攀：《汉代文字编》，作家出版社 2016 年版。

文、检字表、附录等部分构成。该文搜集比较全面，运用现代字典编纂体例，字形归类比较合理，便于查验，但仍有可细化和商榷之处。

基于传统方法解释铭文具体词语的论文，如周克林对"五利后"含义进行重新阐释，指出铭文"五利后"中"五"是指五铢；"利后"者，即利于后代子孙之意，希望子嗣绵延、昌隆。学者结合传世文献和发掘报告解释词语，对已有解释补充和修正，进而阐释其历史内涵并将研究成果自觉地运用于其他领域研究，如卢治萍运用考古类型学推测器物年代和制地，指出熨斗铭文具有伪刻可能性，为验明器物真伪提供历史依据。整体对汉代铭文词语整理的论著，如王卉《汉代铜器铭文词语通释与研究》比较集中地对 2007 年之前公布的一般铜器铭文和铜镜铭文词语解释，以字带词，体例创新，通释铭文数量较大，但部分疑难词语未作出解释。

我们对近二十年出土两汉铜器铭文研究面貌作简要的历史回顾。总体而言，此阶段研究具有以下特点：一，研究内容深入、范围扩大、水平提高。①语言之外的研究论著中，学者阐释汉代铜器铭文内容反映的汉代政治制度、经济生活、文化内涵，进而验明史实，如辛德勇《汉"元朔五年弩"镦郭铭文述疑》一文基于武帝建元至元封诸年号都应出于事后追记的认识，对近年出现的所谓汉"元朔五年弩"镦郭铭文辨析并指其荒谬。但透过铭文研究两汉社会面貌和演变的文献相对较少。②就语言研究而言，对铭文中语言现象个例研究较多而缺乏宏观与整体的关照。多释读铭文以及揭示文字书写特征，缺少总体和系统文字演变研究，基础性材料使用与规范问题尚未完全解决。文字研究除整理与释读外，应充分关注用字习惯与规范、写本与拓本、书体与文体等相关问题。与先秦和魏晋南北朝词汇的研究相比，汉代铜器铭文词汇研究比较薄弱，与此相关的语音和语法研究论著寥寥无几，广泛的词汇研究应该纳入我们的研究视野。二，研究方法更为合理。研究方法开始由传统解诂训释为主到将传统释义训诂方式与现代语言学领域相结合研究、从以共时层面为主到共时与历时并举的研究词汇视角，从占有较为单一的语料到充分占有铭文和相关的出土、传世甚至是域外文献等丰富的语料等研究方式。三，研究目标变化。研究不限于从某一方面阐释或证伪，全面、系统的综合研究成为发展方向。

不言而喻，研究出土两汉铜器铭文具有重要意义。铜器铭文是研究汉语史不可忽视的语料来源之一，其为两汉文字发展演变尤其是隶变提供史料，是建立汉语历史词汇学理论、词义与词汇演变系统的基本内容之一，并为汉语词汇史分期提供可靠历史依据，助力语言学发展。出土两汉铜器铭文研究对历史学、民族学、版本学、校勘学或古籍整理、辞书编纂等产生的作用不可忽视。因此，我们亟待全面而深入发掘铭文语料价值，窃以盼能为语言和相关研究提供重要参考。

（孙元成，吉林大学文学院，1273832013@qq.com）

清华六《郑武夫人规孺子》校释三则

吴　祺

提　要：本文参照传世典籍和出土文献，对清华六《郑武夫人规孺子》篇中的部分字词进行新的解释。将简 7 "婏"读为"媚"，指出简文"婏（媚）妒"为同义连用；将简 14 "交"读为"遘"，训为"遇"；将简 16 所谓"付"字改释为从人，寸声之字，并读为尊，认为简文"付（尊）孙（任）"即尊崇任用之义。

关键词：清华六；《郑武夫人规孺子》；校释

一

《郑武夫人规孺子》简 7 有如下一句话：

乳=（孺子）亦母（毋）以埶（褺）竖卑（嬖）①御，勤力射驭，婏（媚）妒之臣躬（躬）共（恭）亓（其）颜色，掩于亓（其）考（巧）语，以乱夫=（大夫）之正（政）。

关于简文"婏"字，整理者括注为"媚"，并未作进一步解释。关于"妒"字，整理者注〔二一〕："妒，《战国策·赵策二》'奉阳君妒'，鲍注：'嫉贤也。'"②按照整理者的说法，"婏（媚）妒之臣"应指的是谄媚、嫉妒之臣。

---

① "埶（褺）"与"卑（嬖）"的释读，均从石小力先生说，参清华大学出土文献读书会：《清华六整理报告补正》，清华大学出土文献研究与保护中心网站，2016 年 4 月 16 日。

② 清华大学出土文献研究与保护中心编，李学勤主编：《清华大学藏战国竹简》（六），中西书局 2016 年版，第 107 页。

按，《逸周书·皇门》有两句话："媚夫有迩无远，乃食盖善夫，俾莫通在于王所。""媚夫先受殄罚，国亦不宁"。关于这句话中的"媚夫"，王念孙《读书杂志·逸周书弟二》"媚夫、食盖"条引王引之云：

> "媚"当为"媚"，字之误也。下"媚夫"同。《颜氏家训·书证篇》曰："太史公论英布曰：'祸之兴自爱姬，生于妒媚，以至灭国。'又《汉书·外戚传》亦云：'成结宠妾，妒媚之诛。'此二'媚'并当作'媚'。'媚'亦'妒'也，义见《礼记》《三苍》。且《五宗世家》亦云：'常山宪王后妒媚。'王充《论衡》云'妒夫媚妇'，益知媚是妒之别名。原英布之诛为意贲赫耳，不得言媚。"案：《五宗世家》索隐亦云："媚，邹氏作媚"。《潜夫论·贤难篇》："妒媚之攻击也，亦诚工矣。"今本"媚"字亦误作"媚"。《尔雅·释宫》"楣谓之梁"，释文："楣，或作楣。"盖隶书"眉"字或作"眉"，与"冒"相似，故从冒、从眉之字，传写往往讹淆。郑注《大学》曰："媚，妒也。"此"媚夫"二字正承上文"谗贼媚嫉"言之，非谓其佞媚也，不当作"媚"明矣。①

王引之赞同颜之推的看法，进而指出《逸周书·皇门》"媚夫"之"媚"当为"媚"字之讹。

关于《汉书·外戚传》："成结宠妾，妒媚之诛。"这句话，王念孙《读书杂志·汉书弟十五》"妒媚"条云：

> 念孙案："妒媚"二字义不相属，"媚"当为"媚"。郑注《大学》云："媚，妒也。"《五行志》"恒有妒媚之心"，《史记·五宗世家》"王后以妒媚，不常侍病"，《黥布传赞》"妒媚生患"，皆其证。隶书"眉"或作"眉"，见汉《凉州刺史魏元丕碑》。与"冒"相似，故书传中"媚"字或讹作"媚"。《颜氏家训》已辩之。②

从文义上看，上述辞例中的"媚"字，诚如颜之推、王引之、王念孙之说，当改为"媚"字。"媚"古训"妒"。《说文》："媚，夫妒妇也。"《广雅·释诂一》："媚，妒也。"《礼记·大学》："媚嫉以恶之。"郑玄注："媚，妒也。"《史

---

① （清）王念孙：《读书杂志》，上海古籍出版社 2015 年版，第 38~39 页。
② （清）王念孙：《读书杂志》，上海古籍出版社 2015 年版，第 999~1000 页。

记·五行志》："恒有妬媚之心。"颜师古注："媚，谓夫妬妇也。"《史记·黥布传赞》"妬媚生患"，裴骃《史记集解》云："媚，亦妬也。"《汉书·常山宪王刘舜传》："王后以妬媚不常在。"颜师古注："媚，亦妬也。"均其例。

清华简一《皇门》里的相关文句分别如下：

　　忞（媚）夫又（有）執（迩）亡（无）远，乃弁（掩）盉（盖）善=夫=（善夫，善夫）莫达才（在）王所。（简10~11）
　　忞（媚）夫先受吝（殄）罚，邦亦不宁。（简12）

忞从矛声，媚从冒声。上古音矛、冒均为明母幽部字。传世典籍中从矛声字与从冒声字常可相通。《书·盘庚下》："懋建大命。"《汉石经》"懋"作"勖"。《国语·吴语》："有眩瞀之疾者以告。"《一切经音义》引"瞀"作"瞀"。《荀子·哀公》："古之王者有务而拘领者矣。"杨倞注曰："务读为冒。《尚书大传》曰：'古之人衣上有冒而句领者。'"均其例。故简文之"忞"可读为"媚"，且证明王引之认为《逸周书·皇门》"媚夫"当为"媚夫"的观点是正确的。

由此我们认为，简文"妭妬之臣"之"妭"似亦可读为"媚"。上古音"妭"为明母微部字；"媚"为明母幽部字。二者声母双声，韵部关系密切。龙宇纯先生在其《上古音刍议》一文中列举了四十多组幽部与微、文二部音转的例子，李家浩先生又进一步论证了幽微二部关系之密切[1]。因此，二者古音相近，例可相通。北大简《苍颉篇》简5："嬛莕蜎黑，媷姆款饵。"关于此句简文中的"姆"字，整理者注［二五］指出："此字在英国国家图书馆藏削柿本《苍颉篇》三四三八简作'冒'。'冒'为明母幽部字，'姆'为明母之部字，之、幽皆阴声韵而旁转，故'冒'、'姆'音近可通。"[2]是从"冒"声字与从"每"声字可通之例证。又，典籍中"梅""微"二字均能与"枚"相通。《诗·秦风·终南》："有条有梅。"《文选·西都赋》李善注引作"枚"。段玉裁注《说文》"枚"字曰："《豳风》传曰：'枚，微也。'《鲁颂》传曰：'枚枚，砻密也。'皆谓枚为微之假借

① 李家浩：《楚简所记楚人祖先"妭（鬻）熊"与"穴熊"为一人说——兼说上古音幽部与微、文二部音转》，《文史》2010年第3辑，又载黄德宽主编：《安徽大学汉语言文字研究丛书·李家浩卷》，安徽大学出版社2013年版，第188~238页。
② 北京大学出土文献研究所：《北京大学藏西汉竹书》（一），上海古籍出版社2015年版，第75页。

也。"此可看作从"冒"得声之"媢"与"姽"相通的例证①。

"妬媢"为典籍习语，上文所引颜之推、王引之、王念孙文已有论述。此外，典籍中"嫉"与"妬"亦常互训，如《广雅·释诂一》："嫉，妬也。"《玉篇·女部》："嫉，妬嫉也。"《广韵·质韵》："嫉，嫉妬。""媢嫉"也是典籍习语。《尚书·泰誓》："人之有技，冒疾以恶之。"《礼记·大学》引作"媢嫉"。王念孙云："《秦誓》'冒疾以恶之'，《大学》作'媢嫉'，郑注云：'媢，妬也。'媢、冒，嫉、疾并通。"②《吕氏春秋·明理》："夫妻相冒"。杨树达谓："《说文》：'媢，夫妬妇也，从女冒声'，此以声同假冒为媢。"③又《吕氏春秋·怀宠》："若此而犹有忧恨冒疾遂过不听者，虽行武焉亦可矣。"陈奇猷先生指出"冒疾"即"媢嫉"④。

简文"姽（媢）妬"即传世典籍中的"妬媢"⑤，与"媢嫉"同义，均为同义连文。故简文"姽（媢）妬之臣"当指好嫉妒之臣，似与"媚"义无涉。

二

《郑武夫人规孺子》简 8~10 有一段话，整理者释文如下：

乳=（孺子）女（汝）共（恭）夫=（大夫），虞（且）以教焉。女（如）及三岁，幸果善之，乳=（孺子）亓（其）童（重）得良臣，使御寇也，尃（布）图于君。昔吾先君使二三臣，抑早秝（前）句（后）之以言，思群臣得执焉，□臣、四邻以吾先君为能叙。女（如）弗果善，欨吾先君而孤乳=（孺子），亓（其）辠（罪）亦足

---

① 前引北大简"婋姆"一词，整理者将"婋"读为"婉"，可从。"婉"训为"美"为典籍常训（参宗福邦、陈世铙、萧海波主编：《故训汇纂》，商务印书馆 2003 年版，第 529 页）。而简文"姆"字，整理者据《说文》"姆，女师也。"或《玉篇》"姆，同姆"为说，则不可从。此字于此似当读为"美"，与"婋（婉）"为同义连用。前文说到，整理者指出"婋"在英国国家图书馆藏削柿本《苍颉篇》中作"冒"。若我们的说法可信，则亦是"姽"与"媢"相通的一个旁证。然此字似亦可读为"媚"，典籍中见有"婉媚"一词，如《搜神记》："妇年可十八九，姿容婉媚。"是其例。

② （清）王念孙：《广雅疏证》，中华书局 1983 年版，第 40 页。

③ 陈奇猷：《吕氏春秋校释》，学林出版社 1984 年版，第 362 页。

④ 陈奇猷：《吕氏春秋校释》，学林出版社 1984 年版，第 415 页。

⑤ 李家浩先生说："古代汉语双音节词的字序可以对换。"参李家浩先生：《关于郭店竹书〈六德〉"仁类蘽而速"一段文字的释读》，载黄德宽主编：《安徽大学汉语言文字研究丛书·李家浩卷》，安徽大学出版社 2013 年版，第 266 页；郑奠：《古汉语中字序对换的双音词》，《中国语文》1964 年第 6 期。

娄（数）也。

尉侯凯先生对本段简文中的一处简序做了调整，即将简9从简8与简10中抽出，将简8与简10直接连读①。我们认为此说可信。而关于简9的归属，子居先生认为当置于简13与简14之间，并认为简9下端残字当为"虗（且）"，其说亦可信②。根据两位先生的简序调整意见，相关释文可重新整理为：

昔吾先君使二三臣，抑早前后之以言，思群臣得执焉，[且]毋交于死。今君定，拱而不言，二三臣事于邦，惶惶焉，焉削错器于选藏之中，毋措手止。对于简文"毋交于死"一句的理解，整理者注〔四〇〕："交，《小尔雅·广言》：'报也。'即、'效'字。于，犹'以'，见《古书虚字集释》（第五一页）。句云几个老臣未能以死报君。'母（毋）'前疑有缺字。"③网友暮四郎则认为："'二三老母（毋）交于死'是一句客套话，按字面翻译是'（希望）那些大臣们不要碰上死亡'。这里边父是在代表二三臣说话，所以开场说，希望我们说的这些话不会让您生气、判我们死罪。"④子居先生认为："'毋交于死'，就是暂且没有遇到死，指没有因罪责或战事而死。"⑤

我们认为，暮四郎、子居两位先生对文义的理解可从，当为"碰上、遇到死亡"之义。然而"交"字古似乎并未见有"碰上""遇到"之义，且典籍中亦未见到交于疾患、死亡的用法。故我们认为，"交"字于此似当读为"遘"。

从语音上看，上古音"交"为见母宵部字，"遘"从"冓"声，上古音"冓"为见母侯部字。二者声母为双声关系，韵部有旁转关系，古音相近，例可相通。《汉书·萧何曹参传》："萧何为法，讲若画一。"颜师古注引文颖曰："讲，或作较。"是为从"交"声字与从"冓"声字相通的例证。故简文"交"当可读为"遘"。

"遘"字古有"遇"义，且多用来指遇到疾病、灾祸。《说文·辵部》："遘，遇也。"《尔雅·释诂下》："遘，遇也。"郭璞注："遘，谓相遭遇。"《书·金縢》："遘厉虐疾。"陆德明《释文》："遘，遇也。"《汉书·叙传上》："考遘愍

① 尉侯凯：《清华简六〈郑武夫人规孺子〉编联献疑》，简帛网，2016年6月9日。
② 子居：《清华简〈郑武夫人规孺子〉解析》，中国先秦史网站，2016年6月7日。
③ 清华大学出土文献研究与保护中心编，李学勤主编：《清华大学藏战国竹简》（六），中西书局2016年版，第108页。
④ 简帛网"简帛论坛"：《清华六〈郑武夫人规孺子〉初读》，文后评论，暮四郎发言，2016年4月18日。
⑤ 子居：《清华简〈郑武夫人规孺子〉解析》。

以行谣。"颜师古注："邅，遇也。"《后汉书·皇后纪上》："冢嗣邅屯。"李贤注："冢，大也。邅，遇也。屯，难也。晋献公受骊姬之谮，杀太子申生，故曰遇屯。"《文选·潘岳〈寡妇赋〉》："邅天祸之未悔。"李善注："邅，遇也。"《文选·欧阳建〈临终诗〉》："念皆邅凶残。"张铣注："邅，遇也。"《文选·沈约〈齐故安陆昭王碑文〉》："而邅疾弥留。"刘良注："邅，遇也。"均其例。此外，《后汉纪·孝献皇帝纪》："本州岛见侵，郡将邅厄。"《后汉纪·孝献皇帝纪》："邅疾逼厄，遭命不永。"《后汉书·冯衍传》："忿战国之邅祸兮，憎权臣之擅强。"《后汉书·曹节传》："吴使刑人，身邅其祸。"《全三国文·伤魂赋》："何旻天之不怙，邅暴疾而陨亡。"《全三国文·刘镇南碑》："昊天不吊，年六十有七，建安十三年八月，邅疾殒薨。"皆是"邅"之遇到疾病、灾祸的用法。

《书·洛诰》："惠笃叙，无有遘自疾，万年厌于乃德，殷乃引考。"吴汝纶谓："有、或同字。《诗笺》：'自，由也。'由，于也，'无有遘自疾'，无或遇于疾也。"①此与简文"毋交（遘）于死"亦可相参。故简文"昔吾先君使二三臣，抑早前后之以言，思群臣得执焉，且毋交（遘）于死"可翻译为：过去我们先君支使二三臣子，则早早地用话教导他们，使得群臣能够各守其职②，且不会遇到死亡。

三

《郑武夫人规孺子》简16~17有一句话，整理者释文如下：

二三大夫不尚（当）母（毋）然，二三大夫皆吾先君之所付（守）孙也。吾先君智（知）二三子之不二心，甬（用）厈（兼）③受（授）之邦。

关于此段简文中"付孙"二字，整理者注〔四九〕："付，从肘省声，李天虹《释郭店楚简〈成之闻之〉篇中的'肘'》（《古文字研究》第二十二辑）认为'寸'为'肘'字指事初文。付，在此读为'守'，《玉篇》：'护也。'孙，《礼记·表记》

① 吴汝纶：《吴汝纶全集》（第2册），黄山书社2002年版，第751页。
② 关于"昔吾先君使二三臣，抑早前后之以言，思群臣得执焉"三句的翻译，参简帛网"简帛论坛"：《清华六〈郑武夫人规孺子〉初读》，文后评论，紫竹道人发言，2016年4月26日。
③ 从李守奎先生释读，参李守奎：《〈郑武夫人规孺子〉中的丧礼用语与相关的礼制问题》，《中国史研究》2016年第1期。

'诒厥孙谋'，孔疏：'谓子孙'。"①李守奎先生也认为简文"付"是肘声字，但将其读为"由"，训"孙"为"恭顺"，即后世之"逊"，并谓："'先君之所由孙'即先君所遵从的人。"②网友"无痕"认为："'付孙'似可读'付逊/付顺'。"③网友"暮四郎"认为"'付'当作本字理解，即托付义。"并进而将"二三大夫皆吾先君之所付孙也"一句解释为"那些大夫都是我的先君将自己的子孙所托付给的人啊。"④王宁先生赞同暮四郎的说法⑤。网友"白天霸"认为"'孙'疑似用以指代大臣"，"'付'训为'守'并不合理，还是当采取传统的解释方法，释作托付。此句当翻译为诸位大夫应当不是这样的，你们都是我的先君托付以重任之人"⑥。子居先生认为"'付孙'当读为'附循'，又作'抚循'，为抚慰养护义"⑦。段凯先生未刊稿将此二字读为"付任"，认为"付任"相当于典籍和出土文献中的"委任""属任"。

简文中"付"字作 形。学者们关于此字的释法大致可分为两类：

其一，如整理者与李守奎先生均认为此字右旁之 即李天虹先生所释之"肘"字初文，并由"肘"声读为"守""由"。按，郭店简《成之闻之》中李天虹先生所释"肘"字初文作 形，李先生所引战国时代古文字资料中的"守""铸"字所从"肘"之初文与《成之闻之》此字字形相似，如郭店简《唐虞之道》中的"守"作 形，侯马盟书中的"守"作 形，中山王壶中的"铸"作 形。另外，清华六《子产》篇简 27 "守"字，作 形，清华七《越公其事》简 22 "守"字作 。从字形上看，简文 所从之 与战国时代"肘"字初文写法差距较大，似不是同一个字。

其二，即把此字看作"付"的本字，训为托付，或读为"附"，训为抚慰。按，楚简中"付"字尚未见到，但从"付"之字很常见，如：

 (《包山》2)　　　 (《包山》172)　　　 (《包山》181)

 (《容成氏》6)　　　 (《周易》51)　　　 (《周易》52)

 (《彭祖》7)　　　 (《相邦之道》3)　　　 (《三德》15)

① 清华大学出土文献研究与保护中心编，李学勤主编：《清华大学藏战国竹简》（六），中西书局2016年版，第108页。
② 李守奎：《〈郑武夫人规孺子〉中的丧礼用语与相关的礼制问题》，《中国史研究》2016年1期。
③ 简帛网"简帛论坛"：《清华六〈郑武夫人规孺子〉初读》，文后评论，无痕发言，2016年4月18日。
④ 简帛网"简帛论坛"：《清华六〈郑武夫人规孺子〉初读》，文后评论，暮四郎发言，2016年4月18日。
⑤ 王宁：《清华简六〈郑武夫人规孺子〉宽式文本校读》，复旦大学出土文献与古文字研究中心网站，2016年5月1日。
⑥ 简帛网"简帛论坛"：《清华六〈郑武夫人规孺子〉初读》，文后评论，白天霸发言，2016年6月6日。
⑦ 子居：《清华简〈郑武夫人规孺子〉解析》。

（《凡物流行》甲 23）　　（《凡物流行》乙 15）①　　（《祭公》5）

（《祭公》9）　　　　　（《说命》中 6）　　　　（《赵简子》8）

（《越公其事》47）

　　这些字中的构件"付"均从"又"，未见有作形，即右下加撇形。故简文字似亦不是"付"字。

　　我们认为，所从之即"寸"字，为指事字。是从"人"从"寸"声之字，可隶定为"付"，与后世"付与"之"付"可能只是同形字。《说文》："寸，十分也。人手却一寸动䘅，谓之寸口。"故此字从"人"应是增繁的标义偏旁。战国秦汉文字中"寸"字较多，如《古陶文汇编》（5.280），睡虎地秦简、，长沙马王堆汉墓简帛等。简文所从之与这些战国秦汉文字中的"寸"字一脉相承。

　　简文此字于此似可读为"尊"。上古音"寸"为清母文部字，"尊"为精母文部字。二字声母同为齿音，韵部叠韵。古音很近，例可相通。睡虎地秦墓竹简《日书甲种·诘》："人毋（无）故而心悲也，以桂长尺有尊而中折。"整理者将"尊"字读为"寸"②。又如，大良造鞅升铭文："大良造鞅爰积十六尊五分尊壹为升。""尊"亦读为"寸"③。此外，楚简中"夲"及从"夲"声字可分别与"寸"与"尊"相通④。如刘国胜先生将信阳长台关楚简中"径二夲""长六夲"之"夲"读为"寸"⑤。上博七《郑子家丧》："命思（使）子家利（梨）木三卷。"复旦大学出土文献与古文字研究中心研究生读书会读"卷"为"寸"⑥。郭店简《尊德义》篇中"尊"字作形，裘锡圭先生谓："从文义看，似是'尊'之异体"⑦。上博六《天子建州》甲、乙本："卷且（俎）不折（制）事。"整理者将"卷"读为"尊"⑧。故简文从"寸"得声之"付"当可读为"尊"。

　　"尊"字在此训为尊崇、尊重之义。《战国策·秦策五》："公，大臣之尊者

① 刘洪涛：《上博竹简释读札记》，简帛网，2010 年 11 月 1 日。
② 睡虎地秦墓竹简整理小组：《睡虎地秦墓竹简》，文物出版社 1990 年版，第 213 页。
③ 李学勤：《秦孝公、惠文王时期铭文》，载《缀古集》，上海古籍出版社 1998 年版，第 136 页。
④ 沈培：《上博简〈缁衣〉篇"恙"字解》，《华学》（第 6 辑），紫禁城出版社 2003 年版，第 68~74 页。
⑤ 刘国胜：《信阳长台关楚简〈遣册〉编联二题》，《江汉考古》2001 年 3 期。
⑥ 复旦大学出土文献与古文字研究中心研究生读书会：《〈上博七·郑子家丧〉校读》，复旦大学出土文献与古文字研究中心网站，2008 年 12 月 31 日。
⑦ 荆门市博物馆：《郭店楚墓竹简》，文物出版社 1998 年版，第 174 页。
⑧ 马承源主编：《上海博物馆藏战国楚竹书》（六），上海古籍出版社 2007 年版，第 327 页。

也。"高诱注："尊，重也。"《论语·尧曰》："尊五美，屏四恶。"皇侃疏："尊，崇重也。"《大戴礼记·主言》："明主因天下之爵以尊天下天下之士。"王聘珍《解诂》："尊，贵也。"

关于简文之"孙"字，我们认为段凯先生读为"任"可从。"任"训为任使、任用。《广雅·释诂一》："任，使也。"《吕氏春秋·乐成》："此二君者，达乎任人也。"高诱《注》："任，用也。"《周礼·天官·太宰》："以富邦国，以任百官。"贾公彦《疏》："任，谓任使。"《书·盘庚上》："古我先王，亦惟图任旧人共政。"孙星衍《尚书今古文注疏》引《广雅》："任，使也。"因此，简文"尊任"当为尊崇任用之义。"尊任"一词典籍习见，如：

> 《诗·大雅·召旻》："于乎哀哉！维今之人，不尚有旧。"郑玄笺："哀哉，哀其不高尚贤者，尊任有旧德之臣，将以丧亡其国。"
>
> 《诗·豳风·鸱鸮》孔颖达《正义》引《书·金縢》注："新逆，改先时之心，更自新以迎周公于东，与之归，尊任之。"
>
> 《史记·酷吏列传》："于是，汤益尊任，迁为御史大夫。"
>
> 《汉书·楚元王传》："皆领尚书事，甚见尊任。"
>
> 《汉书·王商史丹傅喜传》："明年，商代匡衡为丞相，益封千户，天子甚尊任之。"
>
> 《帝王世系》："褒赐群臣，尊任伯禹、稷、契、皋陶、伯益。"

此外，传世典籍中也见"尊""任"分用的例子，如《墨子·尚贤中》："故古者圣王甚尊尚贤而任使能。"《潜夫论·思贤》："尊贤任能，信忠纳谏，所以为安也。"

综上所述，简文"二三大夫皆吾先君之所付（尊）孙（任）也"，意为二三大夫都是我先君武公所尊崇任用的人，与下文"用兼授之邦"句在语义上前后相承。

（吴祺，华东师范大学中国文字研究与应用中心，525659252@qq.com）

清华简《命训》与今本《命训》异文对比整理

钟舒婷

提　要：《命训》本为《逸周书》的第二篇，为训诫性质的文章，在历代学者对《命训》研究的基础上，本文以清华简《命训》为主，根据其提供的新信息，结合传世本《命训》，并运用古文字学、训诂学等相关知识，对《命训》篇进行了更深入的探讨和分析研究，将出土文献及传世文献相结合，互相补充、互相印证，通过二者异文对比整理，以期恢复《命训》原貌。

关键词：《命训》；异文；清华简；整理

《逸周书》在流传过程中产生了诸多错讹，历代学者对《逸周书》也没有给予足够重视，这种情况到清朝乾嘉时期才有所改变。2015 年《清华大学藏战国书简》（五）中《命训》战国写本的面世，对《逸周书》中《命训》篇字词的考释、内容的解读以及原貌的恢复有很多帮助，意义重大。对照简文，我们可以发现今本与简本存在的诸多不同。

一、"异文"的含义

"异文"的含义有狭义与广义之分，黄沛荣先生曾提出：

> 狭义的"异文"仅限于个别的、相应的异字，……广义的"异文"则指：古书在不同版本、注本或在其他典籍中被引述时，同一段落或文句总所存在的字句

之异。①

《辞海》中对"异文"解释也有狭义与广义之分：

（1）文字学术语。通假字和异体字的统称。如"乌乎""於戏"是"呜呼"的通假字，"跡""蹟"是"迹"的异体字。②

（2）指同一本古书的自居在不同版本中表现出来的不同的文字形式，或同一个词在不同的书中表现出来的不同文字形式。如《书·康诰》"殪戎殷而有天下"，《礼记·中庸》中引作"壹戎衣而有天下"，"殪"和"壹"为异文，"殷"和"衣"为异文。又如上古人名"伏羲"，在不同的史书上又写作"庖牺、包牺、伏牺、伏戏、宓戏、宓牺、虑羲、宓戏、宓羲"等等，这些不同的文字形式都是"伏羲"的异文。③

第一点是狭义的"异文"，第二点是广义的"异文"。我们则采用"异文"的广义用法，即简本《命训》与传世本在字、词、句上存在的差异均视为异文。我们不将"异文"限定在文字学的范围，这样做是因为出土文献的特点之一就是它的相对真实性，未经历流传过程中的传抄、脱落、讹误，也未经过后人的改动，具有不可估量的文献价值。"出土文献与传世文献在学术研究上有着双向互动的关系，而体现和观察这种互动关系的最佳材料则是二者之间的异文"④。《命训》一文本就不到一千字，为了更全面地对比、整理和研究《命训》两个版本的异文及其产生的原因，需要两种版本相互补充与印证，同时也达到尽可能恢复《命训》原貌的目的，我们就不能只把"异文"仅仅限定在文字学的范围内，而应该充分利用"异文"的价值，尽可能发挥它在文字训诂及古籍校勘上的作用。

二、异文对比整理⑤

简本：□生民而成大命。命司德正以祸福，立明王以训之，曰：大命有常，小

---

① 李若辉：《郭店竹书〈老子〉考论》，齐鲁书社 2004 年版，第 119 页。
② 夏征农、陈至立主编：《辞海》（第六版彩图本），上海辞书出版社 2009 年版，第 2717 页。
③ 夏征农、陈至立主编：《辞海》（第六版彩图本），上海辞书出版社 2009 年版，第 2717 页。
④ 吴辛丑：《简帛典籍异文研究》，中山大学出版社 2002 年版，第 6 页。
⑤ 为行文方便，一律采用宽式释文。

命日成。日成则敬，有常则广，广以敬命，则度□□极。夫司德司义，而赐之福，福禄在人，人能居，如不居而好义，则度至于极。或司不义，而降之祸，祸过在人，人□毋惩乎？如惩而悔过，则度至于极。夫民生而耻不明，上以明之，能无耻乎？如有耻而恒行，则度至于极。夫民生而乐生穀，上以穀之，能毋劝乎？如劝以忠信，则度至于极。夫民生而痛死丧，上以畏之，能毋恐乎？如恐而承教，则度至于极。

今本：天生民而成大命。命司德正之以祸福，立明王以顺之，曰：大命有常，小命日成。成则敬，有常则广。广以敬命，则度至于极。夫司德司义，而赐之福禄。福禄在人，能无惩乎？若惩而悔过，则度至于极。夫或司不义，而降之祸；在人，能无惩乎？若惩而悔过，则度至于极。夫民生而醜不明，无以明之，能无醜乎？若有醜而竞行不醜，则度至于极。夫民生而乐生，无以穀之，能无劝乎？若劝之以忠，则度至于极。夫民生而恶死，无以畏之，能无恐乎？若恐而承教，则度至于极。[①]

表1　异文对比表（一）

版本\序号	简本	今本
1	□生民而成大命	天生民而成大命
2	命司德正以祸福	命司德正之以祸福
3	立明王以训之	立明王以顺之
4	日成则敬	成则敬
5	则度□□极	则度至于极
6	而赐之福	而赐之福禄
7	福禄在人，人能居，如不居而好义，则度至于极	福禄在人，能无惩乎？若惩而悔过，则度至于极
8	或司不义	夫或司不义
9	祸过在人，人□毋惩乎	在人，能无惩乎
10	如惩而悔过	若惩而悔过
11	夫民生而耻不明	夫民生而醜不明
12	上以明之……上以穀之……上以畏之	无以明之……无以穀之……无以畏之
13	如有耻而恆行	若有醜而竞行不醜
14	夫民生而乐生穀	夫民生而乐生
15	如劝以忠信	若劝之以忠
16	夫民生而痛死丧	夫民生而恶死

① 黄怀信等：《逸周书彚校集注》（修订本），上海古籍出版社2007年版，第20~25页。

按语：

序号 1：简本缺字"□"均据今本补足，下同。

序号 2：今本衍一"之"字。

序号 3："训""顺"古通用，当训为"诫"。

序号 4：今本脱"曰"字。

序号 6：今本衍"禄"字。

序号 7：丁宗洛与唐大沛都发现这句话存在问题。丁宗洛疑"福禄"是衍文，"悔过"当作"迁善"；唐大沛将"惩而悔过"拟改为"劝而为善"①。对比简文，我们发现今本"能无惩乎？若惩而悔过"当是涉下文而误，今从简本。

序号 8：今本衍"夫"字。

序号 9：今本脱"祸过"二字。"毋""无"二字同义替换，"出土文献用'毋'的地方，传世文献偏爱用"无"②。

序号 10："如""若"同义替换。

序号 11：简本"佴"今本作"醜"。

序号 12：刘师培早已怀疑今本中这三个"无"字为误字，今验以简本，"无"字系"上"字之误，应当指文中之"明王"。

序号 13：简本的"如有耻而恒行"指知耻而能常行不耻，今本"若有醜而竞行不醜"当指知耻而能力行不耻，二者大意相同，遣词用字不同。

序号 14、16：今本分别脱"穀""丧"二字。

简本：六极既达，九迁具塞。达道道天以正人。正人莫如有极，道天莫如无极。道天有极则不威，不威则不昭，正人无极则不信，不信则不行。夫明王昭天信人以度功，功地以利之，使信人畏天，则度至于极。

今本：六极既通，六间具塞。通道通天以正人。正人莫如有极，道天莫如无极。道天有极则不威，不威则不昭；正人无极则不信，不信则不行。明王昭天信人以度，功地以利之，使信人畏天，则度至于极。③

---

① 转引自黄怀信等：《逸周书汇校集注》（修订本），上海古籍出版社 2007 年版，第 22 页。

② 徐丹：《也谈"無""毋"》，《语言科学》2007 年第 3 期，第 44 页。

③ 黄怀信等：《逸周书汇校集注》（修订本），上海古籍出版社 2007 年版，第 25~27 页。

表 2　异文对比表（二）

序号	版本　简本	今本
1	六极既达，九迁具塞	六极既通，六间具塞
2	达道道天以正人	通道通天以正人
3	夫明王昭天信人以度功	明王昭天信人以度

按语：

序号 1：简本"达"与今本"通"同义替换。《说文·辵部》："通，达也。"段注："通达双声，达古音同？。《禹贡》'达于河'，今文《尚书》作'通于河'。"《荀子·议兵》篇有"通达之属莫不从服"一句。简本的"九迁"今本作"六间"。整理者只说"'九迁'之义不详，疑当从今本作'六间'"①。按：今本"极福则民禄，民禄干善，干善则不行"一句中的"干"字简本正作"迁"。疑此处的"九迁"也当为"干"，"九迁"即"九干"，是《常训》中"九德"的反面。有人认为"九德"为《逸周书·文政》中的"九德"②，内容是"忠，慈，禄，赏，民之利，商工受资，祗民之死，无夺农，足民之财"，但这"九德"是对有社会地位，有行政职权的人而言。《命训》中的"九干"是针对"民"而言，具有相对普遍性，应当包括除明王之外的所有人。因此我们认为"九德"当指《常训》中的"九德"，即：忠、信、敬、刚、柔、和、固、贞、顺。《命训》中提到的"日成则敬""劝之以忠信"，"敬""忠""信"均包含在"九德"之中。此外，《常训》文"哀乐不时，四徵不显，六极不服，八政不顺，九德有奸"。《常训》《命训》的"六极"即：命、醜③、福、赏、祸、罚。简文"六极既达，九干具塞"正与《常训》"六极不服，九德有奸"并举遥相呼应。而"九干"之"干"当训为"奸"，"九干"即指"九奸"，《常训》"九奸不迁，万物不至""遂伪曰奸"，"九奸"当是"九德的反面"，朱右曾："九奸无目，盖九德之伪者皆奸也。"④

序号 2：俞樾认为今本"通道通天以正人"当作"道天以正人"，验以简本，知当为"达道道天以正人"，今本"通天"应是"通"与"道"形近，又涉上字"通"

---

① 清华大学出土文献研究与保护中心编，李学勤主编：《清华大学藏战国竹简》（五），中西书局 2015 年版，第 128 页。
② 清华简出土文献读书会：《清华简第五册整理报告补正》，http://www.tsinghua.edu.cn/publish/cetrp/6831/2015/201504 0811271171717568509/2015040811271171717568509_html。
③ 《常训》此字原作"聽"，卢文弨订"醜"，各家从。
④ （清）朱右曾：《逸周书集训校释》，《清经解续编》，光绪十四年南菁书院刊本，第 6 页。

而伪。

序号 3：今本脱落"夫"与"功"二字。

简本：夫天道三，人道三。天有命、有福、有祸。人有耻、有市冕、有斧钺。以人之耻当天之命，以其市冕当天之福，以其斧钺当天之祸。□方三述，其极一，弗知则不行。

今本：夫天道三，人道三。天有命、有祸、有福，人有醜，有绋絻、有斧钺。以人之醜当天之命，以绋絻当天之福，以斧钺當天之祸。六方三述，其极一也，不知则不存。①

表 3　异文对比表（三）

版本 序号	简本	今本
1	天有命、有福、有祸	天有命、有祸、有福
2	有市冕	有绋絻
3	以人之耻当天之命，以其市冕当天之福，以其斧钺当天之祸	以人之醜当天之命，以绋絻当天之福，以斧钺當天之祸
4	□方三述，其极一，弗知则不行	六方三述，其极一也，不知则不存

按语：

序号 1：由简本"命"与"耻""福"与"市冕""祸"与"斧钺"的对应关系可知今本"有命、有祸、有福"顺序有所颠倒，应将今本中的"祸、福"对调，作"有命、有福、有祸"。

序号 2："绋絻"即"市冕"。"市"为帮母月部字。"绋"为帮母物部字，朱右曾：《白虎通》云："绋者，行以蔽前者，因以别尊卑彰有德也。天子朱绋，诸侯赤绋。"字本作"市"，又作"韍"，通作"黻""芾"，"絻"者"冕"之或体。②

序号 3：简本"市冕"与"斧钺"之前各多一个"其"字，今本缺。此处"其"为代词，指代"人"，指向性更明确，句子更加流畅。

序号 4："弗""不"同义替换。吴辛丑："简帛典籍中的'弗'字，传世本往往改为'不'字。"③今本"不存"之"存"，朱右曾、丁宗洛据孔注④改"行"，与简

---

① 黄怀信等：《逸周书汇校集注》（修订本），上海古籍出版社 2007 年版，第 27~29 页。

② （清）朱右曾：《逸周书集训校释》，《清经解续编》，光绪十四年南菁书院刊本，第 6 页。

③ 吴辛丑：《简帛异文的类型及其价值》，《华南师范大学学报》（社会科学版）2000 年第 4 期，第 41 页。

④ 孔晁注：一者，善之谓也。不行善，不知故也。

本相同。

简本：极命则民堕乏，乃旷命以代其上，殆於乱矣。极福则民禄，民禄干善，干善违则不行。极祸则民畏，民畏则淫祭，淫祭罢家。极耻则民𢧵（枳），民𢧵（枳）则伤人，伤人则不义。极赏则民贾其上，贾其上则无让，无让则不顺。极罚则民多诈，多诈则不忠，不忠则无复。凡厥六者，政之所殆。天故昭命以命力曰：大命世罚，小命命身。福莫大于行，祸莫大于淫祭，耻莫大于伤人，赏莫大于让，罚莫大于多诈。是故明王奉此六者，以牧万民，民用不失。

今本：极命则民堕，民堕则旷命，旷命以诚其上，则殆於乱。极福则民禄，民禄则干善，干善则不行。极祸则民鬼，民鬼则淫祭，淫祭则罢家。极丑则民叛，民叛则伤人，伤人则不义。极赏则民贾其上，贾其上则民无让，无让则不顺。极罚则民多诈，多诈则不忠，不忠则无报。凡此六者，政之始也。明王是故昭命以命之，曰：大命世罚，小命罚身。福莫大于行义，祸莫大于淫祭。丑莫大于伤人，赏莫大于信义，让莫大于贾上，罚莫大于贪诈。古之明王奉此六者，以牧万民，民用不失。[①]

表4　异文对比表（四）

序号	简本	今本
1	极命则民堕乏，乃旷命以代其上，殆於乱矣	极命则民堕，民堕则旷命，旷命以诚其上，则殆於乱
2	民禄干善，干善违则不行	民禄则干善，干善则不行
3	极祸则民畏，民畏则淫祭，淫祭罢家	极祸则民鬼，民鬼则淫祭，淫祭则罢家
4	贾其上则无让	贾其上则民无让
5	不忠则无复	不忠则无报
6	凡厥六者，政之所殆	凡此六者，政之始也
7	天故昭命以命力曰：大命世罚，小命命身	明王是故昭命以命之，曰：大命世罚，小命罚身
8	福莫大于行	福莫大于行义
9	耻莫大于伤人，赏莫大于让，罚莫大于多诈	丑莫大于伤人，赏莫大于信义，让莫大于贾上，罚莫大于贪诈
10	是故明王奉此六者	古之明王奉此六者

按语：

序号 1：今本少一"乏"字，当据简本补足。此处"乏"当训为"废"，言命太烦则民不劝。简本"代"与今本"诚"见第一章。整句话简本与今本均是表达一个意思，但句式不相同。细读整段话，今本"极命则民堕，民堕则旷命，旷命以诚其上"当涉后

---

① 黄怀信等：《逸周书汇校集注》（修订本），上海古籍出版社 2007 年版，第 29~34 页。

文"极 A 则民 B，民 B 则 C，C 则 D"的句式而误。

序号 2：今本少一"违"字，当据简本补。《说文·韦部》："相背也。"《说文注》："今字违行而韦之本义废矣。"唐大沛："干善者饰其善，非真能行善也"[1]。

序号 3：今本"鬼"当系与"畏"字形近而误。该字当训为"惧"。

序号 4：今本衍"民"字。

序号 5："复""报"同义替换。《周礼·秋官·大司寇》"凡远近惸独老幼之欲有复于上"，郑注："复犹报也。"

序号 6："厥""其"同义替换。《尔雅·释言》"厥，其也"。

卢文弨改"始"为"殆"，各家从，验以简本，简文正作"殆"。

序号 7：今本"明王"当从简本作"天"。今本"之"简本作"力"，整理者疑简文为"之"字之误。按，简本"力"当读为"勑"。《诗经·小雅·正月》"亦不我力"，马瑞辰注："力又与勑同义。《汉书·王莽传》'力来农事'，颜师古注：'力来，劝勉之也。'《月令》'天子为劳农劝民'，郑注曰：'重力来之。'力即勑也"[2]。简文"力"即"诚""勉"之义。简本"小命命身"与今本"小命罚身"，根据"大命世罚"，不难理解"小命命身"和"小命罚身"都表示自身受到惩罚，"小命命身"中的第二个"命"字当是动词。两相比较，今本表达比简本更容易理解。

序号 8：今本衍"义"字。

序号 9：今本有衍文，卢文弨删"莫大于信义让"，朱右曾删"让莫大于贾上"，验以简文可知今本当删"信义"与"莫大于贾上"。又，今本"贪诈"据上文可知当从简本作"多诈"。

简本：抚之以惠，和之以均，敛之以哀，娱之以乐，训之以礼，教之以艺，正之以政，动之以事，劝之以赏，畏之以罚，临之以中，行之以权。权不法，中不忠，罚□□，□不从劳，事不震，政不成，艺不淫，礼有时，乐不伸，哀不至，均不一，惠必忍人。凡此，物厥权之属也。

今本：抚之以惠，和之以均，敛之以哀，娱之以乐，慎之以礼，教之以艺，震之以政，动之以事，劝之以赏，畏之以罚，临之以忠，行之以权。权不法，忠不忠，罚不

① 转引自黄怀信等：《逸周书汇校集注》（修订本），上海古籍出版社 2007 年版，第 30 页。
② （清）马瑞辰：《毛诗传笺通释》，中华书局 1989 年版，第 607 页。

服，赏不从劳，事不震，政不成，艺不淫，礼有时，乐不满，哀不至，均不一，惠不忍人。凡此，物攘之属也。①

表5　异文对比表（五）

序号 ＼ 版本	简本	今本
1	训之以礼	慎之以礼
2	正之以政	震之以政
3	临之以中	临之以忠
4	中不忠，罚□□，□不从劳	忠不忠，罚不服，赏不从劳
5	乐不伸	乐不满
6	惠必忍人	惠不忍人
7	凡此，物厥权之属也	凡此，物攘之属也

按语：

序号 1：今本"慎"简本作"训"，简本的"训"应该读为"顺"，刘师培："慎之以理，慎亦当读为顺。《左传·文二年》：'礼无不顺。'是其证。"②

序号 2：今本"震"简本作"正"，《常训》有"明王于是生政以正之"可与此处相互对照，可知应当从简本作"正"。地方此处的"正"当训为"治"。《尚书·吕刑》"五辞简孚，正于五刑。五刑不简，正于五罚。五罚不服，正于五过"，郑注《周礼》云："治也。"③

序号 3：今本"忠"简本作"中"，整理者读为"衷"。"中""衷"古多通用。下文"中不忠"当与此相同。

序号 5：今本"满"简本作"伸"。"乐不伸"与"乐不满"意思相近。《管子·七臣七主》"芒主目伸五色"，尹知章注："伸，谓放恣也。"或者可解释为"极"，《诗经·邶风·击鼓》"不我信兮"，马瑞辰："'信'从传（毛传）读'伸'、训'极'为是。"④此处"伸"训为"极"也是可以读通的。

序号 6：今本"惠不忍人"，唐大沛删"不"字，今验以简本，当作"惠必忍人"。今本作"不"当是由于前文的"不"字而误。

① 黄怀信等：《逸周书汇校集注》（修订本），上海古籍出版社2007年版，第35~37页。
② 刘师培：《周书补正》，宁武南氏印，第3页。
③（清）孙星衍：《尚书今古文注疏》，中华书局1986年版，第531页。
④（清）马瑞辰：《毛诗传笺通释》，中华书局1989年版，第122、123页。

序号 7：潘振、丁宗洛、朱右曾均改"攘"为"榷"，验以简本，当作"物厥权之属也"。此处"厥"当训为"尽"。"厥，犹尽也。《黄帝内经·素问·阴阳类论》'厥阴至绝'王冰注"①。

简本：惠而不忍人，人不胜□，□不知死。均一不和，哀至则匮，乐伸则荒。礼□□则不贵，艺淫则害于才，政成则不长，事震则不功。以赏从劳，劳而不至，以□□服，服而不钵，以中从忠则赏，赏不必中；以权从法则不行，行不必法，法以知权，权以知微，微以知始，始以知终。

今本：惠不忍人，人不胜害，害不如死。均一则不和，哀至则匮，乐满则荒，礼无时则不贵，艺淫则害于才，政成则不长，事震则寡功。以赏从劳，劳而不至；以法从中则赏，赏不必中；以权从法则行，行不必以知权。权以知微，微以知始，始以之终。②

表 6   异文对比表（六）

序号 \ 版本	简本	今本
1	惠而不忍人，人不胜□，□不知死	惠不忍人，人不胜害，害不如死
2	均一不和	均一则不和
3	乐伸则荒	乐满则荒
4	礼□□则不贵	礼无时则不贵
5	艺淫则害于才	艺淫则害于才
6	事震则不功	事震则寡功
7	以赏从劳，劳而不至；以□□服，服而不钵，以中従忠则赏，赏不必中；以权从法则不行，行不必法，法以知权	以赏从劳，劳而不至；以法从中则赏，赏不必中；以权从法则行，行不必以知权

按语：

序号 1：今本脱"而"字。今本中的"如"为卢文弨校改，陈逢衡、丁宗洛、朱右曾均从卢改，潘振认为"如"当作"知"。验以简本，知卢文弨妄改"如"，该字确当作"知"。

序号 2：今本脱"则"字。

序号 6：今本"寡"简本作"不"，二者义近，今本是说少功，简本是说无功。

序号 7：各家都看出此句话有误，校改颇多，说法不一，但都不得其旨，验以简本知今本脱落较严重，应当从简本。简本缺字处整理者根据上下文义补"罚从"二字，可

① 宗福邦等：《故训汇纂》，商务印书馆 2003 年版，第 294 页。
② 黄怀信等：《逸周书汇校集注》（修订本），上海古籍出版社 2007 年版，第 37~40 页。

从。今本脱落"不""法"二字，应据简本补足。

附录：对比整理后的《命训》文本

天生民而成大命。命司德正以祸福，立明王以顺之，曰：大命有常，小命日成。日成则敬，有常则广。广以敬命，则度至于极。夫司德司义，而赐之福，福禄在人，人能居，如不居而好义，则度至于极。或司不义，而降之祸，祸过在人，人能毋惩乎？如惩而悔过，则度至于极。夫民生而醜不明，无以明之，能无醜乎？若有醜而恒行，则度至于极。夫民生而乐生穀；上以穀之，能无劝乎？若劝以忠信，则度至于极。夫民生而痛死丧，上以畏之，能无恐乎？若恐而承教，则度至于极。

六极既达，九奸具塞。达道道天以正人。正人莫如有极，道天莫如无极。道天有极则不威，不威则不昭，正人无极则不信，不信则不行。夫明王昭天信人以度功，功地以利之，使信人畏天，则度至于极。

夫天道三，人道三。天有命、有福、有祸。人有耻、有绋绖、有斧钺。以人之耻当天之命，以其绋绖当天之福，以其斧钺当天之祸。六方三述，其极一，弗知则不行。

极命则民堕乏，乃旷命以代其上，殆于乱矣。极福则民禄，民禄干善，干善违则不行。极祸则民畏，民畏则淫祭，淫祭则罢家。极耻则民叛，民叛则伤人，伤人则不义。极赏则民贾其上，贾其上则无让，无让则不顺。极罚则民多诈，多诈则不忠，不忠则无復。凡厥六者，政之所殆。天故昭命以命力曰：大命世罚，小命罚身。福莫大于行，祸莫大于淫祭，耻莫大于伤人，赏莫大于让，罚莫大于多诈。是故明王奉此六者，以牧万民，民用不失。

抚之以惠，和之以均，敛之以哀，娱之以乐，训之以礼，教之以艺，正之以政，动之以事，劝之以赏，畏之以罚，临之以中，行之以权。权不法，中不忠，罚不服，赏不从劳，事不震，政不成，艺不淫，礼有时，乐不伸，哀不至，均不一，惠必忍人。凡此，物厥权之属也。

惠而不忍人，人不胜害，害不知死。均一不和，哀至则匮，乐伸则荒。礼无时则不贵，艺淫则害于才，政成则不长，事震则不功。以赏从劳，劳而不至，以罚从服，服而不釻，以中从忠则赏，赏不必中；以权从法则不行，行不必法，法以知权，权以知微，微以知始，始以知终。

（钟舒婷，四川大学历史文化学院，zst_901118@163.com）

《战国纵横家书》文字考辨三则

沈　月

提　要：《战国纵横家书》是长沙马王堆汉墓帛书中的一部，该帛书中的"⿰⿱⿱⿱""⿱""⿰"三字有存疑之处，今从字形分析入手，辅以字义辨析，并结合整体文义，将其分别释为"逐""弃""疎"。

关键词：《战国纵横家书》；帛书；文字考释

1973 年底，长沙马王堆三号汉墓出土大批帛书，《战国纵横家书》就是其中的一部，由马王堆汉墓帛书整理小组拼接、复原、校勘、注释后，于 1976 年在文物出版社出版发行。其后一些学者对该帛书也进行了进一步考释，如郑良树《帛书本〈战国策〉校释》、裘锡圭《读〈战国纵横家书释文注释〉札记》、孟庆祥《战国纵横家书论考》、裘锡圭主编《长沙马王堆汉墓简帛集成》（三）等。经过学者们的共同努力，《战国纵横家书》中大部分疑难文字已经涣然冰释。但是对于一些文字，学者的考释还是存在意见分歧。本文选取其中的三例文字"⿰⿱""⿱""⿰"，分别转述诸家考释意见，并加按语进行判断，再证以传世文献，最终将其分别释为"逐""弃""疎"三字。

为了方便阅读，本文除了将所考释的三个疑难字从帛书图版中剪裁下来，并以图片的方式展示外，其他所引《战国纵横家书》文字，均摘录于由马王堆汉墓帛书整理小组注释，于 1976 年文物出版社出版发行的版本。

一、释"⿰⿱"

《战国纵横家书》第 67 行："言者以臣□贱而⿰于王矣。"

帛书整理小组释"𦟭"为"邈"字，并注释说："邈，疏远。"①

　　《长沙马王堆汉墓简帛集成》则将"𦟭"释为"遯"，并指出："'遯'字似当是'逐'的误字，意思是为王所弃逐。"②

　　案：本文赞同《长沙马王堆汉墓简帛集成》的说法，即"𦟭"应释为"遯"字。理由如下：

　　从字形上看，帛书图版中，"𦟭"由"辵""豕""目"三部分构成。而"邈"《说文解字》作"𨖭"，孔彪碑作"𨖭"，鲁峻碑作"𨖭"③。即"邈"由"辵""豸""兒"三部分组成。"豸"在《甲骨文编》作"𧰨"，《说文解字》小篆作"𧰨"④，《睡虎地秦简文字编》作"𧰨"⑤。与帛书"𦟭"中的"豕"区别明显。"兒"在《简明甲骨文词典》作"𠑹"，《说文解字》小篆作"𠑹"⑥，与"𦟭"字中的"目"也不尽相同。因此该字不可能是"邈"字。

　　遯，《说文解字》作"𨔵"，由"辵""月""豕"三部分构成。"月"与"目"字形相近，因此"𦟭"误将"月"写作了"目"。由此，组成"遯""𦟭"二字的三个部分相同。但是它们还是有区别，就是二字中"月"和"豕"的位置不一样。其实在古文中，从"肉"（"月"古文作"肉"）和"豕"的字，位置本就不固定。《说文解字》曰："遯、逃也。从辵从豚。""遯"与"豚"通。豚，从肉豕，《说文解字》作"𦞉"，在《马王堆一号汉墓竹简》中作"𦞉"，在帛书《老子甲本卷后古佚书》中作"𦞉"⑦。可见，"肉"可以在"豕"的左边，也可以在"豕"的下方。同理，"遯"中的"肉"和"豕"位置也多变，如其异体字可写作"腞""遯"，可证。因此帛书"𦟭"字把"月"写在"豕"的后面也是可以的。由此，"遯"与"𦟭"不仅构成字的各个部分相同，所在位置也没有异议，所以"𦟭"应是"遯"字。

　　从字义看，"遯"，从辵从豚，本义是逃跑，引申为躲避。与帛书此处"言者以臣□贱而遯于王矣"句义不合。因此，笔者赞同《长沙马王堆汉墓简帛集成》的说法，即

---

① 马王堆汉墓帛书整理小组编：《战国纵横家书》，文物出版社 1976 年版，第 26 页。

② 裘锡圭主编：《长沙马王堆汉墓简帛集成》（三），中华书局 2014 年版，第 215 页。

③ 《汉字大字典》字形组编：《秦汉魏晋篆隶字形表》，四川辞书出版社 1985 年版，第 119 页。

④ 李学勤主编：《字源》，天津古籍出版社 2012 年版，第 848 页。

⑤ 《古文字诂林》编纂委员会编纂：《古文字诂林》（第 8 册），上海教育出版社 1999 年版，第 413 页。

⑥ 李学勤主编：《字源》，天津古籍出版社 2012 年版，第 759 页。

⑦ 《汉字大字典》字形组编：《秦汉魏晋篆隶字形表》，四川辞书出版社 1985 年版，第 659 页。

此处的"遯"应是"逐"的误字。《说文解字》曰："逐，追也，从辵从豚省。徐锴曰：'豚走而豕追之。'会意。"桂馥则说："逐，从遯省者，当作豕声。"马叙伦同意桂馥观点，并在《说文解字六书疏证卷四》一文中说："后人以为豕逐声远，故改为遯省豕声，亦通。"①先不论许慎、桂馥二人孰对孰错，单就桂馥提出"逐，从遯省"这一观点，就说明"遯"和"逐"二者字形极为相近。此外，在帛书《战国纵横家书》中，"逐"出现三处：第四章"苏秦自齐献书于燕王章"中"杀妻逐子"作""，第二十二章"苏秦谓陈轸章"中"秦逐张兼（仪）"作""，第二十五章"李园谓辛梧章"中"将军必逐于梁（梁）"作""②。与此处"言者以臣□贱而于王矣"中""字形相似。由此，我们有理由相信帛书""与"逐"很可能是形近而讹，本欲写"逐"字，却误写为"遯"字。因此""当作"逐"解。逐，本义是追赶，后引申为弃逐、驱逐义。《广韵·屋韵》："逐，驱也。"《楚辞·九章·哀郢》："信非吾罪而弃逐兮，何日夜而忘之？"③而此处"言者以臣□贱而遯于王矣"中"遯"作"逐"解，也是弃逐、驱逐的意思，"遯于王"即是"逐于王"，指被王所弃逐。

从文义上看，这句话出自《战国纵横家书》第七章"苏秦自梁献书于燕王章（二）"，此章写于齐国攻宋之时。此时赵国李兑约五国伐秦，齐国却要攻宋，破坏了伐秦行动，为此三晋和燕国大为不满，因此他们密谋攻齐，帛书第六章"苏秦自梁献书于燕王章（一）"曰："今燕王与群臣谋破齐于宋而功（攻）齐"，可证。而苏秦此时正在为燕间齐，为取得齐湣王信任，他一直秉承"循燕事齐"的主张，如帛书第八章"苏秦谓齐王章（一）"曰："秦将以燕事齐"，第十章"苏秦谓齐王章（三）"曰："臣以燕重事齐"，《战国策·赵策四》"齐将攻宋而秦楚禁之"章亦曰："循有燕以临之。"

然而，燕王在此时却公然谋划攻齐，明显与苏秦主张不合。可见，从表面上看，苏秦之谋已经不得燕王之心了。因此，苏秦说"言者以臣□贱而遯于王矣"。即有人认为苏秦在燕国不受重用，被燕王抛弃，地位变得卑贱了。可见，"遯"作弃逐解，正符合文义。

① 《古文字诂林》编纂委员会编纂：《古文字诂林》（第 8 册），上海教育出版社 1999 年版，第 433 页。
② 陈松长编：《马王堆简帛文字编》，文物出版社 2001 年版，第 65 页。
③ 《汉语大字典》编辑委员会编：《汉语大字典》，四川辞书出版社 1987 年版，第 4094 页。

同时，苏秦此间还一再延缓燕王攻齐的行动，帛书第六章"苏秦自梁献书于燕王章
（一）"曰："足下虽怒于齐，请养之以便事"即苏秦告诫燕昭王即使对齐国非常愤
怒，也要积蓄力量等待时机，不可急于攻齐。第七章"苏秦自梁献书于燕王章（二）"
云："事必□□南方强，燕毋首。"也是他告诫燕王攻齐之事必须等待南方赵国争强，
燕国不可首先发难①。其实苏秦这样做都是为了燕国利益着想，但是世人并不知道苏秦
的良苦用心。他们只看到事情的表面现象，以为苏秦是为了齐国而延缓燕国攻齐，因
此到燕王面前说他的坏话，以至于燕王也对苏秦产生了猜忌，甚至有弃逐他的意图。
帛书第四章"苏秦自齐献书于燕王章"曰："今王以众口与造言罪臣，臣甚惧。"即
是说燕王因为听信众人谣言而欲治罪于苏秦。这与"言者以臣□贱而遬于王矣"句中
"臣□贱"相符。"王若欲剸舍臣而槫任所善，臣请归择（释）事"（第四章"苏秦
自齐献书于燕王章"）是说燕王如果要抛弃苏秦而任用更好的人，苏秦会主动请辞。
这与此句中"遬于王"亦相合。因此，以"遬"为"逐"之误字，解释为弃逐义是合
理的。

不过，通过苏秦的巧语以及对燕王的忠心，最终还是消除了燕王的猜忌。"臣□贱
而遬于王"并没有成为现实，燕昭王还是恢复了对他的信任，并对其委以重任，而苏秦
也没有辜负燕王的期望，最终间齐成功。

二、释"𢍰"

《战国纵横家书》第 186 行："而武安君之𢍰祸存身之夬（诀）也。"
帛书整理小组将"𢍰"字释为"弃"。
《长沙马王堆汉墓简帛集成》则认为此处"𢍰"字形与《战国纵横家书》写作
"弃"字形完全不合，释"弃"是错误的。并进一步指出：此形实应释为"捧"，从文
义看，这个"捧"字似应读为"灭"。《国语·晋语》："灭祸不自其基，必复乱。"
"灭祸"之"灭"与"存身"之"存"正相对文②。
案：本文赞同帛书整理小组的观点，即"𢍰"应为"弃"字。理由如下：

---

① 孟庆祥：《战国纵横家书论考》，黑龙江人民出版社 1999 年版，第 41 页。
② 裘锡圭主编：《长沙马王堆汉墓简帛集成》（三），中华书局 2014 年版，第 239~240 页。

从字形上看，"捧"，《说文解字》作"攀"，《睡虎地秦简文字编》作"捧"（秦一五三二例）、"捧"（日甲一六六）、"捧"（日甲四〇）①，这些字字形与"棄"都有明显的区别，因此不可能是"捧"字。

"弃"在《战国纵横家书》第四章"苏秦自齐献书于燕王章"中"将与齐兼弃臣"作"棄"，"使齐弃臣"作"棄"，第二十章"谓燕王章"中"燕赵之弃齐"作"棄"②。这三个字与"棄"相比，上半部分大都相似，下半部分则略有不同。"棄"下半部分是"木"，其他字下半部分似是"大"。由此《长沙马王堆汉墓简帛集成》认为"棄"与"弃"字形不合，不应释为"弃"字。然而我们仔细考察"弃"字的演变，就会发现这一看法是不正确的。

"弃"，《说文解字》作"棄"，下半部分形似"木"字；到秦代演变为"棄"（《睡虎地秦简文字编》），下半部分为"大"字；到汉代写作"棄"（《甲金篆隶大字典》），下半部分又为"木"字；最后楷化为"棄"，即"弃"的繁体形式③。可见"弃"字在秦、汉之间既可写作"棄"，也可写作"棄"。而我们已知《战国纵横家书》是汉代人的作品，且书写作者可能为多人，因此有的书写人可能保留了秦朝写法"棄"，有的则采用了汉朝写法"棄"，此正与"棄"同。因此，此句中的"棄"应释为"弃"字。

从字义上看，《说文解字》曰："捧，首至地也。"《字汇·手部》："捧，古拜字。"即捧，同拜④。"拜"，古代表示敬意的一种礼节，后又引申为拜谢，崇敬等义，与此处"而武安君之棄祸存身之夬（诀）也"所表达的意义不符。由此，进一步证明释"棄"为"捧"是不正确的。

"弃"，繁体形式为"棄"，《说文解字》曰："棄，捐也。从廾，推華弃之，从云，云，逆子也。"本义为扔掉新生儿。后又引申为离开。《楚辞·离骚》："不抚壮而弃秽兮。"王逸注："弃，去也。"《战国策·秦策二》："故子弃寡人事楚王。"高诱注："弃，去也。"⑤此句"而武安君之弃祸存身之夬（诀）也"中"弃"也指离开、远离的意思。"弃祸"即指远离祸患。此处"弃祸"与"存身"两相对应，"存

① 《古文字诂林》编纂委员会编纂：《古文字诂林》，上海教育出版社1999年版，第610页。
② 陈松长编：《马王堆简帛文字编》，文物出版社2001年版，第152页。
③ 李学勤主编：《字源》，天津古籍出版社2012年版，第336页。
④ 《汉语大字典》编辑委员会编：《汉语大字典》，四川辞书出版社1987年版，第2042页。
⑤ 宗福邦、陈世饶、萧海波主编：《故训汇纂》，商务印书馆2003年版，第1122页。

身"表示保存自身，而"弃祸"表示远离灾祸，正与其相互呼应。因此"𡚁"应释为"弃"，表示离开义。

从文义上看，此句出自《战国纵横家书》第十七章"谓起贾章"，此章写于乐毅联合赵、燕、韩、魏、秦五国之师密谋伐齐之时，文中"天下〇且功（攻）齐，且属从（纵），为传梦（焚）之约"，可证。《史记·赵世家》："相国乐毅将赵、秦、韩、魏、燕攻齐。"《战国策·燕策一》"燕昭王收破燕后即位"章："于是遂以乐毅为上将军，与秦、楚、三晋合谋以伐齐。"也与此段史实相合。

齐国此时正处于腹背受敌的危急时刻，因此有人为齐国去游说起贾。起贾，秦国大夫，《吕氏春秋·应言》曰："王喜，令起贾为孟卯求司徒于魏王。"帛书整理小组说："起贾此时被派在魏国主持伐齐事。"[1]此人的目的是让秦国不要参与伐齐。该说客罗列了种种情况来说明毁齐于秦不利，如"齐秦相伐，利在晋国"，是说如果齐、秦互相攻伐，利益就会落到魏国手里；"盧（慮）齐（剂）齐而生事于［秦］"，即天下诸侯在打败齐国后必定会攻伐秦国；"天下休，秦兵始敝，秦有虑矣"，是说天下诸侯会趁秦国疲敝不堪时攻打秦国。

由此，游说者最后得出"今事来矣，此齐之以母质之时也，而武安君之弃祸存身之夬（诀）也"，即他认为齐、秦联合是其弃祸存身之诀。"弃祸存身"指远离祸患，保存自身。武安君即苏秦，《史记·张仪列传》："凡天下而以信约从亲相坚者苏秦，封武安君"，《战国策·赵策二》"苏秦从燕之赵始合从"章："乃封苏秦为武安君"，可证。苏秦此时仍在齐国，其反间行动还没有被齐湣王察觉。《战国策·燕策二》"苏代自齐使人"章曰："乃谓苏子曰：'燕兵在晋，今寡人发兵应之，愿子为寡人为之将。'"缪文远曰："苏代、苏子为苏秦之误。"[2]正值天下各国合谋伐齐之时，齐湣王仍让苏秦做统帅迎战燕军。可见，苏秦的间谍身份还没有暴露。而苏秦此时向齐王的建议就是与秦国联合，他认为这是齐国避祸保身的要诀。同时，对秦国来说，接受齐国求和也是其弃祸存身之诀，因为正如上文所说，伐齐对秦国不利。

可见，根据文义，"𡚁"释为"弃"，表示离开、远离义，是合理的。

---

① 马王堆汉墓帛书整理小组编：《战国纵横家书》，文物出版社1976年版，第71页。
② 缪文远：《战国策考辨》，中华书局1984年版，第305页。

三、释"𫐐"

《战国纵横家书》第 233 行："史（使）秦废令，𫐐服而听"。

帛书整理小组释"𫐐"为"疎"，并解释说："疎服，《赵策》作'素服'，表示服罪的意思，'疎'与'素'音相近。"[1]

郑良树亦释"𫐐"为"疎"字，但是他认为"疎服"是"衰服"的意思，解释说："《孟子·滕文公篇》上：'齐疏之服。'赵注云：'齐疏，齐衰也。'彼文'齐衰服'之作'齐疏服'，犹此文'衰服'之作'疏服'也。衰、缞古通，《说文》：'衰，丧服衣。'疏服，即丧服也；今本《国策》作'素服'，义同。《史记》作'请服'，盖误。"[2]

案：帛书此句在《战国策》及《史记》中也曾出现，《战国策·赵策一》"赵收天下且以伐齐"章作"使秦发令素服而听"，《史记·赵世家》作"秦废帝请服"。本文认为帛书"𫐐"释为"疎"，"疎服"应从《史记》作"请服"解，表示"服罪"的意思。理由如下：

从字形上看，"疎"，从疋从束。先秦时期，"束""疋"的位置并不固定。《马王堆汉墓帛书（一）·老子甲本卷后古佚书》中"疎"作"𫐐"，《武威汉简》中作"𫐐"，《马王堆一号汉墓竹简》作"疎"[3]。它们都是"疋"在左，"束"在右。而在《战国纵横家书》第二十一章："疎分赵壤"中则作"𫐐"[4]，"束"在左，"疋"在右。《江陵一六七号汉墓简》中"疎"亦写作"𫐐"。可证。而此处"𫐐"，字形正与"疎分赵壤"中"𫐐"及《江陵一六七号汉墓简》中"𫐐"相同。因此，𫐐应释为"疎"字。

"疎"是"疏"的俗体，《释名·释采帛》："疎者，言其经纬疎也。"毕沅疏证："疎为疏之俗体。"《诗·周南·汝坟》："父母孔尔"，郑玄笺："不能为疎远者计也。"疎，亦作疏[5]。《楚辞·九歌》："疏缓节兮安歌。"《补注》：

① 马王堆汉墓帛书整理小组编：《战国纵横家书》，文物出版社 1976 年版，第 95 页。

② 郑良树：《竹简帛书论文集》，中华书局 1982 年版，第 183 页。

③ 《汉字大字典》字形组编：《秦汉魏晋篆隶字形表》，四川辞书出版社 1985 年版，第 1061 页。

④ 陈松长编：《马王堆简帛文字编》，文物出版社 2001 年版，第 83 页。

⑤ 宗福邦、陈世饶、萧海波主编：《故训汇纂》，商务印书馆 2003 年版，第 1491 页。

"疏与疎同。"①"疎""疏"都为鱼部②，"素"，亦为鱼部。"疎""素"音近相通。因此，帛书此处"疎服"即作《战国策·赵策一》"素服"。素服，横田惟孝云："谓缟素也。"鲍彪云："今令其国素服者，兵败，以丧礼自居也。"③郑良树即赞同此说，也认为"素服"表示丧服之义，而"疎服"也表示丧服。帛书此句即谓秦国国人身穿丧服向齐国投降。

然而，身着丧服请降，早在春秋时期就已产生。《左传·僖公六年》："冬，蔡穆侯将许僖公以见楚子于武城。许男面缚、衔璧，大夫衰绖，士舆榇。""衰"作"缞"，《说文解字》曰："缞，丧服衣。"段玉裁曰："绖，丧首戴也。在首为绖，在要（腰）为带。"④"衰绖"即指古人的丧服。许僖公向楚国投降时，许国的大夫穿着孝服。杨伯峻曰："先穿孝服，示其君将受死。"⑤此时许国正处于亡国之际，因此大夫身穿丧服请降。可见，身着丧服向别国请降时，一般都说明该国正处于大败之时，甚而是亡国之际。如叶少飞、路伟《〈史记〉中的投降礼仪》一文就搜集了《史记》全书中关于战败的君主执行礼仪表示失败和有罪的六处记载，这六位出降者的处境均在即将亡国之际⑥。可证。

但是，根据当时历史史实考察，帛书此处所记载的秦国仍为强国，与"大败""亡国"相距甚远，根本不可能身穿丧服请降。帛书此句出自第二十一章"苏秦献书赵王章"，作"齐乃西师以唅（禁）强秦。史（使）秦废令，疎服而听，反（返）温、轵、高平于魏，反（返）王公，符逾于赵，此天下所明知也。"此时在公元前288年，齐、秦称帝之时。《史记·田敬仲完世家》曰："三十六年，王为东帝，秦昭王为西帝。"《史记·秦本纪》曰："十九年，王为西帝，齐为东帝。"但是，苏秦劝说齐湣王放弃帝号，《战国策·齐策四》"苏秦自燕之齐"章曰："故臣愿王明释帝，以就天下；倍约傧秦，勿使争重；而王以其间举宋。"即苏秦劝齐湣王取消帝号，摈弃秦国，从而达到攻宋的目的。齐王听从了苏秦的游说，取消帝号，并与赵国联合，相约攻秦去帝。即帛书第四章"苏秦自齐献书于燕王章"所载："齐勺（赵）遇于阿"，"臣与于遇，约

① 高亨纂，董治安整理：《古字通假会典》，齐鲁书社1989年版，第359页。
② 周法高：《新编上古音韵表》，中华书局1980年版，第31页。
③ （汉）刘向集录，范祥雍笺证：《战国策笺证》，上海古籍出版社2006年版，第982页。
④ （汉）许慎撰，（清）段玉裁注：《说文解字注》，上海古籍出版社1981年版，第661页。
⑤ 杨伯峻：《春秋左传注》，中华书局1990年版，第314页。
⑥ 叶少飞、路伟：《〈史记〉中的投降礼仪》，《长江学术》2009年第3期。

功（攻）秦去帝"。此后，齐、赵联合魏、韩、燕一起伐秦。

根据当时形势，五国联合伐秦，秦国确实有损失，如文中所说，"反（返）温、轵、高平于魏"，"反（返）王公，符逾于赵"，即秦国把温地、轵地、高平返还魏国，把王公、符逾还给赵国；"史（使）秦废令"，即秦国还被迫取消了帝号。《史记·魏世家》曰："八年，秦昭王为西帝，齐湣王为东帝，月余，皆复称王归帝。"《史记·穰侯列传》亦曰："月余，吕礼来，而齐、秦各复归帝为王。"均可证。

但是，五国合谋伐秦，各有所图，攻秦并不坚决。因此伐秦战争以失败告终。《战国策·魏策二》"五国伐秦"章曰："五国伐秦，无功而还。"《战国策·赵策四》"五国伐秦无功"章："五国伐秦无功，罢于成皋。"可证。而且，秦国虽然有些许损失，但国势仍很强大。在五国伐秦战争后，秦国依旧不断进攻其他国家。如《史记·魏世家》曰："九年，秦拔我新垣、曲阳之城。"《史记·赵世家》："十一年，董叔与魏氏伐宋，得河阳于魏。秦取梗阳。"《史记·秦本纪》："二十年，王之汉中，又之上郡、北河。二十一年，错攻魏河内。魏献安邑，……二十二年，蒙武伐齐。"魏昭王九年，赵惠文王十一年，秦昭王二十年，即公元前287年，均在伐秦战争之后。可见，秦国并没有在五国伐秦战争中受到重创。

因此，此时的秦国国人身穿丧服去向齐国请降是根本不可能发生的。正如范祥雍所说："秦未闻有大败，何至缟素以听命？"[1]由此，"素服""疏服"解释为丧服，是不合理的。

那么"素服"，"疏服"究竟为何义？《说文解字》曰："素，作''，白緻缯也。从系𡴭，取其泽也。"即"素"，从系、𡴭会意[2]。"索"，作""，《说文解字》曰："艸有茎叶，可作绳索。从木系。"[3]即"索"由木、系会意。可见，"素""索"均从"系"，二者字形相似。此外，"素"为鱼部，"索"在《新编上古音韵表》为铎部，而在董同龢的《上古音韵表稿》中属于鱼部[4]。鱼、铎部对转，可以相通。《诗经》中，鱼部、铎部谐韵，可证。因此，"索"与"素"音相近，这就进一步证明了"素""索"二字通假。而"疏"亦是鱼部，与"素""索"音近，由此，

①（汉）刘向集录，范祥雍笺证：《战国策笺证》，上海古籍出版社2006年版，第983页。
②（汉）许慎：《说文解字》，中华书局1963年版，第278页。
③（汉）许慎：《说文解字》，中华书局1963年版，第127页。
④ 董同龢：《上古音韵表稿》，中华书局1987年版，第164页。

"疏"也与"素""索"相通。范祥雍曰："'疏'与'素'、'索'同声，可通借。"可证。因此，"素服""疏服"都应通作"索服"。

《小尔雅·广言》："索，求也。"《易·说卦》："震一索而得男。"陆德明释文引王肃云："索，求也。"《国语·齐语》："索讼者三禁而不可上下"，韦昭注："索，求也。"① "索服"即表示"求服"，是"请求顺服"的意思。此与《史记·赵世家》所载"请服"意思正相合。"请服"，在史书上多见，《春秋左氏传·僖公》："郑伯乞盟。请服也。"《国语·晋语》："五年，诸戎来请服，使魏庄子盟之，于是乎始复霸。"《史记·秦始皇本纪》："强国请服，弱国入朝。"《管子·轻重》："三年，鲁梁之君请服。"元材案："服即降服之意，谓鲁梁之君自愿降服于齐为齐之属国也。"② 可见，"请服"即表示"愿意顺服"的意思。而帛书此句"史（使）秦废令，疏服而听"即指秦国发布取消帝号的法令，并向齐国请罪，表示愿意顺服齐国。《战国策·赵策一》"使秦发令素服而听"，所记意义与此亦一致。可见，"疏服""素服"均应从《史记·赵世家》，作"请服"。

由此，"𥄂"释为"疏"，"疏服"作"请服"解，表示"愿意顺服"，正与帛书文义相符，也与史实相合。

综上，本文从字形、字义、文义三个方面入手，并辅以传世文献加以佐证，将《战国纵横家书》中有歧义的"𥄂""𡥀""𥄂"三个字分别释为"逐""弃""疏"。通过对这三个字考订，以期能够更合理地疏通文义，更好地利用这一帛书资料。

（沈月，华中师范大学文学院，2972262365@qq.com）

---

① 宗福邦、陈世铙、萧海波主编：《故训汇纂》，商务印书馆 2003 年版，第 1716 页。
② 马非百：《管子轻重篇新诠》，中华书局 1979 年版，第 702 页。

读马王堆汉墓帛书《道原》札记一则

李宝珊

提　要：马王堆汉墓帛书《道原》篇末的几句话，过去虽有不同的注译，仍有不少可以补充和讨论的空间。本文认为帛书《道原》的"大（太）古"即《淮南子·原道》的"泰古"，《淮南子》的用语比今本《文子》更接近帛书《道原》。帛书《道原》的"未无"可理解为未"无"，是宇宙生成的一个阶段，能与《淮南子·俶真》对"未始有有无者"和"未始有夫未始有有无者"的描述互相参照。

关键词：马王堆；帛书；道原；太古；未无

马王堆汉墓帛书《道原》篇末第6、7行云：

> 前知大（太）古，后（後）□精明（明）。抱道执度，天下可一也。观之大（太）古，周亓（其）所以。索之未无，得之所以。①

"大古"马王堆汉墓帛书整理小组注释云："大古即太古，远古。"②其后各家对"大古"的释读大多相同。余明光译为"远古的时代""远古的历史时代"和"远古以来的历史"③；魏启鹏译为"太古洪荒时代"④。两位学者只翻译了文字的意思，没有对"太古"的情况多作讨论。

---

① 裘锡圭主编：《长沙马王堆汉墓简帛集成》（四），中华书局 2014 年版，第 189 页。
② 马王堆汉墓帛书整理小组编：《马王堆汉墓帛书·经法》，文物出版社 1976 年版，第 104 页。
③ 参见余明光校注：《黄帝四经今注今译》，岳麓书社 1993 年版，第 210 页；余明光：《黄帝四经新注新译》，岳麓书社 2016 年版，第 277 页。
④ 魏启鹏：《马王堆汉墓帛书〈黄帝书〉笺证》，中华书局 2004 年版，第 248 页。

陈鼓应以为"太古"指"远古以来的社会发展规律"，又以意补"后"之后的缺文为"能"。"前知太古，后能精明"的意思就是"上知太古以来的社会发展规律，才能够不断精明起来"①。然而，从帛书《道原》的内容来看，未见有任何涉及"社会发展规律"的讨论。圣王应当"无为""无欲""无事"，而非循找规律或者因时而变。

丁四新同意陈鼓应补缺文为"能"，又对"太古"的具体内容提出了新意见：

> 大，读为太，至、极也；太古，极古之时。"太古"一词，实际上是对"时间"因素的消解，而指向虚无的"道"体自身。"后□精明"所缺一字，陈鼓应补为"能"，其说可从。这两句话是说，如果前知极古之"道"，那么随后就能够达到精妙、神明的境界。达到了精妙、神明的境界，也就是得到了"道"。知道、得道，随后帛书论述了"抱道"、"执度"的问题。②

丁四新认为"太古"实际上是指向"道"，又称其为"极古之'道'"，这显然与帛书《道原》前面所言的"一度不变"不符③。按"不变"的"道"，不应有古、今之别。若此说成立，内容也会与帛书前面的内容重复：

> 服此道者，是胃（谓）能精。明者固能察极，知人之所不能知，人服人之所不能得，④是胃（谓）察稽知〇极⑤。

依照丁四新的说法，"前知太古，后能精明"所言便与"服此道者，是谓能精"几乎无别，并不合适。

胡信田把"后（後）□精明（明）"的缺文补作"知"，全句为"前知太古，后知精明"⑥。胡氏又指："前，可知远始；后，可知无终。已经达到事理的精细明确程度。"⑦"知远始"和"知无终"自然可以对应，可是帛书原文只有"精明"，没有

---

① 陈鼓应注译：《黄帝四经今注今译——马王堆汉墓出土帛书》，台湾商务印书馆1995年版，第484页。
② 丁四新：《帛书〈道原〉集释》，载《楚地简帛文献思想研究》（二），湖北教育出版社2004年版，第352页。
③ 裘锡圭主编：《长沙马王堆汉墓简帛集成》（四），中华书局2014年版，第189页。
④ 马王堆汉墓帛书整理小组以为"服人之所不能得"前的"人"字是衍文，可从。马王堆汉墓帛书整理小组编：《马王堆汉墓帛书·经法》，文物出版社1976年版，第104页。
⑤ 裘锡圭主编：《长沙马王堆汉墓简帛集成》（四），中华书局2014年版，第189页。
⑥ 胡信田注释：《黄帝经通释》，天工书局1984年版，第474页。
⑦ 胡信田注释：《黄帝经通释》，天工书局1984年版，第476页。

"无终","后知精明"显然不可能既表示"知无终",又表示"已经达到事理的精细明确程度"。先秦两汉文献并无"知精明"或"能精明"的用例,不过分别有"知精/明"或"能精/明"的例子,如:

1. 《吕氏春秋·论人》:"无以害其天则<u>知精</u>,<u>知精</u>则知神,知神之谓得一。"①
2. 《淮南子·泛论》:"闇主乱于奸臣小人之疑君子者,唯圣人能见微以<u>知明</u>。"②
3. 《庄子·天地》:"故深之又深而能物焉,神之又神而<u>能精</u>焉。"③
4. 《文子·道德》:"故生遭命而后能行,命得时而后<u>能明</u>,必有其世而后有其人。"④

前引帛书《道原》的内容里也有"能精"。《淮南子·精神》还有"精神"连用的例子:

使耳目<u>精明</u>玄达而无诱慕,气志虚静恬愉而省嗜欲,五藏定宁充盈而不泄,精神内守形骸而不外越,则望于往世之前,而视于来事之后,犹未足为也,岂直祸福之间哉!⑤

无论是"知精/明"或者是"能精/明",都是追求到达精细、明察的程度。帛书《道原》此处的缺文补"能"或补"知"对文意的影响不大。我们认为的"知太古""精明"和"抱道执度"都是"天下可一"的条件,也就是说圣人"知太古""精明"和"抱道执度",便能使天下一。因此,帛书这一段文字可重新标点如下:

前知大(太)古,后(後)□精明(明),抱道执度,天下可一也。

所谓的"知太古","太古"指的是"远古时代",希望追求的其实是远古时代在政治上的理想状态。前面三句和后面的"天下可一"是因果关系。

对于马王堆帛书《道原》的政治思想,李学勤曾经和传世今本《文子·道原》作过比较:

---

① 王利器注疏:《吕氏春秋注疏》,巴蜀书社 2002 年版,第 341 页。
② 何宁:《淮南子集释》(中册),中华书局 2011 年版,第 971 页。
③ 郭庆藩撰,王孝鱼点校:《庄子集释》,中华书局 2013 年版,第 317 页。
④ 王利器:《文子疏义》,中华书局 2000 年版,第 227 页。
⑤ 何宁:《淮南子集释》(中册),中华书局 2011 年版,第 513 页。

帛书《道原》在对道作了反复描写赞美之后，讲到"唯圣人能察无形，能听无[声]"，以至"知人之所不能知，服人之所不能得"，随后指出"圣王用此，天下服，无好无恶，上用□□而民不迷惑，上虚下静而道得其正。"归结于政治上的理想境界。《文子·道原》也是如此，用相当长的语句，形容"古者三皇，得道之统"的情形，"润乎草木，浸乎金石，禽兽硕大，毫毛润泽，鸟卵不败，兽胎不殰；父无丧子之忧，兄无哭弟之哀，童子不孤，妇人不孀，虹蜺不见，盗贼不行，含德之所致也。"在文理上，两者还是一致的。

　　《文子·道原》在语句上承袭帛书，做了很大的增补改动。[……]《淮南子·原道》是非常接近《文子·道原》的。《原道》可能晚于《文子》的《道原》，最近已有论著举证明，在此不能详论。①

李学勤其后又举了一段今本《文子·道原》和《淮南子·原道》内容相近的文字，推测《淮南子》是在《文子》原文上"修改增繁"②。关于《淮南子》和今本《文子》二书的关系，过去曾以为是今本《文子》因袭《淮南子》，直到定县汉墓的简本《文子》出土后，再次引起不少学者的争论，在此暂且不论。前引李学勤的文章提到《文子·道原》形容"古者三皇，得道之统"的内容，亦见《淮南子·原道》：

　　泰古二皇，得道之柄，立于中央，神与化游，以抚四方。是故能天运地滞，轮转而无废，水流而不止，与万物终始。风兴云蒸，事无不应；雷声雨降，并应无穷。鬼出神入，③龙兴鸾集；钧旋毂转，周而复币。已雕已琢，还反于朴。无为为之而合于道，无为言之而通乎德，恬愉无矜而得于和，有万不同而便于性，神托于秋毫之末，而大宇宙之总。其德优天地而和阴阳，节四时而调五行。呴谕覆育，万物群生，润于草木，浸于金石，禽兽硕大，豪毛润泽，羽翼奋也，角骼生也，兽胎不殰，鸟卵不毈，父无丧子之忧，兄无哭弟之哀，童子不孤，妇人不孀，虹蜺不出，贼星不行，含德之所致。④

① 李学勤：《帛书〈道原〉研究》，载《古文献丛论》，中国人民大学出版社 2010 年版，第 127~128 页。
② 李学勤：《帛书〈道原〉研究》，载《古文献丛论》，中国人民大学出版社 2010 年版，第 128 页。
③ 原文本作"鬼出电人"，马宗霍、何宁据《文选·新刻漏铭》《淮南子·兵略》和《览冥》改为"鬼出神人"，可从。详见何宁：《淮南子集释》（上册），中华书局 2011 年版，第 6 页。
④ 何宁：《淮南子集释》（上册），中华书局 2011 年版，第 4~9 页。

值得注意的是对应今本《文子·道原》"古者"的地方，《淮南子·原道》作"泰古"。"泰"通"太"，如《庄子·天地》："泰初有无，无有无名；一之所起，有一而未形。"成玄英疏："泰，太；初，始也。"①《淮南子·原道》"泰古"即"太古"，与帛书《道原》同。若《淮南子·原道》和今本《文子·道原》的内容皆承袭自帛书《道原》，从这个例子来看，《淮南子·原道》更接近帛书本的原貌。

帛书《道原》"未无"二字，余明光译为"没有的时候"②，陈鼓应释为"天地万物未生前的洪荒时代"③。按照这种理解，应该是"未有""未生"而非"未无"。泽田多喜男把"索之未无，得之所以"译为"之を未だ无ならざるに索むれば、之が所以を得ん"，似是把帛本的"未无"理解为"未有无"④。但其现代语译为"天地发生以前のことを探求すれば、道の（必要な）わけが解る"⑤，显然采用了陈鼓应的说法。

魏启鹏认为帛书此处有错讹：

> 疑"未"字乃"末"字之讹，形近而误。末：无也。《小尔雅·广诂》："末，无也。"其例三见于《论语》，见皇侃所作义疏。末无，殆为双声同义复词。此句言体道无为，求之于冥冥虚无。战国前期道家郑长者有言："体道，无为无见也。"（据《韩非子·难二》转引）⑥

因此，他把"索之未无，得之所以"翻译为"向冥冥虚无求索，可以了解天地万物终始的原因和道理"⑦。考先秦两汉道家文献中，似无以"末"表示"虚"或"无"的用法，后者却是道家文献中经常提到的重要哲学理念，帛书《道原》中便有"虚亓（其）舍也，无为亓（其）素也""知虚之实，后能大（太）虚"等的论述⑧。相对于"末"，"未"却是经常出现在道家文献对"道"或道家思想的论述之中，例如"未始""未有""未形"等。帛书《道原》此处作"未"应当无误。我们认为"未无"的

---

① 郭庆藩撰，王孝鱼点校：《庄子集释》（中册），中华书局2007年版，第424~425页。
② 余明光：《黄帝四经新注新译》，岳麓书社2016年版，第276页。
③ 陈鼓应注译：《黄帝四经今注今译——马王堆汉墓出土帛书》，台湾商务印书馆1995年版，第484页。
④ ［日］泽田多喜男译注：《黄帝四经：马王堆汉墓帛书老子乙本卷前古佚书》，知泉书馆2006年版，第291页。
⑤ ［日］泽田多喜男译注：《黄帝四经：马王堆汉墓帛书老子乙本卷前古佚书》，知泉书馆2006年版，第291页。
⑥ 魏启鹏：《马王堆汉墓帛书〈黄帝书〉笺证》，中华书局2004年版，第247页。
⑦ 魏启鹏：《马王堆汉墓帛书〈黄帝书〉笺证》，中华书局2004年版，第248页。
⑧ 裘锡圭主编：《长沙马王堆汉墓简帛集成》（四），中华书局2014年版，第189页。

"无"不是一般的没有，而是指道家哲学概念里的"无"。"未无"应理解为未"无"，也就是未有"无"或者尚未"无"的意思。

关于"有"和"无"的关系，《老子》已有讨论。传世本《老子·第四十章》："天下万物生于有，有生于无。"①王弼注："天下之物，皆以有为生。有之所始，以无为本。"②《老子》只是简单地从"无"到"有"，继而衍生天下万物③。其后的《庄子》进一步讨论"无"以前的状态。《庄子·齐物论》：

> 有始也者，有未始有始也者，有未始有夫未始有始也者。有有也者，有无也者，有未始有无也者，有未始有夫未始有无也者。俄而有无矣，而未知有无之果孰有孰无也。今我则已有谓矣，而未知吾所谓之其果有谓乎，其果无谓乎？④

庄子认为"无"以前还有"未始有无也者"，在这之前还有"未始有夫未始有无也者"，总共有四个阶段。《庄子·齐物论》是对开始和本源的追问⑤，到了后来的《淮南子·俶真》却变成了宇宙生成的四个阶段：

> 有有者，言万物掺落，根茎枝叶，青葱苓茏，萑菤炫煌，⑥蠉飞蝡动，蚑行哙息，可切循把握而有数量。有无者，视之不见其形，听之不闻其声，扪之不可得也，望之不可极也，储与扈冶，浩浩瀚瀚，不可隐仪揆度而通光耀者。有未始有有无者，包裹天地，陶冶万物，大通混冥，深闳广大，不可为外，析豪剖芒，不

---

① 陈鼓应注译：《老子今注今译》（修订版），商务印书馆 2003 年版，第 226 页。

② 王弼著，楼宇烈校释：《王弼集校释》，中华书局 1980 年版，第 110 页。

③ 郭店简《老子》甲本对应今本《老子·第四十章》的内容见第 37 简，简文作："天下之勿（物）生于又（有），生于亡。"（荆门市博物馆编：《郭店楚墓竹简》，文物出版社 1998 年版，第 113 页）整理者以为简文的"又"字脱了重文符号。（见《郭店楚墓竹书》第 117 页）简本是否脱了重文符号直接影响过去对《老子》"有生于无""有无相生"的讨论。不过本文讨论的帛书《道原》内容，还有下文引用的《庄子》《淮南子》等，当与传世本《老子》"有生于无"的思想一致。马王堆帛书《老子》乙本第 6 行上作"天下之物生于有₌（有，有）生于无"，与传世本《老子》同［裘锡圭主编：《长沙马王堆汉墓简帛集成》（四），中华书局 2014 年版，第 194 页］。《老子·第四十章》各版本的思想差异可参丁原植：《郭店竹简〈老子〉释析研究》，万卷楼 1998 年版，第 223~235 页；赵建伟：《郭店竹简〈老子〉校释》，载《道家文化研究》第 17 辑，生活·读书·新知三联书店 1999 年版，第 278~279 页；刘笑敢：《老子古今：五种对勘与析评引论》，中国社会科学出版社 2006 年版，第 417~425 页。

④ 郭庆藩撰，王孝鱼点校：《庄子集释》，中华书局 2013 年版，第 76 页。

⑤ 王博《庄子哲学》："这样的追问一方面提醒人们注意开始的问题，另一方面也提醒着人们该如何理解开始。开始不是一种物理意义上的无休止的追问，这样的追问既是无止境的，又永远不能摆脱物的领域。万物的开始，道或者所谓物之初，它可以是任何东西，但一定不是物。以无来说道也只是一种勉强的或者方便的做法。"王博：《庄子哲学》（第 2 版），北京大学出版社 2013 年版，第 110 页。

⑥ "萑菤"据王念孙改，详见王念孙：《读书杂志》（下册卷十二），中国书店 1985 年版，第 76 页。

可为内，无环堵之宇，而生有无之根。有未始有夫未始有有无者，天地未剖，阴阳未判，四时未分，万物未生，汪然平静，寂然清澄，莫见其形。若光耀之问于无有，[①]退而自失也，曰："予能有无，而未能无无也。及其为无无，至妙何从及此哉！"[②]

《淮南子·俶真》的"未始有有无者"和"未始有夫未始有有无者"即《庄子·齐物论》的"未始有无也者"和"未始有夫未始有无也者"。《淮南子·俶真》对这两个阶段的描述正好与帛书《道原》互相参照。帛书《道原》开篇云：

> 恒先之初，迵同大（太）虚=（虚。虚）同为一，恒一而止。湿=（湿湿）梦=（梦梦），未有明（明）晦。神微周盈，精靜（静）不配（熙）。古（故）未有以，万物莫以。古（故）无有刑（形），大迵无名。天弗能复（覆），地弗能载。小以成小，大以成大。盈四海之内，又包其外。在阴不腐，在阳不焦。一度不变，能适规（蚑）侥（蛲）。鸟得而蜚（飞），鱼得而流（游），兽得而走，万物得之以生，百事得之以成。[③]

裴锡圭认为帛书《道原》开始的"恆先"是"亙（极）先"的误读。"亙先"既可以指宇宙的本原，也可以指最原始的阶段，《道原》这里的"恆先"宜理解为阶段[④]。在帛书《道原》描述的过程中，"天弗能覆，地弗能载。小以成小，大以成大。盈四海之内，又包其外"和《淮南子·俶真》描述"未始有有无者"的状态非常相似："包裹天地，陶冶万物，大通混冥，深闳广大，不可为外，析豪剖芒，不可为内。"帛书《道原》的"精静不熙""故无有形"与《淮南子·俶真》的"汪然平静，寂然清澄，莫见其形"都是形容万物生成以前寂静无形的状态。我们认为帛书《道原》的"未无"实际上就是指在"无"以前的阶段，包含了《淮南子·俶真》的"未始有有无者"和"未始有夫未始有有无者"。帛书《道原》的"索之未无，得之所以"意谓探索宇宙生成的过程，便能够得知万物所以生、百事所以成的根源。

---

① "问"本作"間"，陈观楼以为当从《庄子·知北游》改作"问"，可从。参何宁：《淮南子集释》（上册），中华书局2011年版，第96页。
② 何宁：《淮南子集释》（上册），中华书局2011年版，第93~96页。
③ 裴锡圭主编：《长沙马王堆汉墓简帛集成》（四），中华书局2014年版，第189页。
④ 裴锡圭：《是"恒先"还是"极先"》，载《裴锡圭学术文集》（第5卷），复旦大学出版社2012年版，第333页。

《庄子》除了上引"未始有无也者"，外篇里还有"无无"的概念。《庄子·知北游》：

> 光曜问乎无有曰："夫子有乎？其无有乎？"［无有弗应也。］①光曜不得问，而孰视其状貌，窅然空然，终日视之而不见，听之而不闻，搏之而不得也。光曜曰："至矣！其孰能至此乎！予能有无矣，而未能无无也；及为无有矣，何从至此哉！"②

在"有"和"无"以前还有一个"无无"，也就是没有"无"。《庄子·知北游》的"无无"和帛书《道原》"未无"的说法很相似，但两者的侧重点不同。《知北游》认为"无无"是不可及的：当有"无"以后，这个"无"也会变成一种"有"，故宣颖《南华经解》云："及为无而犹未免于有矣。"③连"无"也是不可有、不可及，何况是"无无"。可以说《知北游》的"无无"既包含了《齐物论》的"未始有无也者"和"未始有夫未始有无也者"，也取消了《齐物论》对开始或起源的无限推衍。这是对庄子的怀疑主义的继承和发挥④。因此，《知北游》认为"无无"是不可能有的。可是帛书《道原》里"未无"却不是有或没的问题，而是从"无"往前追溯的一个阶段，是"恒［极］先"之后，"无"以前的阶段。上引《淮南子·俶真》的内容，最后也提到《庄子·知北游》"光曜问乎无有"的故事，其文云：

> 若光耀之问于无有，退而自失也，曰："予能有无，而未能无无也。及其为无无，至妙何从及此哉！"⑤

《淮南子·俶真》认为达到"无无"是"至妙"也及不上，那么"无无"自然不是像《庄子·知北游》一样无法达到的。我们认为《淮南子·俶真》是有意改易《庄子》的

① 俞樾云："按《淮南子·道应篇》'光曜不得问'上有'无有弗应也'五字，当从之。惟无有弗应，故光曜不得问也。此脱五字，则义不备。"其说可从。俞樾：《诸子平议》，中华书局1956年版，第365页。
② 郭庆藩撰，王孝鱼点校：《庄子集释》，中华书局2013年版，第668~669页。
③ 宣颖：《南华经解》（卷二十二），载《中华续道藏》（初辑），新文丰出版股份有限公司1999年版，第7b页。
④ 一般认为《庄子》的内七篇是庄子所写，年代较早，而外、杂篇则是庄子后学的作品。刘笑敢把《知北游》和《秋水》《至乐》《达生》等共十二篇归为庄子后学中的述庄派作品："这一类作品的主要特点是继承和阐发内篇的思想，对庄子的本根论、真知论、齐物论都有较为细密的阐述，对庄子的人生论等思想也有所发挥。"详见刘笑敢：《庄子哲学及其演变》（修订版），中国人民大学出版社2010年版，第241~270页。
⑤ 光耀问于无有的故事亦见《淮南子·道应》，文字与《庄子·知北游》较接近，其后又引《老子》语作结，可视为以《庄子》诠释《老子》的例子，和《淮南子·俶真》的情况不同，故本文不列入讨论。《道应》原文详见何宁：《淮南子集释》（中册），中华书局2011年版，第892~893页。

内容，反映了汉初黄老道家积极入世的一面。就像帛书《道原》篇末，既云"索之未无，得之所以"，"未无"是可索可得的。从这个角度来看，帛书《道原》和《淮南子》也是比较一致的。

（李宝珊，香港中文大学中国语言及文学系，sandyihk@gmail.com）

读马王堆《战国纵横家书》零札[*]

翁明鹏

提　要：马王堆汉墓帛书中有一篇讲述战国策士事迹的文献，整理者名之为《战国纵横家书》。本篇帛书有些章节与《战国策》《史记》等可以比照。小文以札记的形式，通过帛书与传世文献的对读和史实的钩稽，试图对帛书中的一些字词及句义做一番新的诠释，并求正于方家。

关键词：马王堆帛书；战国纵横家书；零札

一

> 自赵献书燕王曰：始臣甚恶事，恐赵足☐臣之所恶也，故冒赵而欲说丹与得，事非☐☐臣也。^①（第1~2行）

以上所录为《苏秦自赵献书燕王章》（本帛书第一章）即"苏秦被扣留在赵国时写给燕昭王的信"^②的首句。意译为：（苏秦）在赵国给燕昭王写信说：开始的时候，我很讨厌这类事，担心赵足☐，（这是）我所厌恶的，所以上谏赵王且要说服齐国的公玉丹和得^③。事情不是☐☐臣也。

---

* 本文得到"出土文献与中国古代文明研究协同创新中心博士创新资助项目"资助。

① 帛书涉及的通假字、通用字、异体字、衍文、脱文、拟补、错简、书手自行标记之废字和句读等，均先按照裘锡圭先生主编的《长沙马王堆汉墓简帛集成》之意见径录，然后再提出我们自己的看法。下文仿此。

② 裘锡圭主编：《长沙马王堆汉墓简帛集成》（第3册），中华书局2014年版，第202页。《长沙马王堆汉墓简帛集成》下文简称《集成》。

③ 按，苏秦欲使齐国方面也干涉此事，一来可以营救自己，二来使齐、赵交恶，以期报复齐国。

我们主要想对"始臣甚恶事"和"事非□□臣也"做一些补充解释。

先看"始臣甚恶事"。此句原注云:"臣甚恶事是说苏秦很讨厌这类事。"① 今按,苏秦所言之甚恶之事究竟为何,整理者未给出明确的意见。愚以为此事很可能是指挑拨赵国和齐国交恶之事。据《史记·苏秦列传》,苏秦开始时"求说周显王"不得,又游说秦惠王云:"以秦士民之众,兵法之教,可以吞天下,称帝而治。"然秦惠王"方诛商鞅,疾辩士,弗用"。去秦之后,苏秦东游赵国以说赵肃侯,但赵肃侯之弟奉阳君公子成"弗说之",致使苏秦第三次碰壁。之后苏秦去赵之燕,得见燕文侯之后便讲述了自己的"从亲"政策,于是获得燕文侯"以国从"。此后苏秦又游说赵肃侯、韩宣王、魏襄王、齐宣王和楚威王,均取得了他们"以国从"的信任。于是苏秦始佩六国相印,使"秦兵不敢窥函谷关十五年"。所以他应该不是厌恶他一向主张的且取得过辉煌成就的"合纵"这件事。而从本章后文观之,六国合纵盟约已经破裂。按之《史记·苏秦列传》,"从约皆解"始于秦使犀首诱骗齐、魏与秦共同伐赵。至此,齐、赵交恶。而实际上,从各国国君的言语中,似乎均承认此次六国合纵的主盟者是赵国。那么齐、魏首先挑衅,践踏盟约,使苏秦的政治辉煌到此终结,于是苏秦就决心报复齐国。因此,苏秦此封书信应该就写于"齐、魏伐赵,赵王让苏秦。苏秦恐,请使燕,必报齐。苏秦去赵而从约皆解"(《史记·苏秦列传》)这一连串事件之前。因为苏秦自此次"去赵"之后,就再也没有回到赵国。而苏秦本来一心欲合从六国,如今却要报复齐国,加剧齐、赵两国交恶之势,这与他一贯之合从政策是背道而驰的,故他说"始臣甚恶事"。然观此信中内容,似苏秦对燕国非常忠心且有很强的归属感,毕竟他是在燕国的燕文侯那里发迹变态的。而燕国方面,大家对苏秦的赞誉和他本人威望也应该达到了极致。可能正是如此之故,当他和燕易王的母亲私通且被燕易王知道了之后,燕易王非但没有惩罚或处死苏秦,反而"事之加厚",然而这却又是后话了。因此,自苏秦离开燕国游说各国之后至"苏秦既约六国从亲,归赵,赵肃侯封为武安君"(《史记·苏秦列传》)这段时间里,苏秦更像是一个"身在赵国心在燕"的形象,而非所谓"朝秦暮楚"的一般战国策士形象。

"事非□□臣也"一句"非"下之阙文陈剑先生疑为"可"字②,然窃疑此字或为

① 裘锡圭主编:《长沙马王堆汉墓简帛集成》(第 3 册),中华书局 2014 年版,第 202 页。
② 裘锡圭主编:《长沙马王堆汉墓简帛集成》(第 3 册),中华书局 2014 年版,第 202 页。

"臣"字。原图版此字残泐，只剩下"𦥑"形。"𦥑"形上面一长横比较粗，且靠近左边的部分有残阙，下边与它近似平行的那一小短横也残损。而细审原图版，此处残文恰好又是一个小残片的底部，似被削尖状，即，其左、右、下三面均残缺。也即，若此字是"臣"字不误，那它恰好残掉的就是"匕"和"臣"字上面的一小竖画。而若将上面长横的残缺处与下面短横的残泐处连接起来，不正是"臣"字残泐的这一墨书小竖画么？兹录本章图版中诸"臣"字以资对比："臣""臣""臣""臣""臣"。而"可"字，帛书作"可""可""可"等。可见，此处"𦥑"中的长横虽然"可"字也满足，但是底下的短横"可"字则不满足。陈剑先生注意到此小短横中间有缺口，可能就是帛书可字中"口"的左上角和右上角的残余。但是，从"𦥑"中我们应该可以肯定，上面较粗大的长横底下的部分应该是左右延伸的笔画类型，我们认为应该也是一横画，而非上下走向的笔画。如果认为这个小短横是帛书"可"或"可"中"口"字上面的横画，则"可"中"口"字的这一横画似乎又没有残缺部分的小短横那么长。所以，若将"事非□▨臣也"这一残句补足，依其文意和残缺字数，可能就是"事非臣所愿也，毋罪臣也""事非臣之私愿（或私请，"请"亦可读为情，即私情），毋让臣也"之类的话，盖言事情发展到如此态势，不是我所预料得到的，也不是我愿意看到的。营救我出来，也并不是我个人的私事，是关乎燕国利益的大事。此盖苏秦晓之以理，动之以情罢。

二

使田伐若使使孙疾召臣，因辞于臣也。为予赵甲因在梁者。（第8~9行）

本句为《苏秦自赵献书燕王章》之末句。意译为：（您可以）派遣田伐或者使孙紧急地召见我，乘此机会便可以给我回信表明您的态度了。因为看守我的赵国甲士现在因务留在梁国。

今按，整理者在"为予赵甲因在梁者"字前面施以句号，则此句似突兀费解。此句乍看似苏秦自己叙述他是如何留在梁国（即魏国）的遭遇。因为《战国策·魏策一·苏秦拘于魏》章开篇即云："苏秦拘于魏，欲走而之齐，魏氏闭关而不通齐使。"鲍彪的注认为此"苏秦"当是其弟苏代,范祥雍先生则认为其人就是苏秦而非苏代[①]。但"为予赵甲因在梁者"是此篇书信的末句,其下并无阙文,而是本篇帛书第二章的内容,由此可知这其实并不是苏秦自己在叙述他是如何留在梁国(即魏国)的遭遇的。且本章首句即云"自赵献书燕王曰",知此时苏秦必在赵国。而《战国策·燕策二·苏代为奉阳君说燕》[②]章有"齐果以守赵之质子以甲,吾必守子以甲"一句,所以我们认为"为予赵甲因在梁者"很可能是解释上文"因辞(按,辞训告,讲说)于臣也"的原因。盖言苏秦催促燕昭王派人来给他送信或跟他交谈,因为此时看守他的赵国甲士不在他身边看守他,而是因务留在了魏国。燕王此时派人来,就可以畅所欲言,不受拘束。

三

　　言臣之后,奉阳君、徐为之视臣益善,有遣臣之语矣。今齐王使李终之赵,怒于赵之止臣也。且告奉阳君,相桥于宋,与宋通关。奉阳君甚怒于齐,使赵足问之臣,臣对以弗知也。(第11~13行)

　　本段在《苏秦使韩山献书燕王章》(本帛书第二章)。本段大致是说燕昭王派遣使者去赵国为苏秦说情,想让赵国放还苏秦之后,赵国奉阳君李兑与韩徐为对待苏秦的态度开始越来越好了,甚至说了将苏秦放行遣送回燕国的话。现在齐王派李终到赵国,对赵国扣留苏秦的行为表示很愤怒。而且,齐国使者还告诉奉阳君,(齐国)已经让桥去宋国担任国相。于是奉阳君对齐国的做法(当指相桥于宋之事)非常愤怒,让赵足来责问苏秦。苏秦告诉他们他毫不知情。我们在这里主要想谈谈"且告奉阳君相桥于宋与宋通关"一句。

　　关于此句的句读,目前主要有两种意见:裘锡圭先生读为"且告奉阳君相桥于宋,与宋通关",杨宽先生断为"且告奉阳君,相桥于宋,与宋通关"。[③]按杨宽先生的读法,与宋通关的国家是齐国。依裘先生的句读,与宋通关的国家则是赵国,整句话的意

---

① (西汉)刘向集录,范祥雍笺证,范邦瑾协校:《战国策笺证》,上海古籍出版社 2006 年版,第 1280 页。本文所引《战国策》原文及相关研究成果均出自《笺证》。
② 《战国策·燕策二·苏代为奉阳君说燕》章述苏代谋恶齐、赵之交,与《战国纵横家书·苏秦自赵献书燕王章》中所述极类似,恐《国策》之苏代为苏秦之误。而《马王堆汉墓帛书》(三)(即《集成》所谓"原注")的整理者认为此苏代就是苏秦。详见裘锡圭主编:《长沙马王堆汉墓简帛集成》(第 3 册),中华书局 2014 年版,第 203 页。《集成》于此无说,今从《帛书》。
③ 裘锡圭主编:《长沙马王堆汉墓简帛集成》(第 3 册),中华书局 2014 年版,第 204 页。

思是：齐国把奉阳君李兑暗地里派遣桥这个人去赵国的仇雠——宋国做国相并与宋国修好、互通往来的消息告诉给赵王听。但从《左传》中我们可以看到，两国修好一般都要举行盟会，然后两国始平。而盟会又是国家大事，一般都是国君派遣大臣前往，有时甚至国君亲往。故如此大事，赵王竟然被蒙在鼓里还需要齐国来告知，似不太可能。另，《战国策·燕策二·苏代为奉阳君说燕》章载赵国奉阳君李兑的党羽韩为对苏秦①威胁的话说："人告奉阳君曰：'使齐不信赵者，苏子也。今（当从鲍彪本、吴师道本作"令"）②齐王召蜀子使不伐宋，苏子也。与齐王谋，道（当从鲍彪本作"循"，训为善）③取秦以谋赵者，苏子也。'"即，当时奉阳君李兑一党是主张和宋国打仗的，故奉阳君不该如此之速就与宋国修好。而且，《苏代为奉阳君说燕》还记载苏秦转述奉阳君的话："今其（引者按，指齐公子顺）言变，有甚于其父。……已矣，吾无齐矣。"此云奉阳君深感齐王及其子均反复无常，不可信赖。所以，本来齐国答应和赵国联手攻打宋国，但是现在却中途反悔。齐国召回大将蜀子，让赵国独自承担战争的损耗还不算，转过脸就与宋国通关修好了，所以奉阳君"甚怒于齐"。而观本章帛书上文，燕昭王派使者来与赵国交涉并希望赵国释放苏秦之后，奉阳君、徐为对苏秦的态度越来越好。但是，到底燕昭王派人对奉阳君他们说了什么话，我们不得而知。不过燕国对奉阳君等许下和开出了一些对赵国有利的承诺和条件则是肯定的。而在这些承诺和条件里，可能就有燕国出兵帮助赵国攻打宋国。现在齐国反悔，李兑当然会非常生气和愤怒。而且，本帛书第四章（《苏秦自齐献书于燕王章》）记载苏秦追述当时他为燕仕齐期间所做的有利于燕国的事情时，就讲了他使齐国不要给奉阳君致送蒙邑且与宋国通使的事：

> 后，薛公、韩徐为与王约攻齐，奉阳君鬻臣，归罪于燕，以定其封于齐。公玉丹之赵致蒙，奉阳君受之。王忧之，故强臣之齐。臣之齐，恶齐赵之交，使毋予蒙而通宋使。（第35~36行）

由此可知，与宋交好亦必当齐国所为而非奉阳君所为。因此，通过钩稽当时的史实，我们认为还是采纳杨宽先生的句读为妥。

---

① 本文的苏代即苏秦，详见裘锡圭主编：《长沙马王堆汉墓简帛集成》（第3册），中华书局2014年版，第203页。《集成》于此无说，今从《帛书》。
② （西汉）刘向集录，范祥雍笺证，范邦瑾协校：《战国策笺证》，上海古籍出版社2006年版，第1723页。
③ （西汉）刘向集录，范祥雍笺证，范邦瑾协校：《战国策笺证》，上海古籍出版社2006年版，第1723页。

四

　　奉阳君之所欲，循善齐、秦以定其封，此其上计也。次循善齐以安其国。齐赵循善，燕之大祸。将养赵而美之齐乎？害于燕恶之齐乎？奉阳君怨臣，臣将何处焉。（第23~25行）

　　本段在《苏秦使盛庆献书于燕王章》（本帛书第三章），是苏秦对燕昭王说的话。意译为：奉阳君现在想要的，就是（赵国）与齐、秦亲善修好，从而稳固其在赵国的封号、封地，这是他的上计。而和齐国亲善修好，从而稳定赵国政权，则是李兑退而求其次的计谋。若齐赵两国友好亲善，那么这对燕国来说就是巨大的祸患。您是将选择蓄养赵国来向齐国赞美赵国（使赵国在齐国那里得到美好的形象，亦即齐国以赵国为美）并促使他们和好呢，还是选择损害燕国并让齐国厌恶燕国（让燕国在齐国那里得到坏恶的形象，亦即齐国以燕国为恶）呢？奉阳君怨恨我，我将怎么自处呢？所以，我们认为"将养赵而美之齐乎？害于燕恶之齐乎？"一句中的"美"与"恶"都应当是形容词的意动用法。且此句中的二"之"字下，窃疑并脱一"于"字，即当作"将养赵而美之于齐乎？害于燕恶之于齐乎？"因为此句为选择问句，若调整为"将养赵而美之于齐乎？害燕而恶之于齐乎？"则句式庶几乎工整，文义也比较通畅。

　　本章帛书上文载燕昭王的战略云："必善赵，利于国。"而在苏秦看来，燕昭王的"善赵"其实就是促使齐、赵和好，而齐、赵和好的结果是"害燕"而非"利燕"。此时的赵国奉阳君李兑，不管是他"循善齐、秦以定其封"的上策，还是"循善齐以安其国"的次一等的计策，终极目的都是向齐国献媚讲和以取得齐国的信任。燕昭王"养赵"即正中奉阳君李兑之下怀。而"养赵"恰恰就是"害燕"。实际上，燕、赵两国都想争取齐国做自己的盟国。因为无论是"美赵"还是"恶燕"，齐国都是决定性的力量。齐国"美赵"会直接促使齐跟赵修好，而齐国"恶燕"则亦可间接促使齐跟赵讲和。所以不管燕昭王在"美赵"和"恶燕"这两者之间做出何种选择，燕国都不会直接受益。

（翁明鹏，中山大学中文系、出土文献与中国古代文明研究协同创新中心，1466816394@qq.com）

上古汉语中动词"敬"与"尊"的词义辨析*

闫斯文

提　要：就传世文献来看，动词"敬"与"尊"均始见于上古前期，在上古三个时期，"敬"的出现频次均高于"尊"。词义方面，"敬"与"尊"义位数量的变化并不凸显。二者词义的引申轨迹异中有同，但核心义位都较为稳定。语法功能方面，"敬"以不带宾语为主，"尊"以带宾语为主，二者存在较大差别。此外，"敬"与"尊"在表"敬"义和"尊崇"义时具有同义关系，但二者在具体应用上仍存在一定差异。

关键词：上古汉语；"敬"；"尊"；词义演变；语法功能

就传世文献来看，动词"敬"与"尊"均始见于上古前期，但二者在引申轨迹、具体词义以及运用上存在一定差异。本文以上古为研究平面，以共时与历时相结合为研究方法，对这两个动词进行全面系统的梳理，描写二者在上古不同时期的词义变化及具体应用情况，对其词义特点、语法功能等进行辨析总结。

一、上古前期的"敬"与"尊"

敬①：未见于甲骨文，但甲骨文中有"苟"，作𦥑（甲二五八一，《甲骨文编》第381页）、𦥑（乙七二八三，《甲骨文编》第382页）等形，金文作𦥑（大保簋，《金文编》第652页）、𦥑（盂鼎，《金文编》第652页）等形。学界认为"苟"乃古敬字。关

---

* 本文是国家社会科学基金项目"上古汉语动词词义系统演变研究"（16BYY112）成果之一。
① 殷商至西周为上古前期。

于"苟"的本义，各家说法不一。《说文·苟部》："苟，自急敕也。从羊省，从包省，从口。口犹慎言也。从羊，羊与义、善、美同意。凡苟之属皆从苟。🐏古文，羊不省。"《金文诂林》引朱芳圃云："敬从苟、从攴，会意，谓牧人手持卜以敬救羊群。"①引方浚益云："此古文象人屈躬致敬之形。"②《古文字诂林》引吴大澂云："象人共手致敬也。"③引徐同柏云："象绳之形。"④引郭沫若云："知是狗之初文，象贴耳人立之形，其从口作者乃以口为声，讹变而为苟字，形失而音尚存也。"⑤《甲骨文字诂林》按语云："字当释为'苟'，下所从为人形，与'狗'无涉。屈万里疑为'神祇之类'是对的。卜辞皆为祭祀之对象。"⑥

"敬"始见于西周金文，作🈀（对罍，《金文编》第 653 页）、🈁（毛公鼎，《金文编》第 653 页）等形。《说文·苟部》："敬，肃也。从攴、苟。"甲骨文中"苟"无"敬"义，西周金文中的"敬"主要是表"敬"义，如"允才（哉）显，佳（唯）苟（敬）德，亡遚（攸）违"（8·4341 班簋，西周中期）。

此期，表"敬"义的"敬"（以下称敬₁）凡 34 例，其中《今文尚书》⑦21 例、《诗经》5 例、《易经》4 例、《逸周书》4 例。如：

（1）敬恭明神，宜无悔怒。（《诗经·大雅·云汉》）

（2）六：入于穴，有不速之客三人来，敬之，终吉。（《易经·需》）

（3）呜呼！曷其奈何弗敬？（《今文尚书·召诰》）

（4）尔尚敬逆天命，以奉我一人。（《今文尚书·吕刑》）

词义方面，敬₁与"恭"连用，说明二词同义，如例（1）。语法方面，敬₁以不带

---

① 周法高：《金文诂林》，香港中文大学出版社 1974 年版，第 5660 页。
② 周法高：《金文诂林》，香港中文大学出版社 1974 年版，第 5659 页。
③ 李圃主编：《古文字诂林》（第 8 册），上海教育出版社 2003 年版，第 167 页。
④ 李圃主编：《古文字诂林》（第 8 册），上海教育出版社 2003 年版，第 167 页。
⑤ 李圃主编：《古文字诂林》（第 8 册），上海教育出版社 2003 年版，第 168 页。
⑥ 于省吾：《甲骨文字诂林》，中华书局 1996 年版，第 363 页。
⑦ 《今文尚书》中西周语料有《大诰》《康诰》《酒诰》《梓材》《召诰》《洛诰》《多士》《君奭》《多方》《立政》《吕刑》，春秋战国语料有《尧典》《皋陶谟》《禹贡》《甘誓》《汤誓》《盘庚》《高宗肜日》《西伯戡黎》《微子》《牧誓》《洪范》《金縢》《无逸》《顾命》（含《康王之诰》）《费誓》《文侯之命》《秦誓》。《诗经》中西周语料有《周颂》《大雅》《小雅》，春秋战国语料有《商颂》《鲁颂》《国风》。《逸周书》中西周语料有《世俘》《商誓》《皇门》《尝麦》《祭公》《芮良夫》《度邑》《克殷》《作雒》。

宾语（19 例）为主。不带宾语的形式中，又以作谓语（15 例）为主，如例（3），其次是作状语（4 例），如例（4）。带宾语的形式中，宾语主要是抽象名词（12 例），如例（1）的"明神"，其次是指人名词（3 例），如例（2）的"之"。

敬₁又引申出"戒慎"义（以下称为敬₂）。《释名·释言语》："敬，警也，恒自肃警也。"《玉篇·苟部》："敬，慎也。"此期敬₂共 41 例，其中《今文尚书》14 例、《诗经》13 例、《易经》3 例、《逸周书》11 例。如：

（5）既敬既戒，惠此南国。（《诗经·大雅·常武》）

（6）虽畏勿畏，虽休勿休，惟敬五刑，以成三德。（《今文尚书·吕刑》）

（7）自我致寇，敬慎不败也。（《易经·需》）

（8）慎尔出话，敬尔威仪。（《诗经·大雅·抑》）

（9）凡百君子，各敬尔身。（《诗经·小雅·雨无正》）

（10）汝其敬识百辟享，亦识其有不享。（《今文尚书·洛诰》）

词义方面，敬₂的出现频次最高，为"敬"的核心义位。例（5）中敬₂与"戒"对用，说明二词同义。敬₂与"慎"或连用，如例（7），或对用，如例（8），说明二词同义。语法方面，敬₂以带宾语（25 例）为主，宾语主要为抽象名词，其中又以礼制礼法类名词为最多（14 例），如例（6）的"五刑"，例（8）的"威仪"，指人名词仅例（9）的"身"。不带宾语的形式主要是充当谓语（12 例），如例（5），作状语 4 例，如例（10）。

尊：始见于甲骨文，作𢍜（甲三三八九，《甲骨文编》第 572 页）、𢍜（佚八七〇，《甲骨文编》第 572 页）等形，金文作𢍜（作父辛鼎，《金文编》第 1005 页）、𢍜（美爵，《金文编》第 1007 页）等形，战国文字作𢍜（玺汇·一四八六，《战国古文字典》第 1346 页）。《说文·酋部》："尊，酒器也。从酋，廾以奉之。"《甲骨文字诂林》按语谓："酋即象酒器，廾酒器以奉之，则'尊'不得复谓之酒器。……'尊'本象奉承荐进之形，此当为其本义。"①徐正考认为："从'尊'的甲骨文、金文字形上可以

————————

① 于省吾：《甲骨文字诂林》，中华书局 1996 年版，第 2693 页。

看出其本义应是奉献、登进。"①《古文字诂林》引郭沫若云:"案其实乃由动词转化为形容词者。古有登荐之义,矢令簋'尊宜于王姜'。又'用尊事于皇宗',即其例。"②《甲骨文字典》:"从酉从廾,象双手奉尊之形。或从阜,则奉献登进之意尤显。"③ "尊"的本义应为"奉献、登进"(以下称为尊₁)一类的动作,但此期传世文献未见"尊"的此类用法。尊₁引申指祭祀动作,大概是置酒以祭。《仪礼·士冠礼》:"侧尊一甒醴,在服北。"郑玄注:"置酒曰尊。"由"奉献"义产生了"置酒(祭祀)"义(以下称为尊₂)。此期传世文献仅《逸周书·尝麦》1见:"宰坐,尊中于大正之前。"出土文献如"鲁侯作爵,用尊茜鬯临盟"(14·9096 鲁侯爵,西周早期)。

二、上古中期的"敬"与"尊"

敬④:敬₁共332例,在除《老子》外的14部语料中均有分布。其中《今文尚书》16例、《诗经》2例、《论语》19例、《孟子》34例、《墨子》17例、《庄子》10例、《左传》63例、《国语》33例、《战国策》31例、《荀子》67例、《韩非子》15例、《仪礼》8例、《周礼》7例、《晏子春秋》10例。如:

> (11)始吾敬子,今子,鲁囚也。(《左传·庄公十一年》)
>
> (12)日严祗敬六德,亮采有邦。(《今文尚书·皋陶谟》)
>
> (13)待先生如此其忠且敬也。(《孟子·离娄下》)
>
> (14)太子入,致命齐王曰:敬献地五百里。(《战国策·楚策》)
>
> (15)既比,则读法,书其敬敏任恤者。(《周礼·地官·司徒》)

词义方面,敬₁的出现频次最高,为"敬"的核心义位。敬₁与"严""祗"连用,说明三词同义,如例(12)。语法方面,敬₁亦以不带宾语(220例)为主。不带

---

① 徐正考:《殷商西周金文"尊"字正诂》,《古汉语研究》1999年第1期,第74页。
② 李圃主编:《古文字诂林》(第10册),上海教育出版社2004年版,第1202页。
③ 徐中舒:《甲骨文字典》,四川辞书出版社1989年版,第1606页。
④ 春秋至战国为上古中期。

宾语的形式中，又以作谓语（132 例）为主，如例（13），其次是作状语（77 例），如例（14），并开始出现少量（11 例）作定语的用例，如例（15）。带宾语的形式中，宾语为指人名词（67 例）①高于抽象名词（42 例），前者如例（11）的"子"，后者如例（12）的"六德"。

敬₂共 27 例，其中《今文尚书》2 例、《诗经》1 例、《孟子》1 例、《墨子》3 例、《左传》3 例、《战国策》1 例、《荀子》11 例、《韩非子》2 例、《仪礼》2 例、《周礼》1 例。如：

（16）甘茂约楚、赵而反敬魏。（《战国策·韩策》）

（17）敬谋无圹，敬事无圹，敬吏无圹，敬众无圹，敬敌无圹。（《荀子·议兵》）

（18）令尹甚傲而好兵，子必谨敬。（《韩非子·内储说上》）

词义方面，敬₂与"谨"连用，说明二词同义，如例（18）。此期敬₂的出现频次较上古前期减少，这是由于"敬"的同源词"儆"和"警"开始分担"敬"的"戒慎"义，前者如《左传·成公十六年》："申宫儆备。"后者如《左传·宣公十二年》："且虽诸侯相见，军卫不彻，警也。"语法方面，敬₂亦主要是带宾语（21 例），但宾语类型不局限于礼制礼法类名词和指人名词，开始出现国名名词，如例（16）的"魏"，说明敬₂的组合能力不断增强。此期敬₂的宾语以其他抽象名词为最多（9 例），如例（17）的"谋""事"。不带宾语的 6 例均作谓语，如例（18），未见作状语的用例。

此期敬₁引申出"尊崇"义（以下称为敬₃），仅《战国策·齐策》1 见："敬秦以为名，而后使天下憎之，此所谓以卑为尊者也！"

尊：此期传世文献始见尊₁，但仅有《晏子春秋·内篇杂上》："乃令粪洒改席，尊醮而礼之。"

尊₂共 21 例，均带宾语且全部见于《仪礼》，如《仪礼·特牲馈食礼》："尊两壶阼阶东，加勺，南枋，西方亦如之。"

此期尊₁引申出"敬"义（以下称为尊₃），共 103 例，其中《论语》1 例、《孟子》14 例、《墨子》13 例、《左传》22 例、《国语》3 例、《战国策》1 例、《庄子》

---

① 因"敬"与"尊"常组合成复合词，故多有两者共带一个宾语的情况。本文据宾语的出现次数统计，故宾语的实际数量少于带宾语的"敬"与"尊"的数量。

13 例、《荀子》19 例、《韩非子》12 例、《周礼》1 例、《晏子春秋》4 例。如：

> （19）君子尊贤而容众，嘉善而矜不能。（《论语·子张》）

> （20）修饬端正，尊法敬分而无倾侧之心。（《荀子·君道》）

> （21）当若鬼神之有也，将不可不尊明也，圣王之道也。（《墨子·明鬼下》）

词义方面，尊$_3$与敬$_1$对用，说明二词同义，如例（20）。语法方面，尊$_3$以带宾语的（98 例）形式为主，不带宾语的仅 5 例，且全部为作谓语，如例（21），无作状语的用例。尊$_3$所带宾语主要是指人名词（71 例），如例（19）的"贤"，抽象名词仅 10 例，如例（20）的"法"。

尊$_3$又引申出"尊崇"义（以下称为尊$_4$），共 85 例，其中《论语》1 例、《老子》1 例、《墨子》6 例、《左传》1 例、《国语》3 例、《战国策》28 例、《庄子》3 例、《荀子》3 例、《韩非子》33 例、《晏子春秋》6 例。如：

> （22）赵诚发使尊秦昭王为帝，秦必喜，罢兵去。（《战国策·赵策》）

> （23）以万物莫不尊道而贵德。（《老子·五十一章》）

> （24）然而以今之夕者，周之建国，国之西方，以尊周也。（《晏子春秋·内篇杂下》）

> （25）故人主之察，智士尽其辩焉；人主之所尊，能士尽其行焉。（《韩非子·八说》）

词义方面，尊$_4$与"贵"对用，说明二词同义，如例（23）。语法方面，尊$_4$带宾语的（82 例）远多于不带宾语的（3 例）。带宾语的形式中，指人名词（55 例）最多，如例（22）的"秦昭王"，其次是抽象名词（16 例），如例（23）的"道"，再次是国名（10 例），如例（24）的"周"。不带宾语的形式中，尊$_4$皆作谓语，如例（25）。

三、上古后期的"敬"与"尊"

敬[①]：敬$_1$凡 340 见，其中《吕氏春秋》37 见、《公羊传》2 见、《穀梁传》2 见、

---

① 秦至西汉为上古后期。

《礼记》144 见、《史记》145 见、《淮南子》3 见、《盐铁论》7 见。如：

（26）大夫、士相见，虽贵贱不敌，主人敬客，则先拜客；客敬主人，则先拜
主人。（《礼记·曲礼下》）

（27）汤曰："汝不能敬命，予大罚殛之，无有攸赦。"（《史记·殷本纪》）

（28）君子之祭也，敬而不黩。（《公羊传·桓公八年》）

（29）徒属皆曰："敬受命。"（《史记·陈涉世家》）

（30）虽有强力之容、肃敬之心，皆惰怠矣。（《礼记·礼器》）

词义方面，敬$_1$仍为"敬"的核心义位。敬$_1$与"肃"连用，说明二词同义，如例
（30）。语法方面，敬$_1$仍以不带宾语（263 例）为主。不带宾语的形式中，亦以作谓
语（164 例）为主，如例（28），其次是作状语（81 例），如例（29），还有 18 例作
定语的用例，如例（30）。当敬$_1$充当状语时，常见于如例（29）的下级对上级应答
的语境中，表现出词义的虚化和运用的程式化。带宾语的形式中，宾语为指人名词
（41 例）多于抽象名词（29 例），前者如例（26）的"客""主人"，后者如例
（27）的"命"。

敬$_2$共 6 例，其中《礼记》3 例、《史记》1 例、《淮南子》2 例。如：

（31）圣人敬小慎微，动不失时。（《淮南子·人间训》）

（32）敬慎、重正，而后亲之，礼之大体，而所以成男女之别，而立夫妇之义
也。（《礼记·昏义》）

语法方面，敬$_2$以带宾语的形式（5 例）为主，其中礼制礼法类名词宾语（2 例）与
其他抽象名词宾语（3 例）相差不多。不带宾语的形式中，仅有作谓语的例（32）。

敬$_3$出现频次仍然较低，仅《史记·田敬仲完世家》1 见："敬秦以为名，而后使天
下憎之，此所谓以卑为尊者也。"

尊：尊$_2$仅 6 例，皆见于《礼记》，且皆带宾语，如《礼记·礼器》："五献之
尊，门外缶，门内壶，君尊瓦瓴。"

尊$_3$共 154 见，其中《吕氏春秋》21 见、《公羊传》2 见、《穀梁传》16 见、《礼

记》79见、《史记》27见、《淮南子》5见、《盐铁论》4见。如：

（33）尊师则不论其贵贱贫富矣。（《吕氏春秋·孟夏纪》）

（34）亲亲故尊祖，尊祖故敬宗。（《礼记·大传》）

（35）夫君臣之接，屈膝卑拜，以相尊礼也。（《淮南子·泛论训》）

（36）其令天下尊祠灵星焉。（《史记·封禅书》）

语法方面，尊$_3$带宾语的形式有110例，宾语为指人名词的（88例）多于抽象名词（17例）。指人名词如例（33）的"师"，抽象名词如例（34）的"祖"。不带宾语的形式有44例，充当谓语的有42例，如例（35），此期始见作状语的2例，如例（36），尊$_3$的语法功能逐渐趋于完善。

尊$_4$共146例，其中《吕氏春秋》3例、《穀梁传》9例、《礼记》11例、《史记》113例、《淮南子》9例、《盐铁论》1例。如：

（37）正月，诸侯及将相相与共请尊汉王为皇帝。（《史记·高祖本纪》）

（38）不自尚其事，不自尊其身。（《礼记·表记》）

（39）礼之所尊，尊其义也。（《礼记·郊特牲》）

（40）同者，有同也，同尊周也。（《穀梁传·庄公十六年》）

词义方面，尊$_4$与"尚"对用，说明二词同义，如例（38）。语法方面，尊$_4$仍以带宾语的形式（137例）为主，其中又以指人名词（82例）为最多，如例（37）的"汉王"，其次是抽象名词（28例），如例（38）的"身"和例（39）的"义"，再次是国名（22例），如例（40）的"周"。与上古中期不同的是，此期尊$_4$的指人名词中，人名、官爵名和帝王名所占比例较高。不带宾语的形式中，尊$_4$皆作谓语，如例（39）。

总括动词"敬"与"尊"在上古不同时期的应用情况，可得出以下结论：

第一，出现时间上，动词"敬"与"尊"均始见于上古前期，同时，在上古三个时期，"敬"的出现频次均高于"尊"①，分布亦比"尊"广泛。

第二，词义发展轨迹上，"敬"和"尊"在上古三个时期的词义演变并不显著，但词义的引申轨迹却是异中有同，同时二者的核心义位都较为稳定。上古前期，"敬"有2个义位，"尊"有1个义位；上古中期，"敬"有3个义位，"尊"有4个义位；上古后期，"敬"和"尊"均有3个义位。二者义位数量的变化不是十分明显。综合上古三个时期动词"敬"与"尊"的义位，二者词义引申轨迹可整理如下：

从引申方式看，"敬"是辐射式引申，"尊"兼有连锁式引申和辐射式引申，"尊"的词义引申轨迹比"敬"稍显复杂。此外，"尊"所奉献者必为尊者，因此引申出形容词"尊贵"义。该义位始见于上古前期传世文献，如《易经·大有》："大有，柔得尊位，大中而上下应之，曰大有。"同时，"尊贵"义在上古三个时期均为"尊"的核心义位，而"敬"义在上古中期和后期均为"敬"的核心义位，二词的核心义位差异明显。

第三，词义关系上，"敬"与"尊"在表"敬"义时具有同义关系，但二者在义位分布、词义侧重上却各具特点。敬₁始见于上古前期，尊₃始见于上古中期，敬₁出现时间较早。尊₃的出现频次低于敬₁，但仍有一定的分布，且尊₃是"尊"的非核心义位，说明"尊"具有较强的词义生命力。敬₁与尊₃在词义上各有侧重，这可以从是否带宾语以及所带宾语的类型上窥见。敬₁侧重于内心、感情。《礼记·曲礼上》："君子恭敬撙节。"疏："何胤云：在貌为恭，在心为敬。何之所说，从多居举也。夫貌多心少为恭，心多貌少为敬。"《礼记·少仪》："宾客主恭，祭祀主敬。"郑玄注："恭在貌，而敬在心。"因此敬₁以不带宾语为主要出现形式。尊₃侧重于对人的尊敬，这体现在尊₃的宾语始终是以指人名词为主。"敬"与"尊"在表"尊崇"义时也具有同义关系，二者均始见于上古中期，但尊₄的出现频次（231例）要远高于敬₃的出现频次（2例），说明尊₄在表"尊崇"义时更为常见。宾语类型上，敬₃的宾语皆为国名，尊₄的宾语主要是指人名词，这种差异也是由二者在表"敬"义时的词义侧重点不同造成的。

第四，语法功能上，"敬"与"尊"存在较大差别。"敬"在上古中期和后期均以不带宾语的形式为主，"尊"在上古中期和后期均以带宾语的形式为主，这点突出反映在表"敬"义的敬$_1$与尊$_3$上。敬$_1$不带宾语的比例在上古前、中、后三个时期分别为55.88%、66.27%、77.35%，尊$_3$带宾语的比例在上古中期和后期分别为95.15%和71.43%。同时，不带宾语的形式中，充当谓语皆为二者在上古三个时期的主要用法，但敬$_1$于上古前期出现作状语的用例，而尊$_3$至上古后期始见2例，敬$_1$于上古中期出现作定语的用例，而尊$_3$未见，这表明敬$_1$的语法功能较尊$_3$更加丰富。带宾语的形式中，上古前期敬$_1$所带宾语以抽象名词为主，至上古中期和后期以指人名词为主，分别占带宾语用例的59.82%和53.25%，呈下降趋势；尊$_3$在上古中期和后期也主要是带指人名词，但比例明显高于敬$_1$，分别占带宾语用例的72.45%和80%，比例不断提高。就抽象名词来说，敬$_1$在上古前期以德类名词为最多（6例），上古中期礼制礼法类名词最多（20例），上古后期祭祀及对象类名词最多（14例）；尊$_3$在上古中期和后期均以祭祀及对象类名词为最多（分别为12例和10例）。由此可知敬$_1$的抽象名词类型比尊$_3$广泛，说明敬$_1$在组合能力上更具优势。此外，同一词的各义位的用法也有不同。例如敬$_1$在上古中期和后期均主要是不带宾语，而敬$_2$和敬$_3$在上古中期和后期均主要是带宾语。尊$_4$在上古中期和后期均以带指人名词为主，分别占带宾语用例的67.07%和59.85%。相比于尊$_3$，尊$_4$不仅带指人名词的比例较低，而且有明显减少。就指人名词类型来看，尊$_4$更多的是带人名、官爵名和帝王名，尊$_3$则不限于此类，指人名词类型更为多样。

（闫斯文，吉林大学文学院，476607832@qq.com）

"句"字读音分化初探

王丛慧

提　要："句"字有"勾"和"屦"两个音读。过去学者认为"句"有"屦"音出现在魏晋或者东汉时期。从古文字材料看，"句"字"屦"音的发展跟钩识符号"⌐""↓"有关，这些符号来源于古文字的"丩"或"句"，因其常用于句尾表示"章句之止"，尤其是用作钩识的文字化符号"句"字的出现，属音随意转，时间应在战国晚期或西汉初年。

关键词：句；章句之止；音随意转

在先秦之时，"句"这个字仅有一种字音，也就是见母侯韵这个字音，等到了中古的时候，"句"字就多出了一个字音，出现了两个字音，也就是因为从侯韵中分化出来的鱼韵，这两个字音在今天看来就是字音"勾（gōu）"和字音"句（jù）"。"句"字，从字形这个方面来讲，它是从"口"的，和"语句"的"句"从字义方面上来讲更为相似，所以人们逐步地将"句"这个字形，给了有"句子""章句"义项的"句（jù）"；而它原来的字形，是从"口"的，是用来表示"句连"这一义项的"句（gōu）"，这一义项后来却又变化了，写作了如今的"勾"①。一整段的语句，也是被称为"句"的，它的字音上读为了"钩"。可能到了东汉时期，"句"字就多出了"屦"这个字音，以用来解释"章句"的"句"这个义项。一开始的时候，"句弯"的"句"和"章句"的"句"在字形上都写作了"句"，但是在汉字的演变过程中，发生了隶变之后，却又有了字形"勾"，这种现象同时发生在"员"这个字上，它的字形又可以是"貟"，这都是隶变的结果。在唐宋之后，"句"字的字义，往往是来表示"章句"的

---

① 董楚平：《浅谈"勾践"与"句践"的纠纷问题》，《中国语文》1999 年第 6 期，第 448 页。

"句"，而"句弯"的"句"，却常常字形表现为"勾"①。

一

在许慎的著作《说文解字》中，解释"句"字为"句，曲也"。它是一个形声字，"口"是形旁，"丩"是声旁。并且作为540部中的部首之一，凡是从"句"之属，都是从"句"的字。从古文字资料可以看出，"句"这个字是"丩"的分化字，是在"丩"字的旁边加了"口"字而分化出来的。"丩"字存于甲骨文资料，而"句"字是甲骨文资料中不可见的，一直到了西周，对其文字的解析，才找到"句"这个字，且"句"这个字还见于战国文字，可以找到相关的证明。

如果我们假设"句"字是"丩"和"口"都可以表示声符的双声字，那么，朱骏声在《说文通训定声》中说："句，从丩口声，当读如今言钩，俗作勾。"②"句"字应该属于丩部，这个"丩"的转注字，"口""丩"属于旁纽双声，也属于叠韵③。也可以认为，"口"是分化的符号，也是音符，所以"丩"是从幽部字分化出了"句"字才进入了侯部。"口"，属于见纽幽部字；"句"，属于见纽侯部字；幽侯可以旁转④。从同源字的角度来看的话，就能够这样来认为，"叩"与"敂"同源，且此二字又与"扣"是同源的。可以从《说文解字》中找到根据，许慎认为"敂"是"击"的意思。读音与"扣"相似或者相同。《周礼·地官·司关》中则认为，凡四方来的宾客，敂关则为之告。《广雅·释诂三》中说道，"敂"是有"击打"的意思。《列子·汤问》提及叩石垦壤。《释文》中也是解释"叩"有"击打"的意思。《荀子·法行》则认为，扣一件东西，那么它的声音就会清扬并且可以被远的地方听见。不仅如此，"扣"和"叩"也是相同的字⑤。就"叩击"这个意思讨论，"叩""敂""扣"这三个字应该就是同一个字，是同源的。扣、叩都应当是用"口"来做形符，并且用"口"来表示声音的形声字，这是能够用来做"敂"所从的"句"也是用"口"来表示声符的线索。"句"字应该是从"口"的，和"语句"的"句"从字义上来讲是较为亲近的，所以

① 杨宝忠：《"勾"字出现的时间及相关问题》，《中国语文》2001年第3期，第276页。
② 朱骏声：《说文通训定声》，武汉古籍书店1983年版，第349页。
③ 马叙伦：《说文解字六书疏证》（卷五），上海书店1985年版。
④ 何琳仪：《战国古文字典》，中华书局1998年版，第341页。
⑤ 王力：《同源字典》，商务印书馆1999年版，第185页。

我们就逐渐地把"句"字的字义字形字音赋予了"语句""章句"的"句（jù）"，本来从"口"，以"口"表示声音的"句连"的"句（gōu）"，却要更为"勾"。古文字中常可见到在字上加"口"旁，如"聖"字，古文字里有写作加"口"形的🅔（《郭店简·唐虞之道》25），"巫"字有写作加"口"形的🅔（《侯马盟书》309），"口"在这里只是一个无义偏旁，把它跟字义联系起来很牵强。

二

对"句"字的讨论并不少，对于其读音的探讨也是有的。只要是与"弯曲""曲折"相联系的事物，侈为"佝"，敛为"句"。地名中包含"句"这个字的地方，几乎都是山川迂回、曲折连绵的地貌，就像"句容""句章"等。并且，只要是"章句"的"句"字也都有"稽留、可钩乙"的意思。在古代，它的读音，一直都读起来像"钩"，后世人则处理为：在表达句曲之义时，它的读音就是钩；而在表达章句之义时，它的读音就是屦。分化不仅仅体现在字音上，在字形上也有改变，后世人则改表示"句曲"之义字形为"勾"，这是有浅俗的差别。古侯切，是它的古时候的读音。九遇切，是它在现代的读音[①]。我们在这里，可以非常直观地断定，"句"字在古代的时候是拥有"曲"和"钩识"这样两种字义，在最初的时候字音都是"钩"这个音，而之后有所变化，表达"曲"这个字义的时候，字音就读为"钩"，而在表达"章句"这个字义的时候，字音就读为"屦"。

我们认为"句"读"屦"音跟其用在句尾表示"章句之止"有关，属于杨先生文章所说的"音随意转"。但是，从古文字材料看，"句（屦）"读音出现要早于杨先生"大约到东汉"这样的说法。古文字材料中尤其是简帛材料中，多见"乚"形和"丨"形钩识符号，相当于句号或逗号。考其来源，跟"丩"和"句"的古文字写法密切相关。其从笔势方面来看，可以分成"丨"和"乚"。在这之中，"乚"就是"丨"所衍生的：

㚹（货系46）

㘴（三年痹壶）、㘴（姑□句鑃）、㘴（永盂）、㘴（玺汇1068）、㘴（陶汇6·85）、㘴（玺汇340）、㘴（货系415）

---

① （清）段玉裁：《说文解字注》，上海古籍出版社1981年版，第88页。

"乚"来源于"ι"形：

ʔ（徐□尹鼎）、ᦋ（交作父癸觯）、ᦉ（《考古》1973.1）、ᦊ（《先秦货币文编》566）、蒝（包山简260）、🯄（陶汇3·94）、ᦊ（《先秦货币文编》566）

ᦋ（袁□公鼎）、ᦉ（铸客鼎）、ᦊ（铸客鼎）、ᦊ（铸客匜）、🯄（太句腘官玺）、ᦉ（玺汇4130）

简省分化，一个字的形体中的一部分与另一个字的形体中的一部分相同，是其中的一个字借用了另一个字，并且也都读作母字的字音。也可以说，是一个字的字形中的一个片段被截出来作为另一个字的一部分，用来分化区分。被分化出来的这个新的字没有自己的本来的字形、自己的本来的字音，它的字形是母字给了它一部分，它的字音也是母字给的[1]。"乚"形和"ι"形就是截取母字"ᦊ""ᦉ""ᦋ""ᦊ"等的"ᦊ"或"ι"部分。《说文》："丩，相纠缭也。一曰：瓜瓠结丩起。象形。"古文字"丩"字象两个钩子纠缠在一起，分化出来的"乚"形和"ι"形用于表示"钩识"，正是源于"丩"字的构意。很多学者认为"乚"形和"ι"形就是《说文》的"ι"字，许慎说："ι，钩识也。从反丿，读若曳。"段注中说，钩是弯曲的金属，象钩从下自上逆着的形态。王筠《说文解字句读》："钩则钩耳，谓之逆者，盖倒须钩也，钓鱼用之。"[2]讨论问题的角度不同，其实质是一样的。

简帛中用作钩识的，除了有"乚"形和"ι"形符号外，还有有"钩校"之义的字。举例子来说，仰天湖M25竹简13和25，其中有一些竹简的下部写有"句"字或者"已"字，而在这样的两个字之后就不会再去写其他的字。所谓的"已"字是写作了ᦊ、ᦊ的字形。ᦊ，看起来应该就是"已"字，表达的是这一竹简的终端，有"结束的章末"之义，它的作用和意义就相当于今天的句号[3]。ᦊ殆丩字，并不仅仅是一个标点之义的符号。虽然也是出现在某些竹简的末端，但是它的创造，应该就是标点符号的鼻祖。"丩"，就是"句"这个字所从的形符，我们认定它就是"句"字的表意初文[4]。汉简里面还可以看到类似"ᦊ"的字，它的字形是ᦊ、🯄，都用来表示"结束""终了""末端"的意思，学者们也是沿着这样的套路来探讨的。目前，我们还无法完完全全有

① 刘钊：《古文字构形学》，福建人民出版社2006年版，第118页。
② 王筠：《说文解字句读》，中华书局1998年版，第506页。
③ 何琳仪：《战国文字通论（订补）》，江苏教育出版社2003年版，第257页。
④ 程鹏万：《简牍帛书格式研究》，吉林大学出版社2006年版，第134页。

确凿的证据来说明"已"和"卩"就是"丩"这个字，但是已经足以来说明它们的字义就是表示"结束"这个意思，这个意义符号的字就这样诞生了，特别是在仰天湖简句尾"句"字，足以用来证明在这个时期，"句"字除了"曲"这个字义之外，还出现了有了表示"章句结束"的字义。《玉篇》："句，止也，言语章句也。"《集韵·遇韵》："句，词绝也。"

三

黄侃《文心雕龙札记》释《章句》："句之语源于丨。章先生说：《史记·滑稽列传》，东方朔至公车上书，公车令两人共举其书，人主从上方读之，止，辄乙其处。乙非甲乙之乙，乃钩识之丨，丨字见于传记，唯有此耳。'声转为曲，曲左文作〢，正象句曲之形，凡书言文曲，言曲折，言曲度，皆言声音于此稽止也。又转为句。《说文》：'句，曲也。'句之名，秦汉以来众儒为训诂者乃有之，此由讽诵经文于此小住，正用钩识之义。"①可谓有识。"句"字在字形上，它的形符是从"丩"的，"丩"表示的是像两个钩子缠绕在一起的形态，所以这就使得"句"字有了"弯曲"这个字义，那么这就可以赋予其他从"句"的字也大多拥有了"弯曲"这个字义。《说文》中 540 部是有"句"这个部的，"句"字部下有"拘""笱""鉤"这三个字。《说文解字导读》中也有提到，许慎的《说文解字》这个书是遵循据形系联这个规则，但是这三个字没有分别融入其他的部中，大概是想要用来表达古代学者认为文字是来源于话语的道理②。不仅如此，还有"跔""痀""疴""䩞""枸"等字亦有"曲"义。由于词义分化，"音随意转"，读音同时受到"句"字"句曲"意义影响，于是"句"字有了"屦"的读音。"句"上古音在见纽侯部；"曲"，上古音在溪纽屋部，见、溪旁纽，侯、屋阴入对转，声音非常近。其时代应该在战国晚期或西汉初年。

（王丛慧，吉林大学文学院，chwang17@mails.jlu.edu.cn）

---

① 黄侃：《文心雕龙札记》，上海古籍出版社 2000 年版，第 128 页。
② 张舜徽：《说文解字导读》，中国国际广播出版社 2008 年版，第 42 页。

秦汉时期户籍中婚姻信息登记研究
——以出土简牍为中心*

张韶光

提 要：由于只有在户籍上显示的个人信息才具有法律效力，所以，婚姻关系变化时需要申请变更户籍信息。结婚时变更户籍信息有单独立户和不单独立户两种情况，均需要将女方户籍迁入男方，并注明两者的婚姻关系。离婚时变更户籍信息需要提供可以证明婚姻关系的辨券以及离婚的理由，并在户籍上解除两者的婚姻关系。

关键词：秦汉简牍；户籍；婚姻信息

秦代户籍婚姻信息登记、变更制度发展较为完善。《商君书》《史记》《汉书》等传世文献，对秦人户籍的登记、注销政策均有记载。睡虎地秦简和张家山汉简所收律令，细化了秦汉之际户籍登记与迁移时登记双方的义务。里耶秦简户籍简清楚反映了秦代户籍登记的形式、家庭成员的身份和婚姻状况。王彦辉、贾丽英等学者从法律层面分析了及时变更户籍中婚姻信息的必要性[①]。新出的《岳麓书院藏秦简》（三）以案例的形式为研究秦代婚姻关系变化所致的户籍信息的登记与变更提供了新材料，这对进一步研究秦代户籍制度具有学术意义。

---

* 本文为吉林大学研究生创新基金资助项目"《岳麓书院藏秦简》（三）的整理与研究（批准号：2016043）"、吉林大学基地重点项目"秦简牍所见职官的搜集与整理"阶段性成果。

① 贾丽英：《秦汉家庭法研究——以出土简牍为中心》，中国社会科学出版社 2015 年版，第 46 页。王彦辉：《秦简"识劫婉案"发微》，《古代文明》2015 年第 1 期，第 74~83 页。

一、户籍中婚姻信息变更的必要性

在秦代，个人婚姻状况变化时，户籍中的婚姻信息需要及时变更，以确保法律对婚姻关系的认可。具体来说，婚姻状况变化时，需要当事人或其家属及时向乡吏汇报，由乡吏修改有关户籍信息，一来可以确认其婚姻关系的合法性，二来可以在夫妻发生纠纷时提供证明。

《岳麓书院藏秦简》（三）"识劫娩案"，正是一个与婚姻登记有关的案件。该案件主要是讲，娩本是大夫沛的奴隶，在为沛产下一男一女后，沛免除娩的奴隶身份为庶人，并将其新的身份向乡啬夫唐、乡佐更申报，因此户籍上娩的身份为免妾。后来，沛娶娩为妻，但沛并未向乡吏申请变更户籍信息，所以户籍上娩的身份仍然为免妾，而不是沛的妻。沛去世后，沛的奴隶识因为沛生前允诺分给自己房子和店铺，所以向娩索要，并以娩如不兑现沛生前的承诺，就以控告娩不如实申报财产相威胁。最后，娩向官府自首，承认自己没有如实申报财产，同时告识胁迫自己。在本案中，娩的身份发生过两次变化，第一次是从奴隶变为庶人，第二次是从庶人变为大夫沛的妻子。

娩身份第一次变化，即从奴隶变为庶人时，沛向乡吏申报，乡吏遂为娩修改户籍信息，使其身份得到法律认可。正如《岳麓书院藏秦简》（三）简 126 所记："●卿（乡）唐、佐更曰：沛免娩为庶人，即书户籍曰：免妾。"①也就是说，因为娩的身份由奴隶变为庶人，所以乡吏将其户籍信息登记为"免妾"。整理小组认为"免妾"是"妾被放免后的专指，登记于户籍"②，"庶人"是"身份泛称，相当于百姓、平民"③。朱红林师认为由于"奴婢被主人放免之后，与原来的主人还是存在着一定的依附关系"，所以他们"与真正的编户齐民还是有区别的"④。张家山汉简《二年律令·亡律》简 162："奴婢为善而主欲免者，许之，奴命曰私属，婢为庶人，皆复使及筭（算），事之如奴婢。"⑤由该材料可知，"免妾"这一称呼当与"私属"性质颇为

---

① 朱汉民、陈松长主编：《岳麓书院藏秦简》（三），上海辞书出版社 2013 年版，第 159 页。
② 朱汉民、陈松长主编：《岳麓书院藏秦简》（三），上海辞书出版社 2013 年版，第 165 页。
③ 朱汉民、陈松长主编：《岳麓书院藏秦简》（三），上海辞书出版社 2013 年版，第 126 页。
④ 朱红林：《读〈岳麓书院藏秦简〉（三）札记》，《秦简牍研究国际学术研讨会论文集》2014 年 12 月，第 147 页。
⑤ 张家山二四七号汉墓竹简整理小组：《张家山汉墓竹简（二四七号墓）》（释文修订本），文物出版社 2006 年版，第 30 页。

类似，是一种过渡性称呼，强调奴隶因为赎免而获得自由的身份，从这一称谓上可以看出其原为奴隶身份的印记。

在秦代，只有登记在户籍上的婚姻关系才唯一被法律认可，由于媦第二次身份的变化没有向官府申报，也未修改户籍信息，因此，媦作为沛妻子的身份不被律令认可。睡虎地秦简《法律答问》简166："女子甲为人妻，去亡，得及自出，小未盈六尺，当论不当？已官，当论；未官，不当论。"①整理小组认为："官，疑指婚姻经官府认可。"②即如果在双方婚姻关系确定的情况下，女方逃离婚姻，属非法行为；反之，女方则不触犯法律。笔者认为，材料中的"官"，其实就是去官府申报、由官吏修改户籍中的婚姻信息，这样，该婚姻关系才具有法律效力。在《岳麓书院藏秦简》（三）"识劫媦案"中，媦与沛的婚姻已经得到了宗里的认可，该简简113~115："居二岁，沛告宗人、里人大夫快、臣、走马拳、上造嘉，颉曰：沛有子媦所四人，不取（娶）妻矣。欲令媦入宗，出里单赋，与里人通歙（饮）食。快等曰：可。媦即入宗，里人不幸死者出单赋，如它人妻。"③也就是说，沛在其原配妻子去世后并未再娶，且因媦为沛生下子女，所以媦是沛妻子的身份得到了宗里认可，并能以该身份参与宗里活动，照此来看，沛与媦的事实婚姻业已形成。但是，《岳麓书院藏秦简》（三）简126提到："沛后妻媦，不告唐、更。今籍为免妾。"④即沛与媦二人的婚姻关系并没有记录在户籍上，媦在户籍上的身份仍然是"免妾"，并不是沛的"妻"，正因这样，双方的夫妻关系得不到法律的认可。张文江认为："只有经过正式婚姻程序的婚姻才视为已婚，对于未经正式程序已经有'辅妻'或甚至已经生育子女等都不视为已婚。"⑤由此可见，只有登记在户籍上的婚姻关系，才被法律所认可，即使该婚姻得到宗族、邻里的认可，也不具备法律效力。所以在本案中，识胁迫媦，并要求媦将沛生前允诺分给识的财产兑现，否则就以媦藏匿家产的罪名告发媦的行为是不成立的，因为法律所认可的媦的身份是免妾，对沛的遗产并没有处置的权利。

在秦汉之际，户主去世后，其妻是有权处置家产的。江苏仪征胥浦101号西汉墓《先令券书》记载：

---

① 睡虎地秦墓竹简整理小组：《睡虎地秦墓竹简》，文物出版社1990年版，第132页。

② 睡虎地秦墓竹简整理小组：《睡虎地秦墓竹简》，文物出版社1990年版，第132页。

③ 朱汉民、陈松长主编：《岳麓书院藏秦简》（三），上海辞书出版社2013年版，第154~155页。

④ 朱汉民、陈松长主编：《岳麓书院藏秦简》（三），上海辞书出版社2013年版，第159页。

⑤ 张文江：《秦汉家、户法律研究——以家户法律构造为视角》，人民日报出版社2016年版，第112页。

元始五年九月壬辰朔辛丑亥（？）高都里朱凌〔卢〕居新安里甚接（？）其死故
请县乡三老都乡有秩左里师田谭等为先令券书凌自言有三父子男女六人皆不同父
〔欲〕（？）令子各知其父家次（？）子女以君子真子方仙君父为朱孙弟公文父吴衰
近君女弟弱君父曲阿病长宾（？）妪言公文年十五去家自出为姓遂居外未尝持一钱
来归妪予子真子方自为产业子女仙君弱君等贫毋产业五年四月十日妪以稻田一处
桑田二处分予弱君波田一处分予仙君于至十二月公文伤人为徒贫无产业于至十二
月十一日仙君弱君各归田于妪让予公文妪即受田以田分予公文稻田二处桑田二处
田界易如故公文不得移卖田予他人时任知者里师伍人谭等及亲属孔聚（？）田文满
真先令券书明白可以从事①

　　整理者指出该文书是"墓主朱凌临终前夕所立的遗嘱一类的文书"②。在该遗嘱中说
明了墓主母亲为儿女分配家产的情况，先将田授予没有产业的女儿，后儿子公文因犯法导
致田产被没收，所以，母亲又将女儿手中的田收回，分给儿子公文。王彦辉认为："父亲
去世，户后代为户，由母亲处置家产，应是父权的一种延伸。"③张文江认为："妻子在
夫去世后可作为丈夫人格的代表人而存在，但其行为要维护财产在'夫妻'内不被破
坏。"④也就是说，妻子有权在丈夫去世后掌管家产。在《岳麓书院藏秦简》（三）"识
劫㛅案"中，㛅作为户主沛妻子的身份没有得到法律的承认，这直接导致㛅无权掌握沛的
遗产，所以识劫㛅也就无从谈起。但是，母亲可以代儿子处置家产，杨剑虹指出这种主
持家政的权利是暂时的，儿子长大成人后，必须交出权力，由儿子主持一切⑤。这点
与"识劫㛅案"中的情况相符，该简简 108："十八年八月丙戌，大女子㛅自告曰：七
月为子小走马㵅（义）占家訾（赀）。"⑥也就是说，在儿子尚小时，其父去世，其母
可以代为申报家产，待其长大后从母亲手中接收处置家产的权利。

　　《岳麓书院藏秦简》（三）"识劫㛅案"中，沛没有将㛅户籍上的信息改为妻，首
先或与当时"无以妾为妻"⑦的观念有关。《左传》哀公二十四年记载："若以妾为夫

① 扬州博物馆：《江苏仪征胥浦 101 号西汉墓》，《文物》1987 年第 1 期，第 11~12 页。
② 扬州博物馆：《江苏仪征胥浦 101 号西汉墓》，《文物》1987 年第 1 期，第 12 页。
③ 王彦辉：《论汉代的分户析产》，《中国史研究》2006 年第 4 期，第 30 页。
④ 张文江：《秦汉家、户法律研究——以家户法律构造为视角》，人民日报出版社 2016 年版，第 140 页。
⑤ 杨剑虹：《从〈先令券书〉看汉代有关遗产继承问题》，《武汉大学学报》1988 年第 3 期，第 100 页。
⑥ 朱汉民、陈松长主编：《岳麓书院藏秦简》（三），上海辞书出版社 2013 年版，第 153 页。
⑦ 杨伯峻：《孟子译注》，中华书局 1960 年版，第 287 页。

人，则固无其礼也。"①可见春秋时期，娶奴婢为妻是有悖礼法的。到战国时期，禁止娶奴婢为妻已经上升到法律层面。包山楚简简 89："八月乙栖（酉）之日，远乙讼司衣之州人苟鬶，胃（谓）取其妾娩（娈）"②从远乙控告苟鬶娶其奴婢，也可知娶奴婢为妻在楚也是违法的。发展到唐代，法律对禁止娶奴婢为妻的规定更为明确。《唐律疏议笺解》记载："诸以妻为妾，以婢为妻者，徒二年。"③"若婢有子及经放为良者，听为妾。"④也就是说，娶奴婢为妻，判徒刑两年，如果因奴婢产子或者将奴婢放免为良人后娶其为妻，也会受到惩罚，在后两种情况下，奴婢在家庭中的身份最多只能到妾。综上所述，从春秋战国时期至于唐，娶奴婢为妻的行为是被法律禁止的，由此来看"识劫娩案"中，沛不将娩的身份改为"妻子"，或与此有关。

事实上，负责户籍登记的官吏，无论何种原因导致其没有登记或及时变更户籍信息，均属非法。睡虎地秦简《法律答问》简 147："甲徙居，徙数谒吏，吏环，弗为更籍，今甲有耐、赀罪，问吏可（何）论？耐以上，当赀二甲。"⑤这则材料是讲甲迁移户口，但官吏迟迟没有变更，遂官吏因此坐罪，并依据户籍迁移者的罪行定罪。张家山汉简中也有类似规定，《二年律令·户律》简 322："代户、贸卖田宅，乡部、田啬夫、吏留弗为定籍，盈一日，罚金各二两。"⑥也就是说，当户主因变更、买卖田宅需要官吏修改户籍时，官吏拖延时间非法。由此来看"识劫娩案"中，乡吏没有及时了解情况，将娩的身份改为"妻子"也当属非法。

二、结婚所致户籍信息的变更

在秦代，男女双方结婚需要去官府申报，修改户籍信息，并授予辨券凭证，以从法律上确认双方的婚姻关系。结婚修改户籍信息的方式，一般情况下是男方单独立户，女方将户籍迁往男方，并且在户籍上注明夫妻关系。特殊情况下，新组建的家庭不单独立

① 杨伯峻：《春秋左传注》，中华书局 2009 年版，第 1723 页。
② 刘信芳：《包山楚简解诂》，艺文印书馆 2003 年版，第 86 页。
③ 刘俊文：《唐律疏议笺解》，中华书局 1996 年版，第 1016 页。
④ 刘俊文：《唐律疏议笺解》，中华书局 1996 年版，第 1017 页。
⑤ 睡虎地秦墓竹简整理小组：《睡虎地秦墓竹简》，文物出版社 1990 年版，第 127 页。
⑥ 张家山二四七号汉墓竹简整理小组：《张家山汉墓竹简（二四七号墓）》（释文修订本），文物出版社 2006 年版，第 53 页。

户，女方将户籍迁入男方并注明夫妻关系即可。

（一）一般的变更方式：单独立户

在秦代，结婚修改户籍信息时，一般情况当是男方从原有的家庭中分离出来，单独立户，女方将户籍迁入男方的新户籍当中，并在户籍特定的位置标注其身份，以确认两者的夫妻关系。

一般情况下，根据秦律规定，男子成年后应从原有的户籍中分离出来，最晚不应晚于结婚。《史记·商君列传》："民有二男以上不分异者，倍其赋。"① "令民父子兄弟同室内息者为禁。"② 从中可见，秦代禁止父子兄弟同居一户，如果一家中有两个没有分异的成年男子会加重赋税。究其原因，《史记·商君列传》记载："始秦戎翟之教，父子无别，同室而居。今我更制其教，而为其男女之别，大筑冀阙，营如鲁卫矣。"③ 即在秦人看来，父子兄弟共同居住是野蛮行为，应明令禁止。但未结婚的成年男子可以不分异，与父母或兄长生活在一起。里耶秦简户籍简 K17 有："南阳户人荆不更黄□，子不更昌。"④ 可见该户当中，户主的儿子昌已经成年，但并未分异，且户籍中没有昌妻子的信息，也就是说未婚的昌没有单独立户。同简简 K30/45："南阳户人不更彭奄，弟不更说。"⑤ 该材料中，户主的弟弟说在没有结婚时，仍和其兄长生活在一起。同简简 K4："南阳户人荆不更挐喜，子不更衍。"其中户主的儿子衍已经成年，但仍然和其父挐喜在一个户籍之中，没有分异。由此来看，上述材料所反映的成年男子仍和父母兄长生活在一起、没有分异的情况，当和该成年男子尚未结婚有关。张金光认为："秦男成年尤其已婚成年一般说来是要另立门户的。"⑥ 或可推测，秦代成年男子分异立户的时间最晚可以到结婚。

在汉代，成年未婚男子不分异的情况依然存在，从居延新简中可见一斑。

弟大男谊，年廿二。

☒弟大男政，年十八。

① （汉）司马迁：《史记》，中华书局 1959 年版，第 2230 页。
② （汉）司马迁：《史记》，中华书局 1959 年版，第 2232 页。
③ （汉）司马迁：《史记》，中华书局 1959 年版，第 2234 页。
④ 湖南省文物考古研究所：《里耶发掘报告》，岳麓书社 2007 年版，第 204 页。
⑤ 湖南省文物考古研究所：《里耶发掘报告》，岳麓书社 2007 年版，第 205 页。
⑥ 张金光：《秦制研究》，上海古籍出版社 2004 年版，第 458 页。

弟大男谭，年十六。　　　　　　EPT：40·23①

妻大女阿，年卅五。居署尽晦，用粟八石一斗六升大。子男张子取。

子大男子谭，年十九。

子大男子朝，年十六。　　　　　EPT：65·411②

　□大女当，年十七。

◿弟大男□，年十八。

弟大男传，年十八。　　　　　　EPT：65·455③

　　上述材料中也出现了未婚成年男子与父母或兄长居住在一起的情况，从中可见，成年未婚男子不分异的情况至少在汉代依旧存在。

　　一般情况下，结婚登记户籍会在男方从原家庭分异之后，女方的户籍从原先家庭的户籍当中消除，重新登记到男方的户籍之中，并注明婚姻关系。岳麓秦简《为吏治官及黔首》简72："移徙上檽（端）。"④张荣强认为"上"指入籍，"檽"指削籍。⑤也就是说个人户籍信息变动时，会从原有的户籍中消除，在新的户籍上入籍。里耶秦简简8-1546："南里小女子苗，卅五年徙为阳里户人大女子婴隶。"⑥这则材料是讲南里小女子苗成为阳里大女子婴的奴隶，户籍从南里迁到阳里户人大女子婴的户籍之下，结婚应与此类似。栗劲指出："结婚后妻有到夫家生活的义务，成为男子的家庭成员。"⑦女方的户籍也应当随之迁入男方户籍，成为男方户籍中的一员。在里耶秦简户籍简当中，有这样两组材料：

　　（K43）

　　第一栏：南阳户人荆不更大□

　　　　弟不更庆

　　第二栏：妻曰嬛

① 中国简牍集成编辑委员会编：《中国简牍集成（标注本）》（第9册），敦煌文艺出版社2005年版，第206页。
② 中国简牍集成编辑委员会编：《中国简牍集成（标注本）》（第11册），敦煌文艺出版社2005年版，第280页。
③ 中国简牍集成编辑委员会编：《中国简牍集成（标注本）》（第11册），敦煌文艺出版社2005年版，第286页。
④ 朱汉民、陈松长主编：《岳麓书院藏秦简》（一），上海辞书出版社2009年版，第141页。
⑤ 张荣强：《读岳麓秦简论秦汉户籍制度》，《晋阳学刊》2013年第4期，第54页。
⑥ 陈伟主编：《里耶秦简牍校释》（第1卷），上海古籍出版社2012年版，第355页。
⑦ 栗劲：《秦律通论》，山东人民出版社1985年版，第504页。

庆妻规

　　第三栏：子小上造视

　　　　　　子小造□①

　　（K17）

　　第一栏：南阳户人荆不更黄□

　　　　　　子不更昌

　　第二栏：妻曰不实

　　第三栏：子小上造悍

　　　　　　子小上造

　　第四栏：子小女规

　　　　　　子小女移②

　　从上述两组材料中可以看出，材料 K43 中庆的妻子叫作规，材料 K17 中有小女子规。虽然无法确定小女子规与庆妻规是否为同一个人，但是，从中可以看出女子担任不同的家庭角色，在户籍中所处的不同位置。由此推测，女子婚嫁时，户籍信息将从娘家户籍中的第四栏，即女儿信息一栏削去，添加到夫家第二栏，即妻子信息一栏，并注明夫妻关系。

　　此外，秦汉之际户籍迁移还需要履行一定的程序，正如居延汉简所反映的：

　　建平五年八月戊□□□广明乡啬夫假佐玄敢言之

　　善居里男子丘张自言与家买客田居

　　延都亭部欲取检谨案张等更赋皆给当得取检调移居延

　　如律令敢言之　　　　　　　　　　　　　　　　　505·37A③

　　从这条材料中可以看出，如果迁移户籍，首先需要当事人向乡提出申请，申请中当着重讲明迁移户籍的原因，后由乡向上级汇报，上级在确定其应缴纳的赋税等均已处理完毕后，对迁移者发放"检"，作为迁移户籍的凭证。当迁入地依据"检"接收了迁入

① 湖南省文物考古研究所：《里耶发掘报告》，岳麓书社 2007 年版，第 203~204 页。
② 湖南省文物考古研究所：《里耶发掘报告》，岳麓书社 2007 年版，第 204 页。
③ 谢桂华、李均明、朱国炤：《居延汉简释文合校》，文物出版社 1987 年版，第 607 页。

者，并发文回复迁出地，才标志户籍迁移的完成。这点在湖北荆州高台汉墓 M18:35-乙中也有所体现：

> 七年十月丙子朔〔庚子〕中乡起言之新安大/女燕自言与大奴甲乙〔大〕婢妨徙安都谒告安都受/〔名〕数书到为报敢言之/十月庚子江陵龙氏丞敬移动安都丞　亭手①

在该材料中，迁徙户籍时，也是先向乡申报，批准之后，发给文书凭证，到新的户籍所在地，由新户籍所在地的官吏发文回复，予以确认。

结婚时户籍信息的变更登记当与此类似，需要向官府申报并证明双方关系合乎礼法，并由官府登记并颁发凭证。在向官府申报时需媒人出面，陈鹏曰："婚嫁须媒，向为礼法所重，诗曰：'娶妻如之何，匪媒不得。'"②即没有媒人的婚姻是有悖礼法的。《周礼·地官·媒氏》记载："掌万民之判。""娶判妻入子者，皆书之。"③郑玄注："判，半也。得耦为合，主合其半，成夫妇也。"④可知"媒氏"即是官媒，掌管嫁娶之事，婚姻登记也是媒氏的职能之一。《管子·入国篇》也有记载："所谓合独者，凡国都皆有掌媒。丈夫无妻曰鳏，妇人无夫曰寡，取鳏寡而合和之，予田宅而家室之，三年然后事之。此之谓合独。"⑤翔凤案："'合'则非聚会，而官合之矣。"⑥可见齐国也存在主管嫁娶之事的官媒。到了唐代，《唐律疏议·为婚妄冒》载："为婚之法，必有行媒。"⑦可知在唐代行媒已成为婚姻关系合法的必要条件。故由此推测，秦代因结婚变更户籍信息时，也需要媒人出面，证明双方婚姻合乎礼法。此外，官府还会颁发辨券作为凭证，新公布的岳麓秦简中有与此相关的律令，简 1099："·十三年三月辛丑以来，取妇嫁女必参辨券，不券而讼，乃毋听，如廷律。"⑧这则材料说明，自秦始皇十三年三月辛丑以来，官府会对结婚者颁发三辨券，作为夫妻关系的凭证，而所谓的"三辨券"，当分属夫妻双方和官府，而官媒则极有可能作为官方代表办理此事。

① 湖北省荆州博物馆编著：《荆州高台秦汉墓：宜黄公路荆州段田野考古报告之一》，科学出版社 2000 年版，第 222 页。
② 陈鹏：《中国婚姻史稿》，中华书局 1990 年版，第 317 页。
③（清）孙诒让：《周礼正义》，中华书局 2013 年版，第 2 分册，第 1038 页。
④（清）孙诒让：《周礼正义》，中华书局 2013 年版，第 2 分册，第 1033 页。
⑤ 黎翔凤：《管子校注》，中华书局 2004 年版，第 1034 页。
⑥ 黎翔凤：《管子校注》，中华书局 2004 年版，第 1039 页。
⑦ 刘俊文：《唐律疏议笺解》，中华书局 1996 年版，第 1013 页。
⑧ 周海锋：《秦律令之流布及随葬律令性质问题》，《华东政法大学学报》2016 年第 4 期，第 48 页。

（二）特殊的变更方式：不单独立户

在秦代分异令得以广泛推行的情况下，也存在结婚时不单独立户而只在原有户籍上做出修改、注明婚姻信息的情况，秦汉简牍中也存在很多这样的例子。

《岳麓书院藏秦简》（三）"识劫婉案"中就出现了结婚却不需要单独立户的情况。该简简 126："●卿（乡）唐、佐更曰：沛免婉为庶人，即书户籍曰：免妾。沛后妻婉，不告唐、更。"[1]从中可见，因为婉本是沛的奴隶，已属于沛户籍中的一员，所以沛与婉结婚时，不需要男方单独立户，只需修改女方的户籍信息即可。所以，婉成为沛的妻子，也只需在原户籍上修改。

在里耶秦简户籍简中也出现了已婚的夫妇不单独立户，仍与原家庭在同一户籍上的情况。

（K43）

第一栏：南阳户人荆不更大□

　　　　弟不更|庆|

第二栏：妻曰嬛

　　　　庆妻规

第三栏：子小上造视

　　　　子小造□[2]

（K2/23）

第一栏：南阳户人荆不更宋午

　　　　弟不更熊

　　　　弟不更卫

第二栏：熊妻曰□□

　　　　卫妻曰□

第三栏：子小上造传

　　　　子小上造逐

---

① 朱汉民、陈松长主编：《岳麓书院藏秦简》（三），上海辞书出版社 2013 年版，第 159 页。

② 湖南省文物考古研究所：《里耶发掘报告》，岳麓书社 2007 年版，第 203~204 页。

□子小上造□

　　　　　　　熊子小上造□

　　第四栏：卫子小女子□

　　第五栏：臣曰襦①

　　（K5）

　　第一栏：□献

　　第二栏：妻曰缚

　　　　　　　□妻曰□

　　　　　　　下妻曰婺

　　第三栏：……②

　　（K33）

　　第一栏：南阳户人荆不更□疾

　　第二栏：疾妻曰婑③

　　从里耶秦简户籍简 K2/23 可以看出已经成家的兄弟三人并没有分家。简 K5 中，至少有三个已经成家的成年男子没有分异。K33 中，如果该户籍中只有一个结婚的成年男子，那么在记载妻子信息的第二栏中，应直接记录为"妻曰婑"而不是"疾妻曰婑"，故推测该户籍所反映的家庭情况也应当是多个已婚男子没有分异。

　　睡虎地 4 号秦墓出土的 11 号木牍所载的家信，也反映了秦代成家的兄弟不分异的情况。

　　11 号木牍：

　　　　二月辛巳，黑夫、惊敢再拜问中、母毋恙也？黑夫、惊母恙也。前日黑夫与惊别，今复会矣。Ⅰ黑夫寄乞就书曰：遗黑夫钱，毋操夏衣来。今书节（即）到，母视安陆丝布贱可以为禪Ⅱ帬、襦者，母必为之，令与钱偕来。其丝布贵，徒操钱来，黑夫自以布此。Ⅲ11……

　　　　为黑夫、惊多问姑姊、康乐季须、故术长姑外内……毋恙也？Ⅱ

---

① 湖南省文物考古研究所：《里耶发掘报告》，岳麓书社 2007 年版，第 205 页。

② 湖南省文物考古研究所：《里耶发掘报告》，岳麓书社 2007 年版，第 206 页。

③ 湖南省文物考古研究所：《里耶发掘报告》，岳麓书社 2007 年版，第 207 页。

为黑夫、惊多问东室季须苟得毋恙也？Ⅲ

为黑夫、惊多问婴泛季事可（何）如？定不定？Ⅳ

为黑夫、惊多问夕阳吕婴、匦里阎诤丈人得毋恙也。婴、诤皆毋恙也，毋钱用、衣矣。Ⅴ

惊多问新负（妇）、婴得毋恙也？新负（妇）勉力视瞻丈人，毋与□□□。垣柏未智（知）

归时。新负（妇）勉力也。Ⅵ11 反①

上文所引乃是黑夫所写的家信，黄盛璋认为信中的"黑夫、惊和中是同母兄弟"②，也就是说，黑夫、惊和中三兄弟与母亲共同居住。在家信末尾，黑夫代惊问"新负"是否安好。黄盛璋认为"新负"读为"新妇"，是"惊的妻子"③。由此可见，惊成家后仍与其母及其他兄弟生活在一起。这也反映了在商鞅变法后分异令得以实施的同时，还存在成家的兄弟共同居住的情况。

在居延汉简中也出现了已婚兄弟共同居住的情况。

妻大女昭武万岁里□□年卅二

子大男辅年十九岁

子小男广宗年十二岁

子小女女足年九岁

辅妻南来年十五岁　　　皆黑色　　　　　　　　29·2④

上引材料反映了汉代的已婚兄弟一同居住的情况。王彦辉通过分析居延汉简《吏卒家属名籍》中的家庭类型及人口年龄得出："妻子弟妹型和夫妻弟妹型家庭占总户数的11%，弟妹已到结婚年龄而仍和兄嫂同住，说明父母均已过世；夫妻弟妹型家庭中妻子年龄都在 19~21 岁，说明夫妻刚刚成婚不久。"⑤或可说明已婚的男性与兄弟或父母共同居住，具有一定的临时性。

---

① 陈伟主编：《秦简牍合集》（二）（释文注释修订本），武汉大学出版社 2016 年版，第 592 页。
② 黄盛璋：《云梦秦墓两封家信中有关历史地理的问题》，《文物》1980 年第 8 期，第 74 页。
③ 黄盛璋：《云梦秦墓出土的两封家信与历史地理问题》，《历史地理论集》，人民出版社 1982 年版，第 555 页。
④ 谢桂华、李均明、朱国炤：《居延汉简释文合校》，文物出版社 1987 年版，第 44 页。
⑤ 王彦辉：《论汉代的分户析产》，《中国史研究》2006 年第 4 期，第 29 页。

通过上述论述可以发现，在秦分异令实施的情况下，仍存在成年乃至成家的男子不分异的情况，这当是权衡经济、家庭观念等多方面因素后做出的最有利的选择。黎明钊认为：“秦推行的分异法，似乎仍有弹性，只要不分家的户口缴交双倍的赋税，不分亦可。”①并且在分析分异法时指出：“从经济生产的角度看，昆弟合作开垦田地耕作，两个核心家庭人口少，子女年幼，如果合作生产，组成一个农耕队伍，互相协作，互保互济，对两家都是有利的。”②陈絜也认为：“当一个家庭没有足够的财力为新组建的家庭提供住宅等基本生活设施时，或者基于血缘亲情等方面的特殊考虑不愿分家析产时，自然会权衡轻重、避害趋利，口赋加倍也不能算是最坏的选择。”③张文江指出这种情况的出现是出于“政府倡导的非强制性价值观念、生活压力和传统聚居的伦理情感之间综合平衡选择”④。由此来看，这种情况的出现，当是在国家政策之下，权衡利弊之后，做出的最符合现实的选择。

　　此外，在秦代结婚时不单独立户还可能与当事人的特殊身份有关。首先，贾门逆旅不能立户。睡虎地秦简《魏户律》简165~215：“·廿五年闰再十二月丙午朔辛亥，〇告相邦：民或弃邑居懋（野），入人孤寡，徼人妇女，非邦之故也。自今以来，叚（假）门逆吕（旅），赘婿后父，勿令为户，勿鼠（予）田宇。三枼（世）之后，欲士（仕）士（仕）之，乃（仍）署其籍曰：故某虑赘婿某叟之乃（仍）孙。”⑤也就是说商人、赘婿等，不能立户，则不能在户籍上登记婚姻信息。其次，奴隶不能立户。宋昌斌认为由于“私奴婢也可以有家庭，但只能依附于主人，作为财产或贱口进入主人户籍，而不能单独立户”⑥。《岳麓书院藏秦简》（四）简89~90：“奴亡，以庶人以上为妻，卑（婢）亡，为司寇以上妻，黥奴婢颜（颜）頯，畀其主。以其子为隶臣妾乚，奴妻欲去，许之。”⑦从中可见，私奴家庭具有较强的不稳定性，所以只能依附于主人，不能单独立户。再次，律令允许特殊情况下可以不分异。张家山汉简《二年律令·户律》简342~343：“寡夫、寡妇毋子及同居，若有子，子年未盈十四，及寡子年未盈十八，及夫

① 黎明钊：《里耶秦简：户籍档案的探讨》，《中国史研究》2009 年第 2 期，第 22 页。
② 黎明钊：《里耶秦简：户籍档案的探讨》，《中国史研究》2009 年第 2 期，第 18 页。
③ 陈絜：《里耶“户籍简”与战国末期的基层社会》，《历史研究》2009 年第 5 期，第 33 页。
④ 张文江：《秦汉家、户法律研究——以家户法律构造为视角》，人民日报出版社 2016 年版，第 115 页。
⑤ 睡虎地秦墓竹简整理小组：《睡虎地秦墓竹简》，文物出版社 1990 年版，第 174 页。
⑥ 宋昌斌编著：《中国古代户籍制度史稿》，三秦出版社 1991 年版，第 142 页。
⑦ 陈松长主编：《岳麓书院藏秦简》（四），上海辞书出版社 2015 年版，第 68 页。

妻皆癃（癃）病，及老年七十以上，毋异其子；今毋它子，欲令归户入養，许之。"①
从该材料中可以看出，如果夫妇不能两全，家庭中有年纪尚小的子女，夫妇皆癃病或年纪在七十岁以上，都可以和孩子一起居住，允许子女不分异。

至汉代，分异令已备受诟病，不被严格执行。《汉书·贾谊传》："商君遗礼义，弃仁恩，并心于进取。行之二岁，秦俗日败。故秦人家富子壮则出分，家贫子壮则出赘。借父耰鉏，虑有德色；母取箕帚，立而谇语。抱哺其子，与公併居；妇姑不相说，则反唇而相稽。其慈子耆利，不同禽兽者亡几耳。"②时下谚语有说："举秀才，不知书；举孝廉，父别居。"③由此看来，分异在汉代被视为不讲求仁义的行为，社会上由此产生了很多不重视仁义道德的现象，分异令也因此动摇。正如许倬云所认为的，汉代"同居共籍的基本亲属圈子，恐怕仍是配偶与未成年子女，父母同产可以同居，也可以不同居，在两可之间"④。《晋书·刑法志》记载晋"改汉旧律不行于魏者皆除之"，其中之一就是"除异子之科，使父子无异财也"⑤。王彦辉认为："汉代虽然没有通过法律形式正式废除'异子之科'，并且允许兄弟之间别户分财，但是没有迹象表明当时还在强制执行'民有二男以上不分异者，倍其赋'的法令，而是本着不强迫也不禁止的原则，任由民间自行处置。"究其原因，王彦辉认为是"尽可能保证和扩大纳税户的数量"⑥。符奎认为这样"有利于集中力量从事较大规模的农业劳作，而且有利于家庭内部代与代之间农耕技术的传播"，"适应了农业发展的要求，促进了社会经济的发展"⑦。总而言之，分异令在汉代的动摇，同经济的发展状况息息相关。

三、离婚所致户籍信息的变更

在秦代，推崇婚姻持久、家庭和睦，反对随意离婚，因此，为了确保离婚的慎重性

---

① 张家山二四七号汉墓竹简整理小组：《张家山汉墓竹简（二四七号墓）》（释文修订本），文物出版社 2006 年版，第 55 页。
② （汉）班固：《汉书》，中华书局 1962 年版，第 2244 页。
③ 杨明照：《抱朴子外篇校笺》，中华书局 1997 年版，第 393 页。
④ 许倬云：《汉代家庭的大小》，《求古编》，新星出版社 2006 年版，第 389 页。
⑤ （唐）房玄龄：《晋书》，中华书局 1974 年版，第 925 页。
⑥ 王彦辉：《论汉代的分户析产》，《中国史研究》2006 年第 4 期，第 32 页。
⑦ 符奎：《〈二年律令·户律〉分异制度与农耕技术传播》，《鲁东大学学报》（哲学社会科学版）2016 年第 4 期，第 62 页。

与合法性，离婚时需要向官府提供结婚凭证和离婚理由，才能从户籍上取消双方的婚姻关系，以从法律上确认双方的独立身份，保障其合法权益。

秦代重视婚姻家庭，反对随意离婚。睡虎地秦简《日书》"取妻"一章节中主要记录娶妻的吉日与凶日，其代表性内容如下：

> "春三月季庚辛，夏三月季壬癸，秋三月季甲乙，冬三月季丙丁，此大败日，取妻，不终。"<u>一背</u>①
>
> "癸丑、戊午、己未，禹以取梌山之女日也，不弃，必以子死。"<u>二背壹</u>②
>
> "戊申、已酉，牵牛以取织女而不果，不出三岁，弃若亡。"<u>三背壹</u>③
>
> "庚辰、辛巳，敫毛之士以取妻，不死，弃。"<u>五背壹</u>④
>
> "凡取妻、出女之日，冬三月奎、娄吉；以奎，夫爱妻；以娄，妻爱夫。"<u>六背壹</u>⑤
>
> "戌兴〈与〉亥，是胃（谓）分离日，不可取妻。取妻，不终，死若弃。"<u>一〇背</u>⑥
>
> "中春轸、角，中夏参、东井，中秋奎、东辟（壁），中冬竹（箕）、斗，以取妻，弃。"<u>五背贰</u>⑦
>
> "凡参、翼、轸以出女，丁巳以出女，皆弃之。"<u>六背贰</u>⑧

从上引材料可以看出，秦代已经总结了结婚日期的凶吉，并通过调整结婚时间以求得夫妻和睦。此外，在秦代夫妻间遇到问题，一般会有律令可依，照律办理即可，不会轻易选择离婚。睡虎地秦简《法律答问》简79："妻悍，夫毆治之，夬（决）其耳，若折支（肢）指、胅膇（体），问夫可（何）论？当耐。"⑨也就是说，对于"妻悍"、家庭暴力之类的夫妻问题，可以按律令根据暴力的强度进行制裁，这也反映了秦

---

① 睡虎地秦墓竹简整理小组：《睡虎地秦墓竹简》，文物出版社1990年版，第208页。
② 睡虎地秦墓竹简整理小组：《睡虎地秦墓竹简》，文物出版社1990年版，第208页。
③ 睡虎地秦墓竹简整理小组：《睡虎地秦墓竹简》，文物出版社1990年版，第208页。
④ 睡虎地秦墓竹简整理小组：《睡虎地秦墓竹简》，文物出版社1990年版，第208页。
⑤ 睡虎地秦墓竹简整理小组：《睡虎地秦墓竹简》，文物出版社1990年版，第208页。
⑥ 睡虎地秦墓竹简整理小组：《睡虎地秦墓竹简》，文物出版社1990年版，第209页。
⑦ 睡虎地秦墓竹简整理小组：《睡虎地秦墓竹简》，文物出版社1990年版，第209页。
⑧ 睡虎地秦墓竹简整理小组：《睡虎地秦墓竹简》，文物出版社1990年版，第209页。
⑨ 睡虎地秦墓竹简整理小组：《睡虎地秦墓竹简》，文物出版社1990年版，第112页。

代对离婚的审慎态度。张金光认为："秦人普遍的社会心态乃是追求建立一个夫妻恩爱、永恒巩固的家庭，而不是丈夫对妻子的统治，也容不得'以顺为正'的'妾妇之道'。"①因此，在离婚时提供正当的理由和结婚凭证就显得尤为重要了。

夫妻在离婚修改户籍时，首先要持有结婚凭证，这一点在岳麓秦简中有所反映：

"1099·十三年三月辛丑以来，取妇嫁女必参辨券，不券而讼，乃毋听，如廷律。前此令不券者，治之如内史 1087 律·谨布令，令黔首明智（知）。　·廷卒令"②

这则材料是说，结婚须有三辨券，以证明其夫妻关系的合法性，如果夫妻争讼，须持辨券，否则官府不受理，若在此令颁布之前结婚的，没有辨券，按照内史律处置。由此来看，夫妻如若有类似于离婚的争讼发生，需要向官府提供能证明其婚姻关系的辨券。江永注《周礼·地官·媒氏》时云："书之者，防其争讼也。"③即一旦夫妻双方产生纠纷，登记结婚的文书可以起到凭证作用，这一点与岳麓秦简的规定相一致。张金光认为"只有得到官府证许的婚姻才是合法的"，因此"便使婚姻更加规范化、严肃化，因而增加了离异的困难性，有利于个体小家庭的巩固"④。也就是说，以结婚凭证来证明婚姻的合法性，减少离婚的随意性，维护社会稳定。

此外，离婚修改户籍时需要提供正当理由。宋郑锷注《周礼·地官·媒氏》有云："民有夫妻反目，至于仳离，已判而去，书之于版，记其合理之由也。"⑤也就是说，若离婚，除了将离婚情况记录于"版"上之外，离婚的缘由也应于"版"上记录清楚。《周礼·天官·宫伯》记载："掌王宫之士庶子，凡在版者。"郑司农云："版，名籍也，以版为之。今时乡户籍谓之户版。"⑥可见，"版"即指户籍，离婚及其理由都应当在户籍上记录清楚。

随着户籍制度的完善，到唐宋之际，双方在离婚修改户籍时，要以书面的形式提供离婚理由，且有较为统一的行文方式。敦煌出土的"放妻书"，如今之离婚协议书，其中较为清楚地记录了离婚的理由。

① 张金光：《商鞅变法后秦的家庭制度》，《历史研究》1988 年第 6 期，第 89~90 页。
② 周海锋：《秦律令之流布及随葬律令性质问题》，《华东政法大学学报》2016 年第 4 期，第 48 页。
③ （清）孙诒让：《周礼正义》，中华书局 2013 年版，第 1038 页。
④ 张金光：《商鞅变法后秦的家庭制度》，《历史研究》1988 年第 6 期，第 90 页。
⑤ 转引自张艳云：《〈从敦煌放妻书〉看唐代婚姻中的和离制度》，《敦煌研究》1999 年第 2 期，第 72 页。
⑥ （清）孙诒让：《周礼正义》，中华书局 2013 年版，第 229 页。

放妻书一道。盖闻夫天妇地，结因于三世之中。男阴女阳，纳婚于六礼之下。理贵恩义深极，贪爱因浓。生前相守抱白头，死后便同于黄土。何期二情称怨，互角增多，无秦晋之同欢，有参辰之别恨，偿了赤索非系，树阴莫同。宿世怨家，今相遇会。○○○○○○只是妻□敲不肯聚遂，家资须却少多，家活渐渐存活不得。今观姻村巷等与妻阿孟对众平论，判分离别。遣夫主富盈讫，自后夫则任委贤央，同牢延不死之龙，妻则再嫁，良媒合委契长生□□虑却忘有搅扰，贤圣证之，但于万劫千生常处□□之趣，恐后无信，勒此文凭。昭迹示□用为验约。①

这则"放妻书"是讲，因为夫妻两人感情不和，妻子不能好好持家，使得家庭无法维持，所以要解除婚姻。杨际平认为，"'放妻书'实际上就是离婚书"②，"主要用途之一是用于户籍的除附"③。也就是说夫妻双方办理离婚时，应以此为凭证，阐明离婚理由。

由于乡是户籍管理的基层机构，所以为了使一乡之内离婚手续规范统一，唐宋之际就出现了以乡为单位的放妻书模板。

厶乡百姓某专用放妻书一道。

盖以伉俪情深，夫妇义重，幽怀合巹之欢，须同□牢之乐。夫妻相对，恰似鸳鸯双飞并膝。花颜共坐，两德之美，恩爱极重，二体一心，死同棺椁于坟下。三载结缘，则夫妇相和。三年有怨，则来作雠隟。今已不和，想是前世怨家。眅目生嫌，作为后代增嫉。缘业不遂，因此□□□□□□，聚会六亲，夫□妻□，具名书之，□归一别，相隔之后，更选重官双职之夫。弄影庭前，美逞琴瑟合韵之态。解□舍结，更莫相谈。三年衣粮，便□柔仪。伏愿娘子千秋万岁。时次某年厶月日。④

在该乡的放妻书模板中，"厶乡百姓某专用放妻书一道""夫□妻□""时次某年厶月日"需要根据不同夫妻的具体情况填写，其他内容照录模板即可。笔者推测，乡至少会保存放妻书的副本，作为户籍的附件，并以此作为户籍修改的依据。这也正是唐宋

① 唐耕耦、陆宏基编：《敦煌社会经济文献真迹释录》（第 2 辑），全国图书馆文献缩微复制中心 1990 年版，第196 页。
② 杨际平：《敦煌出土的放妻书琐议》，《厦门大学学报》（哲学社会科学版）1999 年第 4 期，第 35 页。
③ 杨际平：《敦煌出土的放妻书琐议》，《厦门大学学报》（哲学社会科学版）1999 年第 4 期，第 38 页。
④ 唐耕耦、陆宏基编：《敦煌社会经济文献真迹释录》（第 2 辑），全国图书馆文献缩微复制中心 1990 年版，第197 页。

之际户籍管理制度较秦汉时期发展的表现。

秦代离婚时户籍变更的法定程序很可能是官吏将户籍上妻子的姓名削除。里耶秦简户籍简当中，就出现了妻子的信息被从户籍上削除的情况。

（K2/23）

第一栏：南阳户人荆不更宋午

　　　　弟不更熊

　　　　弟不更卫

第二栏：熊妻曰□□

　　　　卫妻曰□

第三栏：子小上造传

　　　　子小上造逐

　　　　□子小上造□

　　　　熊子小上造□

第四栏：卫子小女子□

第五栏：臣曰襰①

图1　竹简实物图②

图 1 两支简，右边对应 K2/23 第二栏的第一行，左边对应的是 K2/23 第二栏的第二

① 湖南省文物考古研究所：《里耶发掘报告》，岳麓书社 2007 年版，第 205 页。
② 湖南省文物考古研究所：《里耶发掘报告》，岳麓书社 2007 年版，彩版 39。

行。对比上面两支简的图版，右边这支简中间的部分，也就是对应左边这支简有字的部分，有被刮削的痕迹。《里耶发掘报告》指出："第二栏第一行应是宋午妻名，原有文字删除。"①"可能是宋午妻子离去或者死亡，故不录入户籍。"②笔者认为，宋午的妻子可能因为夫妻离异而从户籍上削去的。陈绍辉认为："在西周，这种婚姻关系的终止（配偶一方死亡）并不认为是婚姻关系的绝对消灭，原来的夫与妻的名义在一定情况下还保留着。"③由此推测，里耶秦简户籍简上妻子信息一栏的刮削很可能是离婚所致。

在秦代，只有在官府登记离婚，且在户籍上做出修改之后，婚姻关系才算真正解除，其独立身份才能得到保障。《岳麓书院藏秦简》（三）"得之强与弃妻奸案"中，变是得之的弃妻，但得之以两者是夫妻关系为由，试图与变发生关系，变反抗，并控告得之的强奸行为，最终以变的胜诉告终。所谓"弃妻"，《岳麓书院藏秦简》（三）整理小组认为："弃妻，休妻。"④贾丽英认为："'弃'是经过官府认可的离婚关系。"⑤睡虎地秦简《法律答问》简169："弃妻不书，赀二甲。"⑥也就是说，"弃"所强调的是由法律解除了的婚姻关系。笔者认为，"弃妻不书"中的"书"，便是指向官吏申报，修改户籍信息，以正式解除婚姻关系。

然而，这种弃妻制度也存在一定的不对等性。睡虎地秦简《法律答问》简166："女子甲为人妻，去亡，得及自出，小未盈六尺，当论不当？已官，当论；未官，不当论。"⑦从这则材料中可以看出，在秦代，已婚女子不允许逃离婚姻。《史记·秦始皇本纪》也记载："有子而嫁，倍死不贞。"⑧《正义》曰："谓夫死有子，弃之而嫁。"⑨此材料反映了即使丈夫已经去世，但是在有子的情况下，女方也不能脱离家庭和已有的婚姻关系。栗劲认为这反映了秦律"有条件地规定了妻有从一而终的义务"⑩，"丈夫有片面的离婚权利，而妻子却不享有这种权利"⑪。也就是说，虽然秦

① 湖南省文物考古研究所：《里耶发掘报告》，岳麓书社2007年版，第205页。
② 湖南省文物考古研究所：《里耶发掘报告》，岳麓书社2007年版，第208页。
③ 陈绍辉：《楚国法律制度研究》，湖北教育出版社2012年版，第287页。
④ 朱汉民、陈松长主编：《岳麓书院藏秦简》（三），上海辞书出版社2013年版，第202页。
⑤ 贾丽英：《秦汉家庭法研究——以出土简牍为中心》，中国社会科学出版社2015年版，第46页。
⑥ 睡虎地秦墓竹简整理小组：《睡虎地秦墓竹简》，文物出版社1990年版，第93页。
⑦ 睡虎地秦墓竹简整理小组：《睡虎地秦墓竹简》，文物出版社1990年版，第132页。
⑧ （汉）司马迁：《史记》，中华书局1959年版，第262页。
⑨ （汉）司马迁：《史记》，中华书局1959年版，第263页。
⑩ 栗劲：《秦律通论》，山东人民出版社1985年版，第505页。
⑪ 栗劲：《秦律通论》，山东人民出版社1985年版，第506页。

不支持随意离婚、在离婚时需提供正当理由，但在离婚时更倾向于保障男方的权益。

四、家庭身份的变化在户籍上的体现

秦代户籍对家庭成员身份的记载是十分细致的，其身份细小的变化都会体现在户籍上。笔者认为，在《岳麓书院藏秦简》（三）"识劫婠案"中，从婠为沛生下子女起，婠的身份在户籍上就有所变化了。

从里耶秦简户籍简中可以看出普通奴隶与为主人产子奴隶身份的差别。

（K27）

第一栏：南阳户人荆不更蛮强

第二栏：妻曰嗛

第三栏：子小上造□

第四栏：子小女子驼

第五栏：臣曰聚

　　　　伍长①

（K30/45）

第一栏：南阳户人荆不更彭奄

　　　　弟不更说

第二栏：母曰错

　　　　妾曰□

第三栏：子小上造状②

（K4）

第一栏：南阳户人荆不更寏喜

　　　　子不更衍

第二栏：妻大女子媞

　　　　隶大女子华

---

① 湖南省文物考古研究所：《里耶发掘报告》，岳麓书社 2007 年版，第 203 页。
② 湖南省文物考古研究所：《里耶发掘报告》，岳麓书社 2007 年版，第 205 页。

第三栏：子小上造章

　　　　子小上造

第四栏：子小女子赵

　　　　子小女子见①

　　对比以上三组材料可以发现，普通的奴隶，通常写在户籍第五栏，如 K27"臣曰聚"，而在 K4 这组材料中，身为奴隶的大女子华却在第二栏，位于户主妻子之后。通过分析里耶秦简户籍简的特点，可知户籍第二栏中所写应为户主的母亲、妻、妾。在 K4 这组材料中，身为奴隶的大女子华在第二栏，故推测其身份应当为户主的母亲、妻或妾中的一种。但是从这些户籍简中发现，如果其身份为母亲、妻、妾，在其姓名前，会冠以"母""妻""妾"的称谓，由此可知隶大女子华的身份并不是以上三者。此外，从 K30/45 这组材料中还可以发现，妾所生的儿子，在户籍上也写作"子小上造……"，与户主妻所生子女的表述一致。也就是说，无论其母身份有何差别，户主子女在户籍中的表述方式是一样的。所以，K4 这组材料所列子女中，很有可能有大女子华所生，隶大女子华在户籍上的位置由奴隶一栏移到第二栏，很有可能与其为户主生下子女有关。陈絜认为婚姻或生育等方面的因素，会使得"妾"（包括"隶"）的身份地位明显提高②。笔者认为，大女子华与户主妻写在一栏，其地位的提高可能正与婚姻因素有关，但户籍中她的身份仍然是隶，并没有指明是"妻""妾"或者"下妻"之类，这很可能是因为她为主人产下子女，但并没有与户主结婚。

　　基于以上分析，笔者推测，在"识劫娩案"中，娩在为沛生下子女后，其身份在户籍上会有所提升，但由于沛并没有与娩建立婚姻关系，因此娩的地位很可能与里耶秦简户籍简 K4 这组材料中大女子华的地位相仿，写在户籍第二栏。又因为沛免除娩奴隶身份为庶人，所以娩在户籍上很可能登记为"免妾大女子娩"。

（张韶光，吉林大学古籍研究所，shaoguangpassion@163.com）

---

① 湖南省文物考古研究所：《里耶发掘报告》，岳麓书社 2007 年版，第 205 页。
② 陈絜：《里耶"户籍简"与战国末期的基层社会》，《历史研究》2009 年第 5 期，第 36 页。

浅谈元代白话碑中的帝王名异译

敖玲玲

提　要： 元代白话碑人名译名很不统一，就连皇帝名字和称号的翻译，也很紊乱，并无定名。整理元碑中同名异译的帝王名，分析这些同名异译产生的原因，以期为音韵学、民族翻译学、历史学等学科的研究提供重要参考。

关键词： 元代白话碑；帝王名；异译

元代白话碑文是元代镌刻在碑石上的白话文牍，是从事文史研究最可靠的原始材料。元代白话碑多为元代统治者颁发给寺院、道观、庙学的各类旨书，圣旨依次称引自成吉思汗至前任皇帝的称号，内容涉及元代政治、宗教、社会生活等方面，具有很高的历史学、宗教学等研究价值。而帝王的称号都很不统一，出现了很多同名异译词。分析这些同名异译词产生的原因，对于研究音韵学、历史学、民族翻译学都有重要的意义和价值。

一、帝王名异译

（一）元太宗

（1）ögedei、ögetei、ögödei、ogödäi，元白话碑中同名异译为"窝阔台""月古歹""月古台""月古觪""月可台""月可觪""月哥台""月哥台""月阔歹""月阔台"。"觪"音义与"歹"同，汉字"歹"为后起字，宋代之前写作

"觲"。①"窝阔台"，元太宗英文皇帝的蒙语称号，有"第一勇士"之义。元典籍中又译有"兀窟""鄂格德依""格克地""斡歌歹""斡阔歹""斡哥歹"等。成吉思汗第三子，母光献皇后，弘吉剌氏。1233 年至 1240 年，多次举兵最终统一北方，并占领了欧洲部分地区。亦称为哈罕皇帝。

（2）元白话碑中译有"哈罕""合罕""匣罕"，皆为 Qa'an 的同名异译词，"哈""合""匣"古音同。Qa'an"哈罕"原为突厥语及蒙古语"皇帝"的通称。《元朝秘史》中汉译为"合罕"，成吉思汗及其继承者均有此尊称。但因窝阔台在蒙古历史上首次正式称"哈罕"，故元代诏令、公文用"哈罕"一词专指太宗窝阔台②。元代碑刻中习惯上加"皇帝"二字，通常译写为"哈罕皇帝"。志费尼《世界征服者史》单独使用它时，是特指窝阔台。这必定是窝阔台死后在社会上流行的称呼，因为我国的历史文献中有许多例证。

（二）元定宗

元定宗孛儿只斤贵由皇帝（1206—1248 年），蒙语名贵由，太宗长子，母昭慈皇后，乃马真氏。谥号简平皇帝。

Guyuk（Güyük），《元史》作"贵由"，《元朝秘史》为"古余克"，清译本《蒙古源流》为"库克"，《蒙古源流笺证》："阁本亦作库玉克，又作库裕克。" 1247 年鄠县草堂寺阔端太子令旨碑写作"谷与"。"贵由"与"谷与"的差异是"古余克""库玉克""库裕克"前两个字音的改译，"库克"则是首末二字音的缩略。

（三）元成宗

元白话碑写作"完者都""完泽笃""完泽秃""完者笃""完者秃"，皆为öldjäitu、öldjeitu 同名异译，为元成宗铁穆耳的蒙语称号。"笃""都""秃"古音同。《元史》译作"完泽笃"，《南村辍耕录》作"完者笃"。为世祖之孙，裕宗真金第三子，母徽仁裕圣皇后，弘吉列氏。其先以"完者"为名，有"幸福"之义。真金死后，又有"完泽笃"之衔，意为"幸福""快乐"。谥号钦明广孝皇帝。

① 孙伯君：《金代女真语》，辽宁民族出版社 2004 年版，第 45 页。
② 蔡美彪：《元代白话碑集录》，科学出版社 1955 年版，第 24 页。

（四）元仁宗

仁宗爱育黎拔力八达蒙语称号在元白话碑中作"普颜都""普颜笃"。普颜都，含有"有德"之义。元仁宗（1285—1320 年），武宗弟，父答剌麻八剌，母兴圣皇太后，弘吉剌氏。谥号圣文钦孝皇帝。

（五）元英宗

元白话碑有"格坚""杰坚""絜坚""洁坚""毗坚"等译法，皆为元英宗蒙语称号同名异译，意为"光明"。元典籍又作"革坚""皆坚"。《南村辍耕录》又作"华坚"。英宗硕德八剌，仁宗长子，母庄懿慈圣皇后，宏吉剌氏。谥曰睿圣文孝皇帝。

（六）元明宗

元白话碑译法有"护都笃""忽都笃""护笃图"等。元明宗和世剌的蒙语称号，"忽都笃"，意为"吉庆"。元明宗为曲律可汗海山长子，在位八个月，寿三十。谥号翼献景孝皇帝。

（七）元宁宗

元白话碑译为"辇真班""亦辇真班""亦懔真班"等，元代典籍中又有"懿璘质班""懿璘只班""懿玲质班""懿璘真班""懿麟质班""懿瞵质班""亦怜真班"等译法，皆为同名异译词。

元宁宗（1326—1332 年），元明宗次子，母乃蛮真氏。"懿璘质班"是其藏语名，意为"宝祥"。蒙语名为额尔德尼朝格图。谥号冲圣嗣孝皇帝，尊号为"宜林奇葆"。

二、同名异译的成因分析

（一）诏敕制度

蒙古初无文字，《蒙鞑备录·国号年号》："今鞑之始起，并无文书。凡发命令、遣使往来，止是刻指以记之。"创立初也无诏敕，"其官称……随所自欲而盗其名，初无宣麻制诰之事"。世祖以后,创制了用以"译写一切文字"的八思巴字,先后设立负责起草诏敕的机构翰林国史院和蒙古翰林院,元朝的诏敕制度渐趋成熟。

尽管如此,元白话碑的体例也不统一,圣旨依次称引自成吉思汗至前任皇帝。一般的形式是"成吉思皇帝、某某皇帝……某某皇帝圣旨里"。两个诏敕机构对于历代的"某某"皇帝的称谓没有作具体的规定,有的碑称其蒙古语称号或藏语名,有的碑称其庙号,并且连皇帝的蒙古语称号汉字译写也没有较严格的统一和规范。这种不严格、不完善的诏敕制度是元白话碑帝名异译的原因之一。

（二）翻译问题

元代是我国各民族间翻译活动最活跃的时期,又是蒙汉翻译活动的开创时期。元代蒙汉翻译在我国翻译史上占有重要地位。元代为了国家的治理、民族关系的融合、政策法令的颁布和推行,以及为了战争和外交的需要,设置并健全专门的翻译机构,培养大量的翻译人才。虽此,然受元代时期蒙汉历史及文化的局限性,对于蒙语与汉语的翻译方法及原则没有进行统一的规范和要求,加之缺乏对蒙汉两种语言特点的了解,缺乏精通蒙汉两种语言文字的翻译人才,因此在音译蒙古语时出现较多的同名异译现象。

我们参照周有光先生的观点[①],亦可将蒙古语音译为汉语的过程大致分为两个阶段,这也是同名异译词产生的主要原因。第一阶段是同音异转,即音节转换,主要是对蒙古语语音音节及音调的分析和选择的不同。对于同一蒙古语音,不同的译者可能会划分或转写出不同的音节,不同的声调,这是同名异译出现的首要原因。第二阶段是同音异写,即翻译选定译写的汉字,同一个语音,同一个音节,不同的译者受不同的审美文化等原因,采取和选择的译写文字亦不同。

1. 语音问题

（1）音调问题。

蒙古语属阿尔泰语系蒙古语族,属于表音文字。蒙古语较汉语,最大特点是蒙古语没有音调。用汉字书写蒙古语词,汉语借字表音,不表示汉字的实际内容,只起音符的作用,选用哪一音调的汉字并不影响对蒙古语词的音译效果。如"普颜都"与"普颜

---

① 周有光:《规范音译用字刍议》,载《中国语文现代化学会 2003 年年度会议论文集》,语文出版社 2003 年版,第75~77 页。

笃"中的"都""笃"音调不同，这里文字本身没有意义，都可以作为记录蒙古语"tu"这个音素的符号。如蒙语"qorci"表示弓箭手，汉语音译"火里赤""火鲁赤""货鲁赤"等，蒙语中的"qulagay"表示贼，汉语音译为"虎喇孩""忽喇海""忽剌孩"等。由此我们可以看出音译蒙语时汉语的音调问题是可以忽略的，这也是产生同名异译的一个原因。

（2）音节问题。

蒙汉两种语言属于不同的语系，这两种语言在语音系统及发音方面也有很大的差别。蒙古语有 o、u、ö、ü 四个元音，汉字音译蒙古语时，通常用"斡""窝""讹""兀""乌""吾"字标音。"ordo"意为"行宫"或"行帐"，音译为"斡里朵""窝鲁朵""讹里朵""兀鲁朵""窝里朵""斡耳朵"等。同时，对于一些蒙语词，往往是根据译者所耳闻到的发音和理解，对蒙古语音进行主观性的粗略译写。如蒙语"baqsi"意为"师父"或"博士"。元代典籍有多种译法，有的译者侧重听到前后音，在翻译过程中略去了中间的 q 音，将其译为两个音节"把式""把势""把失""八石"，有的译者则将 q 音译出，译写为"巴黑石""把黑失""八合失""八哈失""巴克西"等。

使汉语音译词具有与蒙语词完全一致的发音是很难做到的，译者只能尽力使音译词与原音更加相似。因此，同一个蒙古语词，出自不同译者之手，采用的翻译方法不同，会出现许多不同汉字的音译。

2. 翻译用字问题

翻译不仅是一种语言与另一种语言的转换，它亦是一种文化内涵与审美心理的转换。

汉字以表意性为核心特征，表音性差，并且具有多音字、同音字众多的特点。一个蒙古语音一般都有多个相同或相近的汉字对译，最终选定某字而排除其余同音或相近的字去对译，与译者的审美心理以及汉民族悠久的历史文化积淀是密不可分的。元代蒙汉翻译的主体不仅有蒙古人，而且还有汉人和其他民族出身的译员。"从整个元代 90 多年的历史进程看，蒙汉翻译经历了以蒙古人为主，汉人参与，蒙古译员和汉族译员各有侧重的发展轨迹。元代译史和通事大多以蒙古人为主体，汉文典籍的蒙古翻译则以汉人为主，蒙古人参与，国史的编译则是由汉族文人和蒙古族译员分工合作的形式完成，即国史的编写主要由汉族文人承担，编写后的蒙译工作由蒙古族译员来完成。国史编写的组织者或主编都由蒙古人负责，而具体操作者大多是汉族文人"①。蒙古译员和汉族译员由于文化角度和审美心理不尽相同，选择音译的文字亦不同，如元仁宗的蒙语称号"普颜都""普颜笃"，有的译者喜欢表示忠实、厚实之义的"笃"字，有的则倾向于含美好之义的"都"字。译者在音译过程中把汉字所蕴含的文化内涵考虑在内，译写时译者的用字原则会有多种，如求众原则、求简原则、求雅原则等，采用哪个汉字对其译名有着重要的影响，一个好的音译名称可以使人们产生丰富的联想进而揭示事物的本质及内涵。

"音译词中总有意译的成分，不过这个意译并非语言学上与音译成对儿存在的那个意译，而是指音译时都要把文化因素考虑在内。这个意义非原词固有，而是译成另一语言时附加上去的"②。不同译者或记录者，译写过程中个人独特的审美倾向和文化视觉影响着选字原则，这也是产生同名异译词的原因之一。

（三）避讳问题

避讳起于周代，兴盛于唐宋，缓松于元，又严于明清，废于民国。波斯史学家志费尼《世界征服者史》云："春夏两季人们不可以白昼入水，或者在河流中洗手，或者用金银器皿汲水，也不得在原野上晒洗过的衣服；他们相信，这些动作增加雷鸣和闪电。"③这是早期蒙古人的禁忌习俗。正如"避讳之繁，至宋金而极，至元则反之"④。元代蒙古人对于名字似乎并不避讳，这种现象不仅见于元朝史籍，亦于元代碑刻中都通常称引历代皇帝的名字来宣谕旨令。我们可知蒙古人是不知名讳的。后来受到中原文化的影响，才渐渐有了避讳之习。虽然元朝存在着避讳的制度，但实际上未能严格地实行，加上汉语同蒙古语的差异，故元代史料中很难见到避讳用例。明朝郎瑛言："元主质而无文，讳多不忌，故君臣同名者众。后虽有讳法之禁，不过临文缺点画……岂如宋室一字而有数十字之避！"⑤

陈垣《史讳举例》："元初诸帝不习汉文，安知有忌讳！"又"元帝名皆译音，又

① 唐吉思：《元代蒙汉翻译及其特点简论》，《西北民族大学学报》2009 年第 4 期，第 150~156 页。
② 王雷：《音译与文化》，《时代文学》（下半月）2008 年第 1 期，第 42 页。
③ 〔伊朗〕志费尼：《世界征服者史》（上册），内蒙古人民出版社 1980 年版，第 241 页。
④ 陈垣：《史讳举例》，中华书局 2016 年版，第 219 页。
⑤ （明）郎瑛：《七修类稿》卷二十六，中华书局 1959 年版，第 399 页。

不如辽金诸帝之兼有汉名，故元世文书上避讳之例甚少也。"[①]元朝皇帝都只有蒙古名而无汉名，这些汉字只是起到表音的作用，并不能看作皇帝的正式御名。所以蒙古名虽用汉字译写，但仍不能统一。

（敖玲玲，西南大学汉语言文献研究所，584581162@qq.com）

---

① 陈垣：《史讳举例》，中华书局 2016 年版，第 221 页。

读成都新出汉代《李君碑》札记[*]

金东雪

提　要：汉代《李君碑》铭文字数较多，关涉名物典故较繁，释字通义是研究碑刻的基础。我们在前人研究基础上，通过字形分析、对读传世文献，改释"数"为"敷"，"欣"为"攸"，"发愤"为"发傸"，对"协""褒圣""说"等字进行补释。

关键词：汉碑；《李君碑》；释字

　　2010 年 11 月成都广府东御街出土两通东汉功德碑《李君碑》《裴君碑》。碑铭是考察汉代蜀地天文历法、历史地理、教育文化、官职制度等问题的重要出土文献。成都文物考古研究所在《成都天府广场东御街汉代石碑发掘简报》[①]中对释文进行隶定，疏通大意。先后有冯广宏[②]、罗开玉[③]、宋治民[④]、何崝[⑤]、张勋燎[⑥]、赵超[⑦]、赵久湘、董宪臣[⑧]、毛远明、杨宁[⑨]、章红梅[⑩]、张海燕[⑪]等多位学者对两碑进一步展开讨论，成

---

* 本文是国家社科基金重大项目"出土两汉器物铭文整理与研究"（批准号：16ZDA201）成果之一。

① 成都文物考古研究所：《成都天府广场东御街汉代石碑发掘简报》，《南方民族考古》（第 8 辑），科学出版社 2012 年版。下文简称《简报》。
② 冯广宏：《天府广场出土汉碑略考》，《南方民族考古》（第 8 辑），科学出版社 2012 年版，第 9~21 页。
③ 罗开玉：《〈李君碑〉、〈裴君碑〉初探》，《南方民族考古》（第 8 辑），科学出版社 2012 年版，第 22~32 页。
④ 宋治民：《成都天府广场出土汉碑的初步研究》，《南方民族考古》（第 8 辑），科学出版社 2012 年版，第 46~76 页。
⑤ 何崝：《成都天府广场出土二汉碑考释》，《南方民族考古》（第 8 辑），科学出版社 2012 年版，第 77~106 页。
⑥ 张勋燎：《成都东御街出土汉碑为汉代文翁石室学堂遗存考——从文翁石室、周公礼殿到锦江书院发展石简论》，《南方民族考古》（第 8 辑），科学出版社 2012 年版，第 107~172 页。
⑦ 赵超、赵久湘：《成都新出汉碑两种释读》，《文物》2012 年第 9 期，第 62~89 页。另：正文引用文章时，如有两位作者，为了行文不引起误解，我们只以第一作者代之。
⑧ 董宪臣、毛远明：《成都新出汉碑两种字词考释——与赵超、赵九湘两位先生商榷》，《学行堂语言文学论丛》（第 4 辑），四川大学出版社 2013 年版，第 178~188 页。
⑨ 杨宁：《近五年（2008~2012）新见汉魏六朝石刻搜集与整理》，西南大学硕士学位论文 2014 年。
⑩ 章红梅：《〈文物〉近年所刊两通石刻释文校补》，《古籍整理研究学刊》2014 年第 5 期，第 26~30 页。
⑪ 张海燕、毛远明：《碑刻文献正读例释》，《文献》2015 年第 4 期，第 48~61 页。

果显著。《李君碑》铭文 800 余字，碑铭存在个别泐损，用典颇多，我们在前人研究的基础上，分析字形、对读传世文献发现尚存讨论空间。

一、协元定纪，扫除奸匿。二九承期，仁佐并毓

"元"，宋治民认为"元"，始也，引例证《汉书·哀帝纪》："夫基事之元命，必与天下子新，其大赦天下。"何崝解释"元"为"善"，"纪"为"法度，准则"，引例证《尚书·舜典》"柔远能迩，惇德允元"；《礼记·礼运》"礼义以为纪"。赵超注释"协"为"和睦"，引例证《尚书·汤誓》"有众率怠弗协"。

按："协元定纪"应指协定元纪之意。《周易参同契》："循斗而招摇兮，执衡定元纪。"

"并"后一字，《简报》认为是"繁"。赵超释为"毓"，同"育"，引例证《周礼·地官·大司徒》："以毓草木。"

按：" "左旁非"攵"，释"繁"不妥。应为"毓"，与《巴郡太守都亭侯张纳功德叙》①中" "字形近。

二、开阶褒圣，招致九德。汶山会昌，皇以建福

"褒圣"，宋治民认为："褒者，表扬也、进也。"何崝引《汉书·平帝纪》"元始元年……追谥孔子曰褒成宣尼公"，指出"褒圣"为孔子。罗开玉认为"'褒成'与'褒圣'有别，孔子第三十三代孙孔德伦，于唐高祖武德九年被封褒圣侯。以后或有以孔子为'褒圣'之说。唐以前的古籍中，不见'褒圣'的提法。'褒圣'可解为遵循、发扬圣人之道。"

按：汉代只有褒成、褒亭之说，"褒圣"唐代才有。此"褒圣"，不应特指孔子或孔子后人。"圣"，指圣人。《裴君碑》"臣有褒君，奚斯作庙。金论元功，铭纪绩号"②，赵超引注"奚斯"典出《诗经·鲁颂》："新庙奕奕，奚斯所作。"疑"褒

① 于淼：《汉隶异体字表》，吉林大学博士学位论文 2015 年，第 664 页。
② 赵超、赵久湘：《成都新出汉碑两种释读》，《文物》2012 年第 9 期，第 69 页。

君"与"褒圣"不同义。

三、君乃发愤，撰其韵文。王史张韩，知嵤眇然

"发"后一字""，《简报》释为"傧"。何崝认为"'傧'，迎接宾客的接待人员"。罗开玉指出"'发傧'，聘请宾客"。赵超引《礼记·礼运》"山川所以傧鬼神也"，注释"'傧'，有敬意"。董宪臣、章红梅等释为"愤"，指决心奋力作某事，为常语。董宪臣引例证东汉《成都永寿元年画像石阙铭》"发愤修立，以显光荣"。章红梅引例证《史记·孔子世家》"发愤忘食，乐以忘忧"，进一步明确"碑文是说李君发愤著述"。

按：""，左旁为"亻"，非"忄"旁，虽"发愤"词例常见，但字形不符。如释"债"（愤），"债""愤"字义差异较大，文献不见两字通假词例。另：该字形右旁不从"贲"，《郃阳令曹全碑》[1]之""；"愤"，《淳于长夏承碑》之""（《汉碑》第 1292 页），《成都永寿元年画像石阙铭》"斯志颠仆，心怀不宁，发愤脩立，以显光荣"之""（《汉碑》第 761 页），均与此行不同。重审原拓，字形应从亻从宾，应释"傧"（宾），与《安平相孙根碑》[2]""、《西狭颂》"威恩并隆，远人宾服"之""（《汉碑》第 1327 页）相近。

四、演述三传，各数万言。抽擢腴要，采掇异文

"各"后一字""，简报释"数"。诸家从之。

按：与"数"字形不符。"数"字左下部为"女"形。如《石门颂》""字（《汉碑》第 571 页）、《白石神君碑》""字（《汉碑》第 1721 页）。""左下不从女形，为"方"字变体，应释为"敷"。与《北海相景君碑》""形近。《尚书·洪范》："皇，极之敷言，是彝是训，于帝其训，凡厥庶民，极之敷言，是训

① 徐玉立：《汉碑全集》（五），河南美术出版社 2006 年版，第 1772 页。下文再引此书中碑刻例，用《汉碑》简称及页码。
② 于淼：《汉隶异体字表》，吉林大学博士学位论文 2015 年，第 349 页。

是行，以近天子之光。"①

五、恩教品式，非下所闻。兼听素书，沉思于神

首字"█"，简报释为"思"。董宪臣、章红梅等释"恩"，是"恩"异体字。两位学者均引例证"东汉《孟琁残碑》：'下怀抱之恩'"；"《论衡·率性》：'三苗之民，或贤或不肖，尧舜齐之，恩教加也'。"

按：应释"思"。《郃阳令曹全碑》中有"恩"（恩），但与"█"不同，"█"与同碑"沉思于神"之"█"同形。

六、倚席旋意，钻仰孔明。潜者得达，萌牙振鳞

"孔"后一字"█"，简报释为"明"。宋治民进一步解释"孔明"之意，引《诗经·小雅·楚茨》"'祝祭于祊，祀事孔明'。毛传：'祊门内也'，笺云'孔'甚也，明犹备也"。赵超同样注解"孔"为"甚也"。何崝、董宪臣等此字释"门"，董宪臣认为此碑"折节衡门"之"█"与其形同，董宪臣指出"'孔'注解为'甚'，大误"。

按："明"字不见此形异体，从字形字义均释为"门"。

七、犹春生芳，莫不说欣。骖名前列，逸驱良韩

"说"后一字"█"，《简报》释"敹"，未作详解。何崝指出："敹同颁，赏赐。此二句言李君之德政，犹如春天使众芳生长，没有谁因李君的恩赐而不喜悦。"宋治民持此观点，引例证《说文·攴部》"敹，分也"；《尚书·洛诰》"乃惟孺子，颁朕不暇"。赵超则认为："末一字左上笔残损，疑或为'欣'字，与'鳞'合韵。"以上诸家均认为"说"为"悦"。

按："█"字左上一笔非残损，实为勒痕。此句"█"字，也有与之平行勒

---

① （汉）孔安国传，（唐）孔颖达疏：《尚书正义》，北京大学出版社 1999 年版，第 312 页。

痕。""字释"欣"，不确。此字与"欣"字形差异甚远。欣，《白石神君碑》为"欣"（《汉碑》第 1722 页）、《孔耽神祠碑》为"欣"（《汉碑》第 389 页）。当改释为"攸"，与《石门颂》"攸"（《汉碑》第 571 页）、《沛相杨统碑》"攸"（《汉碑》第 1155 页）形近。"说"不同"悦"。《尚书·商书·说命》："事不师古，以克永世，匪说攸闻。"孔颖达疏："事不法古训而能长世，非说所闻。言无是道。"①

释字通义是研究碑刻的基础。《李君碑》因字形泐损、用典繁复等问题，碑铭尚需进一步考证研究，从而为考察汉代天文历法、历史地理、教育文化、官职制度等提供一点参考。

（金东雪，吉林大学文学院，1104661326@qq.com）

---

① （汉）孔安国传，（唐）孔颖达疏：《尚书正义》，北京大学出版社 1999 年版，第 312 页。

《全隋文补遗》年龄义词语研究

钟　珏

提　要：《全隋文补遗》收录的碑志材料数量众多、内容丰富、真实性强，是研究隋代政治、经济、历史、文化、军事、语言文字等方面的第一手材料。其中有较多年龄义词语，从一个方面反映了隋代及中古汉语词汇面貌，具有重要研究价值。具体分析这些词语的语义与结构特征，既能为汉语词汇史研究提供参考材料，又能为解读碑志等其他文献材料提供帮助和支撑。

关键词：全隋文补遗；年龄义词语；特征

墓志文一般具有特定模式，如序文内容多介绍世系、经历、年寿、卒葬时地等，铭文多为四言、六言韵语。撰文者常选用意义相同或相近的词语表情达意，既避免了表述重复，又反映了一定时期语言词汇使用和变化的特点和规律，年龄义词语就是其中的典型代表。年龄义词语可以表示具体的年龄，也可表示相对模糊的人生阶段。本文以《全隋文补遗》年龄义词语为考查对象，结合词汇学相关知识描述其语义特征与结构特征，以期为隋代及中古汉语词汇研究提供参考，为汉语词汇史研究提供这一阶段的实证材料。下文所涉词语按音序排列，以便检索。

一、年龄义词语的语义特征①

范畴化是人类对万事万物进行分类的一种高级认知活动，在此基础上人类才具备了

---

① 因文章篇幅与结构原因，语义特征处的年龄义词语暂不提供志文用例。

形成概念的能力。蒋绍愚先生比较成功地运用特里尔的"概念场"理论来研究汉语词汇语义系统，他把总概念场下的各个层级称为"概念域"，每一个概念域都存在一个由各种维度交叉构成的多维网络①。本文将年龄段大致分为未成年阶段、成年阶段、青壮年阶段以及老年阶段，对应年龄词语中的未成年同义词语、成年同义词语、青壮年同义词语以及老年同义词语，覆盖在同一个概念域的年龄义词语不同，且各个词语的使用频率不同。

（一）未成年同义词语

（1）未满周岁：襁褓（1）②。

（2）幼年、童年：龀齿（1）、冲幼（1）、丱髪（1）、鸠车（1）、妙年（2）、岐嶷（3）③、弱龄（6）、弱年（3）、弱岁（3）、少岁（1）、提孩（1）、龆龀（4）、髫龀（2）、髫髪（1）、髫丱（1）、髫龄（1）、髫年（3）、髫岁（1）、龆年（1）、龆岁（1）、童年（4）、童丱（1）、童稚（1）、童子（1）、觹年（1）、觹佩（1）、学岁（1）、幼齿（1）、幼年（1）、幼学（1）、稚齿（4）、稚龄（1）、稚岁（1）、竹马（2）、总角（1）。

（3）少年：成童（1）、珮韘（1）、佩韘（1）、绮日（1）、绮岁（2）、青襟（1）、胜衣（1）、纨绮（1）、未笄（1）、舞象（1）、志学（2）。

上面三组未成年同义年龄词语具有以下不同之处：

（1）词语来源不同。

有的词语来源于借代，如"龀齿"是以儿童换牙的特征代指童年。有的词语来源于用典，如"岐嶷"典出《诗·大雅·生民》："诞实匍匐，克岐克嶷。"毛传："岐，知意也；嶷，识也。"郑玄笺："能匍匐则岐岐然意有所知也，其貌嶷嶷然有所识别也。以此至于能就众人之口自食，谓六七岁时。"④用"岐""嶷"等特征比喻幼年。有的词语来源于比喻，如"纨绮"一词，《说文》："绮，文缯也。"《说文》："纨，素也。"二者本指精美的丝织品，常作少年弟子的华美服饰，又喻指少年。

---

① 李运富：《论汉语词汇意义系统的分析与描写》，《民俗典籍文字研究》2011 年第 8 期，第 209 页。
② 括号里的"1"，表示该词在《全隋文补遗》中使用的频率，下同。
③ 此处"岐嶷"的使用频率仅限年龄义。
④ 周振甫：《诗经译注》，中华书局 2002 年版，第 424 页。

同一个词也可有不同来源，如"竹马"可源于用典，典出《后汉书·郭伋传》："始至行部，到西河美稷，有童儿数百，各骑竹马，道次迎拜。"①亦可源于借代，用儿童游戏时当马骑的竹竿代指幼年。

有的词语词义产生方式相同，但其所指却差异很大。如"总角"和"舞象"都源于借代，前者表示幼年，后者却表示少年。

（2）词语结构形式不同。

首先表现在用典词语很难分析其内部的结构形式，因为它们大都直接截取于句子，语素之间不存在直接的意义联系。有些用典词语即使能分析结构形式，也需要联系其来源进行考察。

其次能够分析结构形式的未成年同义年龄词语，其结构形式主要分为偏正式、联合式、动宾式。偏正式如"妙年、弱龄、少岁、青襟"等，联合式如"襁褓、龆龀、髫龀、纨绮"等，动宾式如"胜衣、舞象、志学"等。

（3）语体风格不同。

上述未成年同义年龄词语有的适用于口语，有的适用于书面语。前者如"弱年、少岁、提孩、童年、幼年"等，后者多使用借代、用典、比喻的等修辞方式，如"鸠车、岐嶷、觿佩、竹马、总角、舞象"等。

（4）语用效果不同。

词义一般分为理性义和色彩义。理性义概括词所标示事物现象的基本特征，为基本义；后者在前者基础上进行烘托渲染，为附属义。上述未成年同义词语中，由语素"少、幼、童"等组成的复音词只有表示未成年的理性义，没有色彩义。而源于借代、用典、比喻的未成年同义词语，用牙齿的更换、体力的弱小、服饰的华美、头发的样式等表示未成年义，在一定程度上流露出喜爱、赞美的意味，比由语素"少、幼、童"等组成的复音词表现得更加形象生动、含蓄典雅。如"总角"一词，语出《诗·齐风·甫田》："婉兮娈兮，总角丱兮。"郑玄笺："总角，聚两髦也。"孔颖达疏："总角聚两髦，言总聚其髦以为两角也。"②以古时未成年男女的发式代指童年，"总角"一词能引起人们的形貌联想，流露出使用者对童年的喜爱与赞美。

① （南朝宋）范晔撰，（唐）李贤等注：《后汉书》，中华书局1965年版，第1093页。
② 周振甫：《诗经译注》，中华书局2002年版，第141页。

（二）成年同义词语

（1）表女子成年：笄卝（1）、既笄（1）、笄年（1）、笄日（1）、弱笄（1）、始笄（1）、著笄（1）。

（2）表男子成年：冠岁（1）、弱冠（23）。

（3）表成年：成立（1）。

以上三组词的相同之处在于都表示成年义，且界限模糊，没有特指成年中的具体年龄。不同之处主要表现在以下几个方面：

（1）词语来源不同。

前两组词语来源于古代典籍对女子、男子成年礼俗的相关记载。《礼记·冠义》："凡人所以为人者，礼义也。……故冠而后服备，服备而后容体正，颜色齐，辞令顺。故曰：'冠者，礼之始也。'是故古者圣王重冠。"《礼记·内则》："十有五而笄，二十而嫁，有故二十三而嫁。"第三组的"成立"即成人自立，表意直接。

（2）词语结构形式不同。

上述三组词语的结构形式主要分为偏正式、联合式、动宾式。偏正式如"既笄、笄年、笄日、始笄、冠岁"等，联合式有"成立"，动宾式有"著笄"。

（3）语体风格不同。

前两组词语以古代女子、男子成年的礼俗表示成年义，包含汉民族的文化特色，风格含蓄典雅，适用于书面语。第三组词语表意直接明了，既可用于书面语，也能用于口语。

（4）适用性别不同。

第一组词语是由语素"笄"构成的复合词，"笄"特指古代女子十五岁可以盘发插笄的年龄，即成年。因此第一组词语适用于女性。第二组词语是由语素"冠"构成的复合词，"冠"指古代男子成年时举行的加冠礼，一般在二十岁。因此第二组词语适用于男性。第三组词语既可适用于女子，又可适用于男子。

（三）青壮年同义词语。

（1）桃李（5）。

（2）强年（1）、强仕（2）、壮年（1）。

（3）华年（2）、盛年（3）。

以上三组词的相同之处在于都表示青壮年义，且界限模糊，没有特指青壮年中的具体年龄。不同之处主要表现在以下几个方面：

（1）词语来源不同。

第一组和第三组都来源于比喻，以花草树木的繁盛比喻人的青壮年。第二组词语来源于用典，"强仕""壮年"均出自《礼记·曲礼上》，"强年"亦可看作"强仕"的变体，以语素"强""壮"直接表示青壮年。

（2）词语结构形式不同。

上述三组词语的结构形式主要分为偏正式、联合式、偏正式。偏正式如"强年、壮年、华年、盛年"等；联合式有"桃李"；偏正式有"强仕"，《礼记·曲礼上》："四十曰'强'，而仕。"①

（3）语体风格不同。

"强仕""华年"一般用于书面语，"强年""壮年""盛年"更偏向于口语，"桃李"则是书面语与口语兼用，日常使用如"桃李遍天下"。

（4）适用性别不同。

第一组的"桃李"一般适用于女性，用桃李的繁盛喻指女子的青春年少。《诗·周南·桃夭》："桃之夭夭，灼灼其华。"毛传："兴也。桃有华之盛者。夭夭，其室壮也。灼灼，华之盛也。"笺云："兴者，喻时妇人皆得以年盛时行也。"②第二组词语一般适用于男性，无论"'壮'有室"，还是"'强'而仕"，均站在男子的角度，"强年"表意与此略同。第三组词语既适用于女性，亦适用于男性。

（四）老年同义词语

（1）白首（1）、暮齿（4）、年暮（1）、桑榆（2）、遐年（2）。

（2）期颐（3）、上寿（1）。

以上两组词都含蓄委婉地表示老年义，但界限并不模糊。虽然第一组词泛指老年，第二组词特指老年中的具体年龄，但在实际运用过程中，特指往往转化为泛指，如"期

---

① 李学勤主编：《十三经注疏·礼记正义》，北京大学出版社 1999 年版，第 19 页。
② 周振甫：《诗经译注》，中华书局 2002 年版，第 9 页。

颐"刚开始特指百岁，但在使用过程中也可理解为人年老、长寿。不同之处主要表现在以下两几个方面：

（1）词语来源不同。

第一组词中的"白首"源于借代，用白发的特征代指老年；"暮齿、年暮、桑榆"源于比喻，用日落时分比喻人的老年。第二组词均来源于用典，"期颐"典出《礼记·曲礼上》："百年曰期、颐。""上寿"典出《庄子·盗跖》："人上寿百岁，中寿八十，下寿六十。"

（2）词语结构形式不同。

上述三组词语的结构形式主要分为偏正式、主谓式、动宾式、联合式。偏正式如"白首、迟年、上寿"等；主谓式有"年暮"和"暮齿"；动宾式有"期颐"，《礼记·曲礼上》："百年曰期颐。"郑玄注："期，犹要也；颐，养也。不知衣服食味，孝子要尽养道而已。"[1]联合式有"桑榆"。

（3）语体风格不同。

"暮齿""桑榆""期颐""上寿"等上述大部分词语风格含蓄典雅，适用于书面语。相对而言，"白首"更多用于口语。

（4）选词角度不同。

上述两组词虽然都是对人老年特征的浓缩，但第一组词以老年的外貌、精神状态等为角度，第二组词以老年的生活状态、生命长度为角度。

二、年龄义词语的结构特征

同义聚合下，又大多以同素聚合而存在。以一个相同义项的语素为基础，加上不同语素构成的复合词，即同素词。同素词之词义是"大同小异"的关系，相同语素表明不同词语之间的相互联系，也是确定同义词的依据；不同语素区分不同词语之间的细微差别，也是辨析同义词的重点。因此同素词也是同义词产生的重要途径。

下文首出一组同素词的共同语素，再列出碑志年龄义词语中以其构成的同素词，并附上这些同素词的用例。

---

[1] 李学勤主编：《十三经注疏·礼记正义》，北京大学出版社 1999 年版，第 20 页。

（一）第一组：共同语素的意义为本义

1. 幼：冲幼、幼齿、幼年、幼学

（1）开明元年《那卢夫人元买德墓志》："虽在冲幼，宗族莫不异焉。"

（2）大业八年《田光山夫人墓志》："夫人心凝至道，体秀玄鉴，婉着童年，令章幼齿。"

（3）开皇三年《梁坦暨妻杜氏墓志》："君幼年聪识，当人泛爱，处物谦冲，形儒瞻勇，气缓心雄。"

（4）大业十一年《明云腾墓志》："髫龄岐嶷，已有怀橘之情；幼学滑稽，遂过秤象之智。"

2. 稚：童稚、稚齿、稚龄、稚岁

（1）大业十二年《卞鉴暨妻刘氏墓志》："表奇童稚，驰名暮齿。"

（2）大业十一年《尉富娘墓志》："稚齿钟爱，倾城远传。"

（3）大业十一年《萧翘墓志》："稚龄从仕，振古莫畴。"

（4）开皇二十年《杨钦墓志》："稚岁标奇，黄中擅美。"

3. 童：成童、童年、童丱、童稚、童子

（1）开皇三年《王士良墓志》："嶷然稚齿，卓尔成童。"

（2）大业八年《田光山夫人墓志》："夫人心凝至道，体秀玄鉴，婉着童年，令章幼齿。"

（3）开皇十七年《斛律彻墓志》："童丱在年，家屯祸难。"

（4）大业十二年《卞鉴暨妻刘氏墓志》："表奇童稚，驰名暮齿。"

（5）开皇二十年《王干墓志》："君龀齿岐嶷，童子不群，识性早开，辞峰迥发。"

4. 弱：弱龄、弱年、弱岁

（1）大业十年《宫人元氏墓志》："爰自弱龄，来侍宫掖，恭慎合礼，动静可师。"

（2）大业十二年《杨厉墓志》："但兼葭苍然，苗如不实，春秋一十有七，未预冠缨，弱年辞世。"

（3）大业十二年《李元暨妻邓氏墓志》："月中无桂，箸辩龆年，路傍有李，彰机弱岁。"

5. 强：强年、强仕

（1）大业三年《刘渊墓志》："道懋强年，荣隆暮齿。"

（2）大业七年《张涛妻礼氏墓志》："都尉以强仕早卒，夫人守节孀居，三纪于兹。"

6. 学：学岁、幼学、志学

（1）大业十二年《宋永贵墓志》："风神闲雅，播自龆年；书剑明能，闻诸学岁。"

（2）大业十一年《明云腾墓志》："髫龄岐嶷，已有怀橘之情；幼学滑稽，遂过秤象之智。"

（3）开皇九年《□和墓志》："鸠车之岁，识者纪其凤毛；志学之年，州里称其骥足。"

（二）第二组：共同语素的意义为借指义或喻指义

1. 觽：觽年、觽佩

（1）大业十一年《冯淹墓志》："觽年流誉，元礼许其通家；绮岁奇标，伯喈为之倒屣。"

（2）大业九年《张盈妻萧铦性墓志》："清颜尽觽佩之敬，弘组织之礼，妇楷既彰，女师斯备。"

"觽"本指古代用象骨制成的解绳结的锥子，也用作佩饰。《诗·卫风·芄兰》："芄兰之支，童子佩觽。"毛传："觽，所以解结，成人佩之也。人君治成人之事，虽童子犹佩觽早成其德。"上述两词借指童年。

2. 髫：髫龀、髫发、髫卝、髫龄、髫年、髫岁

（1）开皇二十年《孟显达墓碑》："年在髫龀，卓然独立，执经庠序之间，超迈

诸生之右。”

（2）大业四年《李静训墓志》：“况复淑慧生知，芝兰天挺，誉华髫髪，芳流鞶帨。”

（3）大业七年《田德元墓志》：“青裳辩日，髫丱参玄，气调云霞，风仪韶韵。”

（4）大业十一年《明云腾墓志》：“髫龄岐嶷，已有怀橘之情；幼学滑稽，遂过秤象之智。”

（5）大业十一年《白仵贵墓志》：“君髫年振响，冠岁驰声。”

（6）大业九年《尼那提墓志》：“髫岁精诚，遂专心于内教，笄年悟道，乃弃俗而归缁。”

《说文》：“髫，小儿垂结也。”上述后五个同素词用古时候小孩前额垂下头发的特征代指童年，其中也可以配以儿童其他特征，如上述首个同素词配以“龀”，综合两个特征代指童年。

3. 丱：丱髪、髫丱、童丱

（1）大业十一年《伍道进墓志》：“丱髪取贵通人，佩韘见奇先达。”

（2）大业七年《田德元墓志》：“青裳辩日，髫丱参玄，气调云霞，风仪韶韵。”

（3）开皇十七年《斛律彻墓志》：“童丱在年，家屯祸难。”

“丱”指古时儿童束发成两角形的发式。《诗·齐风·甫田》：“婉兮娈兮，总角丱兮。”朱熹集传：“丱，两角貌。”[①]上述三词用古时儿童的发式代指童年。与以“髫”为共同语素的同素词相比，二者有相同同素词“髫丱”，亦是以儿童发式代指童年，只是发式不同而已。

4. 龆：龆龀、龆年、龆岁

（1）大业八年《韩暨墓志》：“龆龀之年，竹马之岁，皎然卓异，有别侪伍。”

（2）开皇十五年《梅渊墓志》：“君幼表异姿，龆年藉甚，起家齐国参军。”

（3）大业十一年《萧翘墓志》：“君知十贵于龆岁，体二表于弱年。”

《集韵·萧韵》：“龆，毁齿也。”《说文》：“龀，毁齿也。男八月生齿，八岁而龀。女七月生齿，七岁而龀。”上述三词以儿童换牙的特征代指童年。

① 周振甫：《诗经译注》，中华书局2002年版，第141页。

5. 绮：绮日、绮岁、纨绮

（1）大业十二年《宫人徐氏墓志》："兰芬蕙性，爰自妙年，习礼明诗，彰于绮日。"

（2）大业十一年《张寿墓志》："万刃表于髫年，千里成于绮岁。"

（3）开皇十一年《尔朱敞墓志》："公资纬象之英灵，禀纯和之秀气，价成岐嶷，异标纨绮。"

《说文》："绮，文缯也。"《说文》："纨，素也。"二者本指精美的丝织品，常作少年弟子的服饰。上述三词以华美的服饰比喻少年，尤其是富贵子弟的年龄，这与我国古代文化密切相关。

6. 笄：笄卯、既笄、笄年、笄日、弱笄、始笄、着笄

（1）大业十二年《叱李纲子墓志》："年甫笄卯，言归冯氏。"

（2）大业三年《陈君妻王夫人墓志》："既笄之后，适于同邑陈氏。"

（3）大业九年《尼那提墓志》："髫岁精诚，遂专心于内教，笄年悟道，乃弃俗而归缁。"

（4）大业十二年《宫人卜氏墓志》："宫人承斯善庆，体以柔闲，□情表于龆年，蕙性彰于笄日。"

（5）大业九年《牛谅墓志》："于时年始弱笄，言归牛氏。"

（6）开皇六年《赵兰姿墓志》："夫人始笄之岁，备礼言归，内外节文，告凶制度，曲为规矩，合门异之。"

（7）大业九年《宋仲暨妻刘氏墓志》："年始着笄，归于宋氏。"

"笄"特指古代女子十五岁可以盘发插笄的年龄，即成年。上述七词用女子成年的礼俗代指女子成年待嫁的年龄。

7. 冠：冠岁、弱冠

（1）大业十一年《白仵贵墓志》："君髫年振响，冠岁驰声。"

（2）大业九年《豆卢实墓志》："弱冠来仕，峨然见称，虽暂屈下僚，不挠弘量。"

古代男子到了成年就会举行加冠礼，叫作冠，一般在二十岁。以"冠"为共同语素

的同素词用男子成年的礼俗代指二十岁。与"笄"相同的是，"冠"也是古代固定头发的头饰，二者后来都成为成年礼的代称，不同的是二者的适用对象不同。

8. 暮：暮齿、年暮

（1）大业三年《常丑奴墓志》："卓荦髫年，优游暮齿。"

（2）开皇七年《韩邕墓志》："嗟乎生早，悲乎年暮。"

"暮"本指夕阳落山时，与生命的衰落相通，"齿"有年龄义，《广雅·释诂一》："齿，年也。"故"暮齿"与"暮年"均以黄昏、岁末比喻人的老年。

从结构上讲，年龄义词语内部的不同，主要体现在选用的语素不同：

（1）选择的共同语素不同。第一组选用的共同语素是没有文化义的基本语素，它们在汉语复音化过程中具有较强的能产性。第二组选用的共同语素具有文化义，进而形成一组组具有文化义的同素词，既是新词产生的基础，也体现了文化的传承。

（2）选择与共同语素相配的语素不同。如以"绮"为共同语素的同素词，主要有绮日、绮岁、纨绮，前两个词是在"绮"的后面加上表时间范畴的"日""岁"构成偏正式表示少年，表意方式比较直接明了。第三个词则是加上同义语素"纨"构成联合式，两个语素都是以精美的丝织品代指少年，突出对少年阶段的形象色彩与感情色彩。

这种同素聚合在一定程度上体现了语义上的同义共享，同素词的词义与共同语素的语素义相同相近或相关，对语用有积极作用。

综上，《全隋文补遗》中的年龄义词语特色鲜明，对反映隋代年龄词汇的真实面貌具有一定的价值，希望以上论述能为汉语词汇史的深入研究提供更多支撑。

（钟珏，西南大学汉语言文献研究所，1090335899@qq.com）

敦煌歌辞"况""洴波"等释义[*]

王洋河

提　要：任中敏先生将敦煌歌辞《还京乐·斫妖魅》"洴波"一词释义为：洴，浮也。并指出其乃口语词。此释义误也。诸家并未就该词作释义。其实"洴波"乃联绵词，本义指水流声之大，其与"滂渤""滂薄"等属于同族词。《失调名·道泰曲子》"八方投歇况龙城"中"况"词义甚特殊，此"况"应作"向"理解，敦煌变文中多处存在"况""向"互替的情况。

关键词：敦煌歌辞；况；洴波

一

敦煌歌辞经过任中敏、龙晦、张涌泉、蒋冀骋、项楚等学者的校勘整理，已日趋精准。《敦煌歌辞总编》（2014 年凤凰出版社）乃敦煌歌辞研究的新高度。但白璧微瑕，仍有部分词尚未考证，影响了其文献、文学价值。本文就"况""洴波"等词作校正，就教方家。

《失调名·道泰曲子》：
君臣道泰愿时清。八方投歇况龙城。兵戈甲马尽（下阙）。

《失调名·道泰曲子》收录于《敦煌歌辞总编》卷二"杂曲"中。该辞见于苏联藏

---

* 本文为四川省教育厅人文社科研究项目《中古律部汉译佛经异形词研究》（批准号：17SB0444）成果之一。

《敦煌手稿目录》第二册，编号苏 2847①。因原卷残缺，无法考证出上下文。但文中"君臣道泰"之内容，与《献衷心》"君臣道泰，礼乐谦中和"及《定乾坤》"君臣道泰如鱼水"类同，任先生将其归类为歌辞，甚恰当。

歌辞中"欵"为"款"异体字。《字汇·欠部》："欵，俗款字。"如《楚辞·卜居》："吾宁悃悃欵欵，朴以忠乎？""投欵"即"投奔"之义，如《十六国春秋》卷二十七《前燕录》："遣子入侍，既而投欵建康，结援苻坚并受爵位，羁縻自固。""投欵建康"义"投奔建康"。歌辞《失调名·道泰曲子》"八方投欵"即"八方军民投奔"，但辞中"况"词义甚殊。"况"，《说文》："寒水也。又矧也，譬也。"《康熙字典》："又益也。《晋语》：'众况厚之。'"上述"况"义皆不合"八方投欵况龙城"之"况"。潘重规、项楚、张涌泉等学者未就此作出注释，学界也未曾关注此"况"词义。本文认为应理解为"向"，歌辞中该句可释为"八方军民同心投奔向龙城"。

检索任中敏《总编》，结合项楚《匡补》，张涌泉、曾良等学者的校勘，敦煌歌辞中"况"共出现 12 次，其中《浣溪沙·问江湖》中"况"实为"谓"。

《浣溪沙·问江湖》：即问长江来往客，东西南北几时分。一过教人肠欲断。况行人。

辞中"况行人"，项楚据敦煌卷子校勘，"况"实为"谓"，即通"为"。句意"看到南来北往的人离别，为行人感到悲伤"②。项楚先生的分析十分准确。其他 11 处"况"皆为"况且"义。歌辞中"况"作"向"仅 1 例，再看敦煌其他文献，如

《庐山远公话》："白庄曰：'交我将你况甚处卖得你？'远公曰：'若要卖贱奴之时，但将往东都卖得。'"③

此"况"即"向"，"况甚处卖得你"，义"向什么地方将你卖掉"。再如《韩擒虎话本》："朗启言皇后：'册立则得，争况合朝大臣，如何即是？'"此"况"亦应释为"向"。据《韩擒虎话本》文意，皇帝驾崩，皇后要求册立隋州杨使君杨广为帝，

---

① 任中敏：《敦煌歌辞总编》，凤凰出版社 2014 年版，第 347 页。
② 项楚：《敦煌歌辞总编匡补》，巴蜀书社 2000 年版，第 40 页。
③ 张涌泉、黄征：《敦煌变文校注》，中华书局 1997 年版，第 257 页。

向金吾上将军胡朗问"主上已龙归仓(沧)海,今拟册立使君为军(君),卿意若何?"胡朗答"争况合朝大臣",即"怎么面对(面向)整个朝廷的大臣呢"。蒋礼鸿等亦指出了变文中"况"的"向"义①,并将《韩擒虎话本》"箭发离弦,不东不西,恰向鹿齐(脐)中箭"与同文中"箭既离弦,不东不西,况雕前翅过"对比,指出"况"之"向"义,甚恰当。本文统计,《韩擒虎话本》中"况"作"向"义共有 4例,还有两例,如下:

(1)世(势)同擗竹,不东不西,况前雕咽喉中箭。
(2)突然而过,况后雕擗心便着,双雕齐落马前。

例(1)义"势如破竹,不偏东,不偏西,向前面的雕的咽喉射去,前雕中箭",例(2)"向后面的雕的心射去"。本文对张涌泉、黄征《敦煌变文校注》中"况"作了统计,"况"凡63现。"况"作"向"在变文中不甚普遍,仅上述所举5例,且集中于《韩擒虎话本》中,共现4例。《叶净能诗》中用1例。其余58处"况"皆作本义。如表1。

表1 "况"字义项统计

词	词义	数量
况1	作"向"	5
况2	本义	58

"况"何有"向"义?诸家皆未解释。本文认为,"向"作"况"与当时语音相关。"况",《广韵》:"许访切,去,漾韵,晓母,阳部。"据《汉字古音手册》,拟音为[xiwaŋ]②。"向",《广韵》:"许亮切,去,漾韵,晓母,阳部。"可拟音为[xiaŋ]③。"向"与"况"音近。将"向"写作"况",应是《韩擒虎话本》等篇章作者或书手的语音习惯。在唐五代西北方言中,"况""向"发音相近,存在着替换的情况。《韩擒虎话本》"况"共现 4 次,4 次皆作"向",这种情况在变文其他篇章中少见,亦可见《韩擒虎话本》之特殊。同样,既然"向"与"况"音近,是否存在"向"作"况"义的呢?的确存在。笔者在变文中发现1例,《王昭君变文》:"昨感

---

① 蒋礼鸿等:《敦煌文献语言词典》,杭州大学出版社 1994 年版,第 189 页。
② 郭锡良:《汉字古音手册》,北京大学出版社 1986 年版,第 261 页。
③ 郭锡良:《汉字古音手册》,北京大学出版社 1986 年版,第 58 页。

来表知其向，今叹明妃奄逝殂。"此"向"即"况"义，理解为"情况"。句意为"看到单于的上表知道了情况，感叹明妃突然地离世"（本句用了互文手法，"昨"与"今"即指同一时间）。张涌泉亦将其释为"'向'当读作'况'"。甚恰当。

　　敦煌文献多由民间书手所写，讹误甚多，其中较普遍的现象是"方音互替"，在文献书写中，书手为图方便，根据方音近同而替换文字。龙晦曾指出，那些同音替代的讹字，搞敦煌学的人很多是猜，如果能从语音的角度加以疏通，当然就比猜可靠①。罗常培归纳了唐五代西北方言中方音互注的情况②，任中敏统计了敦煌歌辞中14项互注的情况，限于篇幅，暂举4项，如表2。

表 2　敦煌歌辞中互注情况四例

调名	方音互注情况	本字举例
天仙子	真、钟通叶	问、共
竹枝子	庚、齐互注	敬、际
倾杯乐	齐、止不分	髻、戏、胥
竹枝子	有、语通叶	牖、语、许

　　可见，方音互注在敦煌文献中是较为普遍的，因此，在校勘敦煌文献，我们应多从语音入手。

二

　　《还京乐·斫妖魅》：

　　知道终驱猛勇，世间专。能翻海，解移山。捉鬼不曾闲。见我手中宝剑，利新磨。斫妖魅，去邪魔。见鬼了，血洴波。者鬼意如何，争敢接来过。小鬼咨言大哥。审须听（下阙）

　　该段选自任中敏敦煌歌辞《还京乐·斫妖魅》，此首歌辞写于苏 1465 卷，由于只有唯一一份写卷，误字难以校释。原卷"□鬼"阙处写"见"字，任先生认为文意不通，暂付阙如。饶宗颐（《敦煌曲》1968）最早校勘出来，任中敏将此辞收录《敦煌歌辞总编》，并将写卷曲名《还京洛》订正为《还京乐》，甚准确。学者柴剑虹亦就曲子

---

① 龙晦：《唐五代西北方音与敦煌文献研究》，《西南师范大学学报》1983 年第 3 期。
② 罗常培：《唐五代西北方音》，商务印书馆 2012 年版。

《还京洛》作了考证①，订正出其句式有甲、乙两种，与本辞相关的为甲式，即六、三、三、三、五，第二、四、五句押韵。同时，将上例考订为"见鬼了，血泙波。这鬼意如何，怎敢接来过？"

此段中"泙波"一词只有任中敏作了注解，指出"'泙'，平声，浮也。当时口语中或有之"，释为"鬼血漂浮"。蒋礼鸿、项楚等诸家对此均未进一步阐述。任先生认为，"泙波"应为利刃所向，鬼血漂浮，犹言"血流成河"②。此分析尚可，"泙波"应是指血流之大。然而此义由歌辞的意境推测而出，但落实到具体的词义，则臆测较多，此"泙"不能理解为"漂浮"，其是否为当时口语词也不得而知。该段二、四、五句押韵，韵脚为"磨""魔""波"，押韵严整。从词形上看，不存在讹误。就词义而言，"泙波"应为联绵词，内部不能分开解释。"泙"，《广韵》："薄经切，平青，并母。"（据王力，拟音［bieŋ］，演变为现代普通话音［piŋ］，记作泙₁）《集韵》："披庚切，平庚，滂母。"（拟音［peŋ］，演变为普通话音［pəŋ］，记作泙₂）可见，"泙"有两个音，音不同则义不同。据《大词典》，"泙₁"主要用于"泙澼""泙澼洸"中。"泙澼"，《大字典》："漂絮之声，引申为漂洗。"并引《庄子·逍遥游》："宋人有善为不龟手之药者，世世以泙澼絖为事。"《正字通·水部》："泙，漂濯。"由上可知，"泙澼"本义为模拟漂絮之声，乃联绵词。后来"泙"引申出"漂洗"之义，但此义所用甚少，据文献检索，只有《逍遥游》等篇章用到，后世极少用。本文认为，"泙波"中"泙"乃"泙₂"，其同样为拟声词。《大字典》："泙，象声词，形容水声或锣鼓声。"与"泙₂"相关联绵词较多，如"泙溯"，明代张四维《双烈记·计定》："水势泙溯，怒倒千寻银璧。"其变体又作"泙泙"，指锣鼓等乐器声音，明代徐霖《绣襦记·护寒郎》："泙泙嘭嘭，叮叮咚咚，打着铙钹，持斋把素念弥陀。"此系列联绵词又作"泙泙"，亦指水流声，如唐代韩偓《李太舍池上玩红薇醉题》："花低池小水泙泙，花落池心片片轻。"又有"砰訇"之形，指水声、鼓声等，如南朝沈炯《归魂赋》："其水则砰訇瀄汩，或宽或急。"唐白居易《梁甫吟》："我欲攀龙见明主，雷公砰訇震天鼓。"据高文达③，又作"軯訇"。还有"砰宕"，晋左思《吴都赋》："汩乘流以砰宕，翼飔风之飂飂。"此词还有"磅硠"之形，张衡《思

---

① 柴剑虹：《敦煌写卷中的〈曲子还京洛〉及其句式》，《文学遗产》1985 年第 1 期。
② 任中敏：《敦煌歌辞总编》，凤凰出版社 2014 年版，第 657 页。
③ 高文达：《新编联绵词典》，河南人民出版社 2001 年版，第 318 页。

玄赋》："伐河鼓之滂硠。"清代翟灏《通俗编·声音》："滂硠、砰宕，因语轻重异字也。"

　　可见，上述联绵字皆音近义同，属于同源关系，主要形容水声或鼓声洪亮。与此相关的联绵词还有"滂湃""滂薄""滂滂""滂濊""滂濞""滂溏""滂葩""滂渤"等，主要形容水势大。"滂"亦有两音，其一为《集韵》："披庚切，平声庚韵滂母。"拟音为[peŋ]。《大字典》列出"滂"这一读音，并罗列出与此音相关的联绵词"滂濞""澎湃""滂渤"等。《集韵·庚韵》："澎，澎濞，水貌。或作莩、滂。"如司马相如《上林赋》："横流逆折，转腾潎洌，滂濞沆溉。"《文选·七发》："观其两傍，则滂渤怫郁，闇漠感突，上击下律，有似勇壮之卒。"张铣注："滂渤怫郁，怒激貌。"再如《水经注·渭水》："至若山雨滂湃，洪津泛洒，挂溜腾虚，直泻山下。""滂滂"，如汉代焦赣《易林·同人之蛊》："跪进酒浆，流潦滂滂。""滂渤"，《昭明文选·七发》李善注："涌裔，行貌也。"从语音上也能看出，"泙"类联绵词与"滂"音近义同关系。"泙""滂"关系如表3。

表3　"泙""滂"关系

音	薄经切	披庚切		普郎切
词	泙₁	泙₂、滂₂		滂₁
义	泙澼	泙₂，象声词，形容水声或锣鼓声。如泙泙、泙溯、泙泙、砰訇、軯訇、砰宕、磅硠 滂，水势盛大貌、波浪撞击貌。如滂渤、滂湃、滂濞。也作澎濞、澎渤		水盛漫流貌，如滂沱、滂沛

　　上述联绵词胪列为表4。

表4　前文联绵词表

词形	上字声母	下字声母	说明（例句）
泙波	滂母	帮母	有泙泙、砰訇、軯訇、砰宕、磅硠等形
泙溯	滂母	滂母	明代张四维《双烈记·计定》："水势泙溯，怒倒千寻银璧。"
滂薄	滂母	并母	苏轼《嘉祐集卷十五·杂文二十一首》："汩乎顺流，至乎沧海之滨，滂薄汹涌，号怒相轧，交横绸缪，放乎空虚，"
澎湃	滂母	滂母	《宋史·九七卷》："惟是浙江东接海门，胥涛澎湃，稍逐故道，则冲啮堤岸。"
滂渤	滂母	并母	《昭明文选·七发》李善注："涌裔，行貌也。观其两傍，则滂渤怫郁，闇漠感突，上击下律，有似勇壮之卒。"
滂沱	滂母	定母	《诗经·泽陂》："有美一人，伤如之何！寤寐无为，涕泗滂沱。"
滂沛	滂母	滂母	《汉书·扬雄传》："登长平兮雷鼓磕，天声趣兮勇士厉，云飞扬兮雨滂沛。"

　　由上可知，"泙波""滂薄""澎湃"等词在语音及词义上都存在着一定的联系，

为同源关系。主要有"形容水盛大""形容锣鼓等乐器声"两义。回到歌辞《还京乐》，"洴波"乃"滂渤""滂薄"等词的变异形式，在辞中指血流声势之大。敦煌文献中还存在着多处类似的例子，如：

（1）莨菪不归乡，经今半夏姜。去他乌头了，血滂滂。① （《失调名·莨菪不归》）

例（1）为敦煌歌辞中特色明显的嵌药名歌辞，一语双关，将人事与药名合二为一。"滂滂"形容血流声音之大，有艺术渲染之效果。"滂滂"之"滂"读音为〔peng〕。

（2）赤血滂沛若水流，胡兵遍也（野）横尸死。 （《李陵变文》）

（3）月满初生下，慈母怀惊怕，只恐命无常，赤血滂沱洒。 （《佛说观弥勒菩萨上生兜率天经讲经文》）

（4）生时受苦命如斯，赤血滂沱魂魄散，时向（饷）之间潘却命，由（犹）怕孩儿有损殇。 （《佛说观弥勒菩萨上生兜率天经讲经文》）

（5）碎肉迸溅于四门之外，凝血滂沛于狱墙之畔。 （《大目乾连冥间救母变文》）

例（2）联绵词"滂沛"充当谓语，形容赤血流淌之声。例（3）为讲经文，联绵词"滂沱"表现赤血流淌声音之大，客观上这一现象是不可能的发生的，此处同样是艺术渲染，突出慈母生孩子的危险与痛苦，升华"父母恩重"之主题。例（4）（5）分别用"滂沱""滂沛"夸张修饰形容鲜血流淌之声。一言蔽之，"滂沱""滂沛"之"滂"虽读音有〔pang〕〔peng〕之分，但都是近义联绵词，都是形容血水流淌之声，在敦煌变文、歌辞中已广泛运用，它们与"洴波"同义。

三

《十二时·劝凡夫》："鸡鸣丑，鸡鸣丑，不分年贬侵蒲柳。忽然明镜照前看，顿觉红颜不如旧。"此句"年贬"难理解，任中敏将其注为"待校"，饶宗颐本校作"年既"，其他诸家也均未就此作注解。查原卷 S427《禅门十二时》，该卷书写一般，行楷相间，字体墨色较淡，部分字不易辨识。此句的"贬"原卷作　，难以校释。

---

① 任中敏据原卷，校为"去他乌头了血傍"，并言"傍"后有"弓"字，俟考。其考证稍粗糙。项楚据原卷，校正为：去它去他乌头了，血滂滂。"弓"乃敦煌文献中常见重文符号，甚准确。

纵观全句，"蒲柳"，指水杨，一种入秋就凋零的树木。如《尔雅》："杨，蒲柳也。旄，泽柳也。柽，河柳也。"因多喻指年老体衰，或体质衰弱。据《大词典》，该词比喻用法出现于魏晋时期，如庾信《谨赠司寇淮南公诗》："丹灶风烟歇，年龄蒲柳衰。"白居易《病中诗十五首并序》："开成己未岁，余蒲柳之年六十有八。冬十月甲寅旦，始得风痹之疾，体矜目眩，左足不支，盖老病相乘时而至耳。"辛弃疾《西江月》："万事云烟忽过，百年蒲柳先衰。"敦煌文献中亦多用，如 P3223《老宿绍建与僧法律愿庆相诤根由责勘状》中即有"年侵蒲柳，岁逼桑榆。足合积见如山，添闻似海。"歌辞《十二时·普劝四众依教修行》："年既秋，渐蒲柳，起坐呻吟力衰朽。"同一时期，李白《长歌行》亦有"秋霜不惜人，倏忽侵蒲柳"等。可见，"蒲柳"多指年老体衰。"蒲柳"喻指年老体衰，主要与蒲柳生长特点有关。《大词典》："蒲柳，即水杨。一种入秋就凋零的树木。"《中国植物志》："蒲柳，学名红皮柳（Salixsinopurpurea），又名蒲杨、水杨、青杨和萑苻，杨柳科柳属植物。"其特点主要是入秋即凋零。如南朝刘义庆《世说新语·言语》："蒲柳之姿，望秋而落；松柏之质，经霜弥茂。"再如宋陆游《书志》："往年出都门，誓墓志已决。况今蒲柳姿，俛仰及大耋。"此句"不分"乃不料之意，唐代文献中多用此义，《大词典》列出了"不分"之"不料"义，并引唐陈陶《水调词》之二："容华不分随年去，独有妆楼明镜知。"再如南宋刘辰翁《乌夜啼·初夏》词："不分榴花更胜一春红。"明汤显祖《牡丹亭·移镇》："天下事，鬓边愁，付东流。不分吾家小杜，清时醉梦扬州。"原句中，"不分"与下句"忽然"相对，亦能看出"不分"表吃惊义。江蓝生等《唐五代语言词典》亦收录"不分"，列出其"不觉、不料"义，并引张说《剑南臣》："不分君恩断，观妆视镜中。"

　　关键是"年贬"难解。其实"贬"应是"赊"之误。"贬""赊"两字行书字形颇似，容易弄混。例如：

　　赊。P2624《卢相公咏廿四气诗》："鴽声知化鼠，虹影指天涯，已调风云意，宁愁谷谷（雨）赊。""赊"作 。

　　P3054《开蒙要训一卷》中"赊"作 。

　　S6963《老子化胡经》第二卷："第十七外道名梵钵赊，有三方二千鬼神以为眷属。多行邪法，坏正真道。""赊"作 。

　　贬。P3862《高适诗集》："送田少府贬苍梧。""贬"作 。

P2696《唐僖宗中和五年三月车驾还京师大赦诏》："应因流贬身殁未葬，并许其家各据品秩以礼归葬。""贬"作眨。

由上字形对比可知，"贬""赊"在书写体中字形颇似，在书写稍潦草或墨色稍淡的情况下，容易将"贬""赊"弄混。

"赊"乃"远"义。"年赊"即年久，年岁大。如白居易《食后》："乐人惜日促，忧人厌年赊。"此"年赊"指岁月长久。再如宋苏泂《寄赵紫芝》："同年今半百，同病半年赊。瘦骨如枯木，残身类晚花。"陈着《次韵徐鳞卿》："百罹身世不成家，赢得萧萧两鬓华。梦想山行三载里，绸缪亲谊百年赊。"从词义演变上看，"赊"（同"赊"），《说文》："贳买也，从贝，余声。"段玉裁注："贳买者，在彼为贳，在我则为赊也。"《字汇·贝部》："赊，不交钱而买曰赊。"可见，其本义乃"买物延期付款"。《周礼·地官·泉府》："凡赊者，祭祀无过旬日。"郑玄引郑司农云："赊，贳也。"孙诒让曰："赊者，先贳物而后偿直。"再如《三国志·潘璋传》："（潘璋）嗜酒，居贫，好赊酤。"唐杜牧《宣城赠萧兵曹》："赊酒不辞病，佣书非为贫。行吟值渔父，坐隐对樵人。"同时，"赊"又有"卖物延期收款"义，《周礼·地官·司市》："以泉府同货而敛赊。"郑玄注："民无货，则赊贳而予之。"《后汉书·刘盆子传》："少年来酤者，皆赊与之。"在"延期"义上，"赊"发展出"长久、遥远"义，此义主要在时间轴上，如白居易《和新楼北园偶集》："一岁春又尽，百年期不赊。同醉君勿辞，独醒古所嗟。"李商隐《赠句芒神》："佳期不定春期赊，春物夭阏兴咨嗟。"本辞《十二时·劝凡夫》"不分年赊侵蒲柳"中，"赊"即"久、远"义。随着词义发展，"赊"不仅指时间的遥远，同时也指空间距离上的遥远，如李白《扶风豪士歌》："我亦东奔向吴国，浮云四塞道路赊。"李商隐《喜雪》："粉署闱全隔，霜台路正赊。""赊"还发展出"深、繁多、渺茫、奢侈"等义，本文暂不讨论。综上，"不分年贬侵蒲柳"乃"不分年赊侵蒲柳"，即不料年老体衰弱，突出强调了人生的短暂与变化无常。

四

《证无为·归常乐》：慈父双林灭，魔强转更圆。众生苦海入本源，谁是救你愆。

《证无为·归常乐》共九首，内容一贯，任中敏将其编入普通联章。本首乃是第 4

首。该辞共有 P3065、P306 两份写卷。《总编》注曰"'转更圆'未喻"。此"转更圆"确实颇费解，难以考证。项楚、张涌泉等学者均未对此作出分析。

该辞乃佛教歌辞，可以从佛籍中找线索。其实，此处"转""圆"皆误字。"转"乃"圣"之形误，"转"繁体是"轉"，"圣"繁体为"聖"，行书体中"圣""转"颇难辨认。例如：

敦博 072《妙法莲华经》："于三界中为大法王，以法教化一切众生，见贤圣军与五阴魔、烦恼魔、死魔共战，有大功勋。""圣"作。

S6825V《老子想尔注》："圣人治，灵其心，实其腹。心者，规也，中有吉凶善恶。""圣"作。

敦研 232《大般涅盘经》："善哉诚如圣教。我今始解诸佛、菩萨、声闻、缘觉亦有差别，亦无差别。""圣"作。

上述"聖（圣）"皆与"轉（转）"形相近。而"圆"乃"远"之误。"圆"，《广韵》王权切，平声仙韵云母，元部。"远"，《广韵》云阮切，上声阮韵云母，元部。"圆""远"两字声同韵近，口语中有混淆的可能。全句原是"魔强圣更远"，大意即"释迦牟尼在双林逝世后，魔更加强盛，圣人之力更加微弱"。"慈父"乃指释迦牟尼，其逝于中天竺拘尸那城跋提河西岸双林内。此句应来源于佛籍，如"末劫者，圣远魔强之日也。（《楞严经正脉疏》）""末劫，圣远魔强之日。（《楞严经如说》）""末劫，所谓后五百岁，圣远魔强之时。（《楞严经讲录》）""于末劫圣远魔强之日，开示末学难进易退之人，将见是人罪障。（《楞严经贯摄》）"。

"圣"乃佛祖的称号。《法华·方便品》曰："慧日大圣尊。"《妙宗钞》曰："佛是极圣，故称为大。"丁保福《佛学大词典》："断惑证理之人曰圣，入圣者入于圣位也。"而"魔"亦是佛教概念，"（术语）梵语，魔罗 Māra 之略。译为能夺命，障碍，扰乱，破坏等。"佛教中有心魔、外魔、死魔、天魔、大魔等，还有三魔、四魔、八魔、十魔等说法。此"圣远魔强"，指圣人远逝，魔军更加强大。除了"魔强法远"，还有"魔强法弱"之说，如"魔强法弱多恐害（《永嘉证道歌》）""去圣远兮邪见深，魔强法弱多冤害，闻说如来顿教门，恨不灭除令瓦碎。（《宗镜录》）"。

（王洋河，四川大学文学与新闻学院，408375693@qq.com）

日藏汉文典籍《香字抄》引《兼名苑》考校

李昕皓

提 要： 本文通过对滋贺石山寺本、京都帝国大学久原文库本、京都帝国大学图书馆藏本、早稻田大学藏本四个版本的日藏汉文典籍《香字抄》中援引梁代名物辞典《兼名苑》的 18 处佚文，考察平安后期域外汉字的发展情况，分析《兼名苑》与《倭名类聚抄》《本草和名》的传抄转引关系以及强调重视早稻田大学藏本的价值。

关键词： 域外汉籍；《香字抄》；《兼名苑》；文献考校

一、《香字抄》与《兼名苑》

《香字抄》又名《香药字抄》《药字抄》《香药抄》等，是日本平安后期的一部佛教香药类书籍。该书成书过程复杂，成书年代与撰者在学界有争议。据沼本克明考证，该书为日本平安时代杰出医家丹波家自丹波康赖（宿祢）（912~995 年）以来世代传抄形成家学，藤原通宪（法名信西，1106~1160 年）对丹波家各种手抄文献进行整理并添加新注，使得该书基本成形。永万二年（1166 年）藤原之子胜贤（宪）增补新注，而后转写传抄成多种异本：滋贺石山寺所藏《香药字抄》（内题"香字抄"）上中下三卷（下称"石本"）；高山寺所藏《香字抄》仅存上卷，收于京都帝国大学久原文库（下称"久本"）；京都帝国大学图书馆藏《药字抄》，内容对应下卷（下称"帝本"）。一说作者为白河天皇时期的名医惟宗俊通，有三卷本《香字抄》收录于《续群书类从》。另有早稻田大学藏文永六年（1269 年）古写本（下称"早本"），在香药内容后缀有其他增补。

石本《香字抄》为现能所见时间早、保存完整的成书，属于院政时期（1086~1185年）的字体，其中引用了大量中国文献，保存了众多仅存残卷，甚至只闻其名、不见其书的典籍，这对研究我国早期文献有极高的价值，对其中引文的辑录与考校有着较为重要的意义。

《兼名苑》是一部汇集事物异名别称和考释的类书，作者为僧远年，生平不可考，成书年代据张固也和冯利华考证，大致为南朝梁代。该书早已遗佚，存名于《旧唐书·经籍志》《新唐书·艺文志》，仅在慧琳《一切经音义》与段公路《北户录》等国内典籍有非常少量的引用。该书于唐代传入日本，出现于藤原佐世《日本国见在书目录》，被深江辅仁《本草和名》和源顺《倭名类聚抄》等多部日本典籍征引，后也亡佚，因而从日藏汉籍方向着手，辑考意义重大。

二、《香字抄》引《兼名苑》逐条考校

本文通过整理石本、久本、帝本、早本《香字抄》所引"兼名苑"，共辑录 18 处、15 条目佚文，另有 2 处为"兼名苑注"，疑为日人对《兼名苑》的注疏引用，暂不记入。辑录完全照录原文。

    1. 《蒹名苑》云：沉香，一名坚黑。^{上品沉。}（石本·上 54 五[①]）
    2. 沉香，一名坚黑，一名黑沉。^{已上二名出《蒹名苑》。}（石本·上 62 五）

按：石本、久本为"蒹"，早本为"兼"，下同。"蒹"同"兼"，《华山庙碑》："蒹命斯章。"年代校后的早本均改为"兼"字，无一例外，体现构件发展趋势。菀，《汉书·王嘉传》："诏书罢菀，而以赐贤二千余顷，均田之制从此堕坏。"颜师古注：菀，古苑字。

唐段公路《北户传·香皮纸》引《交州异物志》："蜜香，欲取先断其根，经年，外皮烂，中心及节坚黑者，置水中则沉，是谓沉香。"

日本《香要抄》卷上："沉香。《兼名苑》云：'一名坚黑，一名黑沉，一名蜜

---

① 因石本内容最为完整，此处定位编码对应 1981 年古典研究会编《古辞书音义集成》第十三卷《香药字抄》（石山寺经藏）一书。"上"即上卷，"54"为页码，"五"为右起行数，下同。

香，一名榮。'其枝节不朽，最坚实为沉香。"《倭名类聚抄·调度部·熏香具》：
"《兼名菀》云：'沉香，一名坚黑。'"可作汇证。

3.（薰陆香，^①）膠香，白乳。^{已上二名出}_{《無名菀》}（石本·上63二）

按：石本、久本作"脧"，早本为"膠"，两字为"膠"之异体。"脧"字见《龙
龛手鉴·肉部》曰："脧、膠：二同，音交。"所从"翏"形下部讹为"小"形。《偏
类碑别字·肉部·胶字》引《伪周樊太君墓志》存"脧"字。

唐慧琳《一切经音义》卷二十五："胶香，依树而生，如薰陆、白胶之类是也。"
《本草纲目·木一·薰陆香》："〔集解〕引苏恭曰：'薰陆香形似白胶香，出天竺者
色白。'"宋沈括《梦溪笔谈·药议》："薰陆，即乳香也。以其滴下如乳头者，谓之
乳头香。"因为树脂滴下来如乳头状，天竺出产树脂为白色，因此称为白乳。

《本草和名·木上·沉香》："薰陆香，一名胶香，一名白乳。"并注"已上二名
出《兼名苑》。"可作汇证。

4.（木香，）一名千秌。^{出《蕪}_{名菀》}一名千年。^同_前一名蜜香。一名青木香。^{出陶景}_注一名东吉
木童子。^{出《丹}_{口決》}一名長生。^{出《蕪}_{名菀》}（石本·上84六至上85一）

按：诸本皆作"秌"，同"秋"。《广韵·尤韵》："秌，秋古文。"早本"長
生"后书名脱"菀"字。《太平御览》卷九八二引《异物志》："木蜜名曰香树，生千
岁"。千岁与千秋、长生义同，可见名物异名可以同义词命名。

《本草和名·草上·木香》："一名千秋，一名千年，一名长生。"注："已上出
《兼名苑》。"可作汇证。

5.（白芷香，）一名药。^{焉角反。出}_{《蕪名菀》}（石本·上98四）

按：石本、久本皆为"药"字。早本为"芴"。李增杰、王甫《兼名苑辑注》称
《香字抄·白芷香》引字"芴"当形近而讹，应是未校《香字抄》善本而就早本。早本
为后代传抄，多有错讹，石本及久本《香字抄》无此误。《广雅·释草》："白芷，其
叶谓之药。"

---

① 《香字抄》因转抄时将原先行间夹注占为一行，有抄文不能连缀，故补充前文所述香之条目，下同。

《本草和名·草中·白芷》："一名药。"注："出《兼名苑》。"可作汇证。

6.（泽兰香，）一名水香。^{出《兼}^{名苑》。}（石本·上 108 一）

按：《本草纲目·草三·泽兰》："［释名］引陶弘景曰："生于泽旁，故名泽兰。"《本草和名·草中·泽兰》："一名水香。出《兼名苑》。"可作汇证。

7.（牡桂，）一名梫^音^癮，一名招摇。^{出《兼}^{名苑》。}（石本·中 129 七）

8.《兼名苑》云："桂^音^{计。}一名梫。^{音癮，女}^{加豆良}"（石本·中 150 六）

按：《说文·木部》："梫，桂也。"《尔雅·释木》："梫，木桂。"《山海经·南山经》："南山经之首曰鹊山，其首曰招摇之山，临于西海之上，多桂，多金玉。"招摇山产桂，以地名命名。

《本草和名·木上·牡桂》："一名梫，一名招摇。"注："已上二名出《兼名苑》。"可作汇证。

9.（枫，）一名欇，一名挌抾。^{音炬。已上出}^{《兼名苑》。}（石本·中 134 五）

10.《兼名苑》云："枫^音^{风。}一名欇。^{音乎加}^{豆 良}"（石本·中 149 六）

按：欇，《尔雅·释木》："枫，欇欇。"《篆隶万象名义·木部》："欇，枫木。"挌抾，早本作"格柜"。根据通例，手写文献手、木二旁相通，故"挌"通"格"。臣、巨二旁相通，后注音"炬"疑为"矩"之讹字，"抾"通"柜"，音举，《说文·木部》："柜，木也。"《后汉书·马融传》："柜柳枫杨。"李贤注："并木名也。柜音矩。"古杨柳不别，故柜枫相近。格柜，为双声词，《山海经·大荒西经》有其"柜格"一词："西海之外，大荒之中，有方山者，上有青树，名曰柜格之松。"此处或为倒文。

《本草和名·木上·枫香脂》："枫香脂，一名白脂香^{五月斫树为}^{坎十月采脂。}枫树一名摄，一名格柜^音^{矩。}已上出《兼名苑》。"《倭名类聚抄·草木部·木类》："《兼名苑》云：'枫，一名欇。'"可作汇证。

11.（车前子，）一名当道，一名芣苢，一名蝦蟆衣，一名牛道，一名胜舄，一名马舄。^{出《兼}^{名苑》。}（石本·中 197 五）

按：早本阙此条。孙星衍辑《神农本草经》："车前子，一名当道。"《毛诗注疏》："《传》：'芣苢，马舄'。《正义》曰：'释草文也。'郭璞曰：'今车前草大叶长穗，好生道边，江东呼为虾蟆衣。'陆机疏云：'马舄，一名车前，一名当道，喜在牛迹中生，故曰车前、当道也。'"

　　《本草和名·草上·车前子》："一名当道，一名芣苢，一名蝦蟆衣，一名牛遗，一名胜舄，一名马舄。"注："出《兼名苑》。"陶弘景《名医别录》："一名芣苢，一名蝦蟆衣，一名牛遗，一名胜舄。"孔颖达《毛诗正义》另一处注"芣苢"："郭璞云：'江东呼为蝦蟆衣。'《本草》云：'一名牛遗，一名胜舄。'"故"牛道"应受"当道"影响转抄之讹误。

　　12.（紫橿，）《無名苑》云："一名紫柟。"（石本·中 214 二）

　　按：柟，《玉篇·木部》："柟，柟檀，香木。"晋崔豹《古今注·草木》："紫柟木，出扶南，色紫，亦谓之紫檀。"

　　《本草和名·木下·紫真檀木》："紫檀，一名紫柟。"注："已上出《兼名苑》。"《倭名类聚抄·草木部·木类·紫檀》所引词条内容一致。可作汇证。

　　13.《無名苑》云："萱草，一名忘<ruby>夒<rt>萱言
萱</rt></ruby>。"（石本·下 254 八）

　　按：石本、帝本"憂"作"夒"。《经典文字辨证书·夂部》："憂正，夒俗。"《太平御览》卷九九六引《神农本草经》："萱，一名忘忧，一名宜男。"

　　《倭名类聚抄·草木部·草类·萱草》："《兼名苑》云：'萱草，一名忘憂。'"可作汇证。

　　14.（怀香，）《本草和名》云："一名时罗^{出崔禹}，一名怀芸^{《無名苑》}，一名香芸^{同前}。和名久礼乃扵毛。"

　　《顺和名》云："《無名苑》云：'怀香，怀芸。和名久礼乃扵毛。一名时罗^{出崔禹}，一名怀芸^{《無名苑》}，一名香芸^{同前}。'"（石本·下 270 二、下 270 七、下 270 八）

　　按：香芸，芸香一类的香草。俗呼七里香。有特异香气，能去蚤虱，辟蠹奇验，古来藏书家多用以防蠹。唐杨炯《卧读书架赋》："开卷则气杂香芸，挂编则色连翠竹。"宋刘克庄《鹊桥仙·庚申生日》词："香芸辟蠹，青藜烛阁，天上宝书万轴。"

《顺和名》即源顺《倭名类聚抄》代称。

15.（香蒲，）一名琼茅……香菅，一名香芦。^{已上《兼名苑》。}（石本·下 299 八）

按：琼茅，汉班固《汉书·扬雄传》："费椒稰以要神兮，又勤索彼琼茅。"颜师古注："琼茅，灵草也。"《说文·艸部》："茅，菅也。"故香菅即香茅。《本草纲目·草二·白茅》："〔释名〕夏花者为茅，秋花者为菅。二物功用相近，而名位不同。"

《本草和名·草下·香蒲》："一名琼茅，一名菁苧，一名香莆，一名苞莃，一名莃狎，一名香菅，一名香芦。"注："已上出《兼名苑》。"可见《香字抄》从中有删节。可据《本草和名》补全。

三、《香字抄》引《兼名苑》考校的结论与价值

从《香字抄》中所辑的《兼名苑》条目主要有两种形态。甲型为"《兼名苑》云……"，如 1、8、12、13 条；乙型名词在前，后附小注"已上……（出）《兼名苑》"，可见其余诸条。则有两种可能，一为在《香字抄》成书过程中，《兼名苑》尚未被佚失；二则为《香字抄》引《兼名苑》分别为专引自《倭名类聚抄》与《本草和名》，必要时会有所节选。但《香字抄》中有"顺和名"以代"《倭名类聚抄》"，而在引甲型处并未有此提示，故因相信少部分所引《兼名苑》为直接引用原书，而囿于抄书功能的限制和不断传抄的过程，增补大量的《本草和名》中的内容，因而出现大量的乙型引用。

对《香字抄》中援引《兼名苑》的考校，反映了平安末期至镰仓时代日藏汉文典籍中域外汉字文字构件本身的变化，如"蒹"会被类化为更为系统的"兼"字。反映了以同义词作名物异名的情况，如千秋、长生之名。

同时指出，应当重视早稻田本的价值。就对李增杰、王甫《兼名苑辑注》的考察来看选取的是早稻田本。早稻田本传抄时间较晚，但错讹漏阙严重，如"白芷香"一条中"药"字出现传抄讹误。但是在"枫"一条中"格柜"是对其他早期诸本的参照，能更好地解决问题。在辑注时应对版本进行考辨，完整地考察各本，择用善本。

（李昕皓，中国人民大学文学院，lixinhaosdu@163.com）

异写字与异构字综论*

吕 敏

提 要：本文主要就异写字与异构字的定义、判定标准与分类展开讨论，总结前贤的观点并表明看法；对异构字与异写字的认定问题进行补充探讨；从共时和历时演变两个层面出发区分异写字与异构字。

关键词：异写字与异构字；定义；判定标准与分类；两个层面

前 言

异写字与异构字这两个文字学术语，是在构形学理论指导下，在异体字研究基础上延伸出来的两个概念。学界关于异体字的含义和所指问题有不同的看法，异写字与异构字这两个术语的提出，对异体字范围的界定及异体字领域诸多问题的研究，有很大的推动意义。因而我们有必要对异写字与异构字相关问题进行深入研究和探讨。

最早定义异写字与异构字的是王宁先生。王宁先生指出，"汉字在共时状态下的构形关系包括异写字与异构字"[①]。据王宁先生的观点，异体字"除了异写字之外，只能包含异构字"[②]；李国英先生也将异体字分为异构字与异写字，把通假字与分化字排除在了异体字行列之外[③]。目前，对异写字与异构字的定义、判定标准与具体分类等问

---

* 本文系西南大学中央高校基本科研业务费专项资金资助项目"纳西东巴文植物类字研究"（批准号：SWU1609202）阶段性成果。本文在写作过程中，得到邓章应老师的精心指导，谨此表示感谢。

① 王宁：《汉字学概要》，北京师范大学出版社 2001 年版，第 91 页。
② 王宁：《汉字构形学导论》，商务印书馆 2015 年版，第 155 页。
③ 李国英：《异体字的定义与类型》，《北京师范大学学报》（社会科学版）2007 年第 3 期。

题，仍有分歧。本文通过梳理各家观点找出相同及不同之处，试图分析其现象及原因。并针对各家意见不同之处，表明自己的看法。以期对异写字与异构字从理论认知到具体操作上有进一步提高，最终服务于异体字的整理与规范工作。

一、异写字与异构字的定义

（一）前贤的定义

早期对异写字与异构字问题进行论述的，主要有王宁、王贵元、李国英、李运富等诸位学者。王贵元先生在《简帛文献用字研究》一文中提到"1993 年尊师王宁教授在指导我写作博士论文《马王堆帛书汉字构形系统研究》的时候就提出了'异写字'与'异构字'的概念和术语"①。在文中，王贵元先生对异写字与异构字的内部现象作了详细分析，并定义为"异写字指因书写、演变的不规则而形成的同一形体的不同变化形式"；"异构字指功能相同而形体构成不同的字"②。以上定义，从文字书写变化和形体构成角度出发。

王宁先生在《构形学讲座》（《中国教育报》1995 年 1~11 月连载）中明确提出异写字与异构字的区分。其后《汉字学概要》定义："异写字是同一个字（音、义、用完全相同的字）因写法不同而造成的形体差异"；"异构字是指在任何情况下音与义都相同，而在构件、构件数量、构件功能等方面起码有一项存在差别的一组字。"③以上定义，从字的记词职能、外部写法、内部形体结构三个角度出发，并提出异写字与异构字的区别体现在是否是同一个字上，异写字是同一个字的不同写法，而异构字是"记词功能相同、构件不同的两个或数个字样"④。后王宁先生又将定义进一步完善为："在同一体制下，记录同一个词，构形、构意相同，仅仅是写法不同的字样，称作异写字"；"形体结构不同而音义都相同、记录同一个词、在任何环境下都可以互相置换的字，称作异构字。"⑤并同时指出异构字的构形与构意不同。与前者的定义相较而言，落脚点

① 王贵元：《简帛文献用字研究》，《西北大学学报》（哲学社会科学版）2008 年第 3 期。
② 王贵元：《马王堆帛书汉字构形系统研究》，广西教育出版社 1999 年版，第 15~16 页。
③ 王宁：《汉字学概要》，北京师范大学出版社 2001 年版，第 91~94 页。
④ 王宁：《汉字学概要》，北京师范大学出版社 2001 年版，第 96 页。
⑤ 王宁：《汉字构形学导论》，商务印书馆 2015 年版，第 151~154 页。

放在了构形、构意和形体结构上。

李国英先生从构形与功能两个维度重新定义异体字，他提出"异体字是为语言中同一个词而造的同一个字的不同形体，并且这些不同的形体音义完全相同，在使用中功能不发生分化。"①（引按：这里所说音义完全相同是一种理想的状态，只是为了表述方便，目的是为强调异体字之间记录的是同一个词）在此基础上，李先生的定义为"异构字，即用不同的构字方式或选取不同构件构成的异体字"；"异写字，即由于书写变异形成的异体字"②以上定义，从构件、构字方式和书写角度出发。此外，李先生指出："异构和异写并不在一个层面上，每一个异构形体都可能产生自己的异写形式，异写处于异构下面的层次。"③

李运富先生对异写字与异构字问题也进行了论述，李先生认为"异写字，指结构属性相同而写法不同的字"；"异构字，指为同一词位而造但构形属性或理据不同的字。跟理据相关的构形属性包括构件、构件数量、构件职能等"④。以上定义，从写法、构形属性、构形理据三个角度出发。

前辈学者的定义抓住了构形理据这一关键要素。在此基础上，孙建伟先生指出应该同时从字形本身入手。孙先生认为："字形是就某一群体字内单个字的特征而言，字形包含本体属性和关系属性，本体属性又分为构件和组合两个子属性。构件为静态属性，组合为动态属性，构件主要是笔画和部件，组合主要指笔画交接和部件位置"⑤；随后，孙先生又进一步指出："静态属性与动态属性的本质区别就在于理据是否发生变化，笔画层面的差异与静态构件层面的差异不造成理据的变化，动态构件层面的差异则体现为构字理据的不同。前者为异写字，后者为异构字。"⑥我们认为，本体属性即指构形属性，文字的构形属性对构字理据起决定性作用，故对异写字和异构字的定义也应该同时从字形即构形属性出发。

以上，关于各家定义我们选取其中的关键词，作直观呈现如表1。

---

① 李国英：《异体字的定义与类型》，《北京师范大学学报》（社会科学版）2007 年第 3 期。
② 李国英：《异体字的定义与类型》，《北京师范大学学报》（社会科学版）2007 年第 3 期。
③ 李国英：《异体字的定义与类型》，《北京师范大学学报》（社会科学版）2007 年第 3 期。
④ 李运富：《汉字职用研究·理论与应用》，中国社会科学出版社 2016 年版，第 107 页。
⑤ 孙建伟：《论字体与字形》，《南阳师范学院学报》2012 年第 11 卷第 4 期。
⑥ 孙建伟：《异写字与异构字考论》，《江苏大学学报》（社会科学版）2016 年第 2 期。

表1　诸家"异写字"、"异构字"定义关键词

定义角度 ＼ 字际关系	异写字	异构字
1	书写	形体构成
2	写法	形体结构、构形与构意
3	书写	构件、构字方式
4	写法	构形属性或理据
5	笔画、静态构件	动态构件、构形理据

通过上表可见，以上定义虽然在用词上有差异，但大致都是从文字书写的外部形态特征和内部结构属性两个角度出发。具体的定义，我们参照各家观点，从文字的记词职能、书写、构件属性与理据等角度出发，拟定为：记录同一词位，构形属性和理据相同，笔画和书写上的变异为异写字；记录同一词位，构形属性和构形理据不同为异构字。

（二）我们的讨论

1. 异写字与异构字的层次问题

李国英先生提出异写字处于异构字的下位层次。这一说法对异写字与异构字的理解又向前推进了一步。异写字与异构字同属于字际关系问题，是针对两个或两个以上的字与字之间相比较而言，如此我们就不可忽略了比较的参照对象，即与异写字或异构字相对应的参照字形。准确地讲，我们只有确定了参照的标准字形，才可以定义异写字和异构字的具体所指。但是在没有文字规范的正字法之前，参照标准是相对动态的，在某个历史时期，一个字形使用较为普遍得以通行，而被认定为正字。与此字形在笔画和书写上的变异为异写字，在构形属性和理据上的不同为异构字。同理，不同的异构字在使用过程中也可能产生笔画和书写上的变异，从而产生异写字形体。即便是一个字只有一种形体，我们可以把它看作异构字本身。由这一字形之下产生的笔画和书写上的变异，我们也称之为异写字。所以我们赞成异写字处于异构字下位层次的说法。在异体字整理过程中，据此厘清异写字和异构字的层次关系谱系，便于异体字的分类整理和规范工作的进行。

2. 异构字的同字认定问题

我们知道，异体字包括异写字与异构字。而异写字之间仅存在书写上的差异，属于

书写变异。故而我们直接将其视为同字异写。所以关于同字认定问题，我们关注的焦点在异构字上。

王宁先生指出，异构字是"记词功能相同、构件不同的两个或数个字样"。并把"字样"定义为"记录同一个词，构形、构意相同，写法也相同的字，称作一个字样"[①]。由此可得，王宁先生所说的"两个或数个字样"与李国英先生所提出的"同字异形"中的"异形"所指是一致的。

我们认为，对异构字形体的认定，如果从字符的角度进行观察和描述，有助于更好的理解和判定。裘锡圭先生在讨论汉字的性质时指出："文字是语言的符号，作为语言的符号的文字，跟文字本身所使用的符号是不同层次上的东西。"[②]又李运富先生在阐述汉字职能时，提出汉字存在本用、兼用、借用三种职能[③]，其所说汉字职能就是指汉字符号的职能。关于文字与文字符号，邓章应先生在《字的同一性判断及字与字符的关系变化》[④]一文中指出："字符通过形体的特异性与其他字符相区别，而字的功能是通过字符表现不同的语言单位。""字要用字符表现，同一个字可能使用不同的字符，如异体字。"据此，我们可以把异构字归入字的同一性下的"不同字符变化"，以备一说。

二、异写字与异构字判定标准及分类

以上各家，对异写字与异构字定义时所取的视角不同，故在两者的判定标准方面存在差异，继而所得异写字与异构字的具体分类也不尽相同。

（一）前贤的判定标准和分类

1. 异写字的判定标准及具体分类

王宁先生以构件写法和位置为标准，将异写字分为构件写法变异与构件位置不固定

① 王宁：《汉字构形学导论》，商务印书馆 2015 年版，第 150 页。
② 裘锡圭：《文字学概要》，商务印书馆 2013 年版，第 9 页。
③ 李运富：《汉字学新论》，北京师范大学出版社 2012 年版，第 193 页。
④ 本文尚未公开发表，在此感谢邓章应老师提供参考。

变异两种类型①；李国英先生以书写变异为标准，把书写变异造成的笔画微异、偏旁减省、隶定等列入异写字的类型②；王贵元先生以书写和笔画为标准，将异写字分为"变笔异写、方位异写、增省异写和草写四种"③，其后又指出："异写字的差异表现在笔画层面上"，强调笔画的位置、长短、曲直、分合、增减等变化都是异写字④；又李运富先生以写法不同为标准，将异写字分为变体字和变形字两类。变体字指书写体式或风格不同的字；变形字指形态样式不同的字，具体分为三类：①由笔画或线条的多少、长短、粗细、轻重、曲直和交接、离合、穿插等因素的不同而造成；②构件的摆放位置不同；③将原字的笔画或构件加以粘连、合并、分离、减省、增繁而形成。⑤孙建伟先生以书写和构件位置为标准，认为"'写'是静态的、渐变的，无理据差异，可循字形演变轨迹。"⑥他将异写字分为两种类型：①笔画层面的静态差别。如笔道形态、笔画交接等的不同；②结构层面的静态差别。指不影响字的构形属性的结构差异，即构件位置的变化。

2. 异构字的判定标准及具体分类

对异构字的判定标准和类型，王宁先生以构形模式和构件为标准，将异构字分为构形模式不同和构形模式相同但构件不同两种类型⑦；李国英先生以构形方式和构件为标准，将异构字分为构形方式不同、构形方式相同构件不同、构形方式与构件相同构件位置不同三种类型⑧。王贵元先生以构件为标准，将异构字分为构件不同、构件相同但构件间的组合位置不同、全形与省体不同三种类型⑨。后又指出，异构字可分为构件不同、构件相同构件组合位置不同两种类型。构件不同具体包括构形方式相同、构形方式不同、增加或减省构件⑩。李运富先生以造字方法和构件为标准，将异构字分为造字方法不同和造字方法相同构件不同两种类型。构件不同包括构件选取不同、构件数量

① 王宁：《汉字学概要》，北京师范大学出版社 2001 年版，第 92~94 页。
② 李国英：《异体字的定义与类型》，《北京师范大学学报》（社会科学版）2007 年第 3 期。
③ 王贵元：《马王堆帛书汉字构形系统研究》，广西教育出版社 1999 年版，第 16 页。
④ 王贵元：《简帛文献用字研究》，《西北大学学报》（哲学社会科学版）2008 年第 3 期。
⑤ 李运富：《汉字职用研究·理论与应用》，中国社会科学出版社 2016 年版，第 107 页。
⑥ 孙建伟：《异写字与异构字考论》，《江苏大学学报》（社会科学版）2016 年第 2 期。
⑦ 王宁：《汉字学概要》，北京师范大学出版社 2001 年版，第 95~96 页。
⑧ 李国英：《异体字的定义与类型》，《北京师范大学学报》2007 年第 3 期。
⑨ 王贵元：《马王堆帛书汉字构形系统研究》，广西教育出版社 1999 年版，第 16~17 页。
⑩ 王贵元：《简帛文献用字研究》，《西北大学学报》（哲学社会科学版）2008 年第 3 期。

不同[①]；孙建伟先生以造字方法和部件为标准，将异构字分为造字方法不同与造字方法相同但所取部件不同两种类型[②]。

针对异写字与异构字的判定标准和具体分类，我们总结列表 2、表 3 如下：

表 2　异写字与异构字判定标准

字际关系判定标准	异写字	异构字
1	构件写法和位置	构形模式和构件
2	书写变异	构形方式和构件
3	书写和笔画	构件
4	写法	造字方法和构件
5	书写和构件位置	造字方法和部件

表 3　异写字与异构字具体分类

具体分类　　字际关系	1	2	3	4	5
异写字	写法变异、构件位置变异	笔画微异、偏旁减省、隶定	变笔异写、方位异写、增省异写、草写	变体字、变形字（笔画或线条的变化、构件位置变化）	笔画的差别、结构的静态差别（部件的位置）
异构字	构形模式不同、构形模式相同构件不同	构形方式不同、构形方式相同构件不同、构件相同组合位置不同	构件不同（构形方式不同、构形方式相同、增省构件）、构件相同组合位置不同	造字方法不同、造字方法相同（构件数量不同、构件选择不同）	造字方法不同、造字方法相同部件不同

表 2 可见，各家对异写字的判定，关注焦点在书写层面，差异在观点 2、3 没有涉及构件位置标准；对异构字的判定，各家基本围绕构形方式和构件展开，观点 3 重点围绕构件。

判定标准直接影响具体归类。表 2 中各家判定标准有异，故得出具体类别也不尽相同。从表 3 可见，各家观点的相同处在于，对异写字按书写笔画的变化分类；对异构字按构形方式和构件不同分类。各家观点的分歧在于：①相同构件的位置变化字形归类问题。观点 1、4、5 把构件位置变化列入异写字，观点 2、3 则将之列入异构字；②部件减省的字形归类问题。观点 2 把偏旁减省列入异写字，观点 3 把增加或减省构件列入异构字，观点 4 把构件数量不同列入异构字。部件减省和构件的增减都属于构件数量不同问题。

---

① 李运富：《汉字职用研究·理论与应用》，中国社会科学出版社 2016 年版，第 107 页。

② 孙建伟：《异写字与异构字考论》，《江苏大学学报》2016 年第 2 期。

对构件位置标准的差异，主要受构形理据的制约。构件位置变化没有影响或改变构形理据。文字的构形包括构形方式和构件的选取，而区别构形方式的不同，也可具体到构件不同的层面。这时，以构件不同为异构字的判定标准就显示出其优势。我们赞同以构形理据和构件为异构字的判定标准。构形理据标准主要用于异构字与异写字相区别，而构件标准用于解决异构字的具体分类问题，相对简洁明了。

（二）我们的讨论

1. 构件位置变化的字形归类

王宁先生把构件位置不固定变异的形体归入异写字；而李国英先生将其归为异构字；王贵元先生将其分为两种情况，一种是方位异写字，另一种是组合位置变换的异构字。王贵元先生认为，形成异构字的构件组合位置变换是有条件的，"首先是变换后不影响构形意图，具体来讲就是只有直接构件间的关系是并列式结构者才可调换，因为这种调换不影响构形意图，更不影响单字表词功能，故容易得到承认；其次是不破坏构件本身的原有组合结构"①所谓不影响构形意图和不破坏构件本身的组合结构，实际是指不破坏字形本身的构形属性和理据。所以王贵元先生得出："字形构件方位的变换破坏了构件原有的组合结构，在一定程度上影响了字形的构形意图和表词功能，这种变换往往是因为个人书写的不规范形成的……它所形成的是异写字，而非异构字。"②前面提到，王贵元先生归纳异写字类型时包括方位异写，指个人书写不规范造成的部件无理据拆分，破坏了文字的结构和理据，部件重新摆放造成方位变化。破坏原字构形理据不属于构形理据不同问题，故我们同意将书写不规范造成的部件方位变异归为异写字，将构件组合位置变换的字形归为异构字。

2. 部件增省的字形归类

李国英先生认为"偏旁减省"属于异写字；王贵元先生认为，全形与省体包含在增减构件的类别之中，都属于构件不同的异构字类型；李运富先生把构件数量不同列入异构字。部件减省和构件的增减都属于构件数量不同问题。而部件减省，包括减省重复的

---

① 王贵元：《马王堆帛书汉字构形系统研究》，广西教育出版社 1999 年版，第 16 页。
② 王贵元：《马王堆帛书汉字构形系统研究》，广西教育出版社 1999 年版，第 16 页。

部件和减省部分不同部件。我们认为，如果以构形属性和理据为判定标准，减省重复的部件和减省部分不同部件应该属于异构字范畴。

另外，需要说明的是，构件的减省也有程度差异，部件减省后，导致构形理据削弱，一般情况下减省的是字形中的重复部件，减省后的字形依旧把原字形所承载的意义信息带入文字中去，这时字符与构件的象形性淡化，由表形逐渐转化为表意，即"义化"现象；而部件减省后，构形理据缺失，只剩下一个具有固定的附着表意功能的文字符号，从表层看，这种情况已经与全形不是同一种构形模式，如果不明白其减省的脉络，很有可能会被误认为别的字。因此以上两种情况都值得注意。

3. 关于判定标准和分类的思考

关于部件摆放位置变化和部件增省的字形归类问题，各家有不同的归类，是容易混淆的地带。如果严格按照构形属性和理据的双重标准，我们建议将之列入异构字行列。或者，我们可以撇开异构字与异写字的术语，单纯从文字的形体角度出发，在异体字整理过程中将之作为研究对象单独处理，即把以上两种情况的字形分别归类，区别于存在造字理据不同的异构字和笔画差异的异写字。以便进行更全面和细致的研究。

前文提到，异构字与异写字并非异体字之下的两个平行概念，严格意义上，据文字的辨识性而言，只有异构字才属于真正的异体字。而我们对异写字与异构字的类型划定，最终是要服务于对异体字的研究。易敏女士指出："辨识汉字构形属性与书写属性这两类不同性质的差异，主要有两方面意义：一是强调以汉字的造字理据为标准审视异体字。……另一方面的意义在于强调了书写变异现象，重视书写因素与构形的关系，这也是历代文字学研究者普遍注意的问题。"[1]所以，关于某一字的异写字的收集整理，便于我们了解该字形书写变异的轨迹、规律及原因。同时在字形整理过程中，异写字的收集整理也有利于相同字样的去除重复工作；而对异构字的整理，更有利于异体字的整理、区分和归类。即方便对共时层面汉字系统的整体把握，也便于对历时层面汉字系统的字形面貌进行辨别。

---

[1] 易敏：《石刻佛经文字研究与异体字整理问题》，《北京师范大学学报》（社会科学版）2006 年第 1 期。

三、异写字与异构字区分示例

对异写字与异构字的定义、判定标准及具体分类的讨论，目的是为了更加明确地区分异写字与异构字。而只有涉及对具体文字的分析，才能体现其价值。关于文字之间的关系，主要包括共时平面与历时平面。共时平面指同一时期或同一字体类型下的关系；历时平面指不同时期的文字在使用传承中发生的变化，以下举例说明。

（一）共时层面

1. 笔画差异

例如"示"字，本义是祭神的供桌，呈"丁"形。甲骨文有ഗ、ഗ、ഗ、ഗ、ഗ、ഗ、ഗ等字形，经历了下部简化，中段变为单线，后添饰笔。各字形仍是异写字关系。

2. 构形属性差异

例如"贞"字，本义与卜兆有关，甲骨文作ഗ、ഗ。前一字形为独体字，后为从卜，贞声，为形声字，前后两字为异构字关系。

（二）历时层面

1. 跨结构变化

跨结构变化指文字在形成发展过程中，由一种文字结构转变为另一种结构，如象形独体字转化为形声合体字。

例如"髭"字，本义为嘴上边的胡子，甲骨文作ഗ，独体字。西周金文作ഗ（《大盂鼎》）添加饰笔，仍为独体字。到了篆体出现跨结构变化，《说文·须部》作ഗ[1]，"口上须也，从须此声"，为形声字。与前独体字形为异构字关系。又汉隶ഗ[2]（《流沙简》），后 1、2 字形分别楷化为𩑶、髭，两者为异构字关系，《正字通》收頿，省彡形，是字形 1 的省体字，与前字形为异构字关系。

2. 符号化

如小篆对甲骨金文、隶变对小篆、楷书对隶书的改造使一部分字失去原有的造字理据例，文字变成符号。

例如"更"字，甲骨文作<ruby>⊙</ruby>；金文作<ruby>⊙</ruby>（西周中期《訇鼎》）；《说文·攴部》<ruby>⊙</ruby>从攴，丙声。为形声字，形旁"攴"为手持器械治事状，表示更字本义与治事有关。到了隶书时"丙"与"攴"黏合在一起，作<ruby>⊙</ruby>（《石门颂》）、更（《礼器碑》）变为独体字，单从字形来看，很难分析构意，与前古文字为异构字关系。

3. 讹化

文字书写过程中构件混同，若从正字角度可以判为讹字，从构形分析角度，由笔画书写层面差异造成部件混同字应属于异写字。

例如"督"字，甲骨文作<ruby>⊙</ruby>，本义为树杙于地，以测日影，此字下部当从"日"，后世讹为"目"，但在汉文字中仍然保留有从"日"的写法，与古体吻合。如汉隶督（《鲁峻碑》）、<ruby>⊙</ruby>（《曹全碑》）两者为异写字关系。而篆体<ruby>⊙</ruby>（《说文·目部》）、楷体督（《康熙字典》）已讹混为"目"，后干脆解释为从目，叔声，为形声字，表示与眼目有关。导致理据重新解释。<ruby>⊙</ruby>与<ruby>⊙</ruby>、督是讹字关系，同时也是异构字关系。

4. 部件异化

（1）部件增减。

例如"集"字，会意字，甲骨文简体作<ruby>⊙</ruby>，从一隹或一鸟在木上，金文作<ruby>⊙</ruby>（《小集母乙觯》商代晚期）从三隹在木上。《说文·雥部》："<ruby>⊙</ruby>，群鸟在木上也"，《说文》或体作<ruby>⊙</ruby>。以上字形属于构件数量不同，互为异构字关系。

（2）部件类化。

例如"若"字，甲骨文作<ruby>⊙</ruby>，像人跪坐，顺发状。<ruby>⊙</ruby>（《毛公鼎》西周晚期）加"口"。战国文字<ruby>⊙</ruby>，上部头发讹为"中"形，人身形加"彡"做饰笔。"中"形后又类化作"艸"形，如<ruby>⊙</ruby>（《睡虎地秦墓竹简》）、若（《武威汉简》）、若（东汉《华山庙碑》）、<ruby>⊙</ruby>（《说文·艸部》）都为部件类化后出现的字形，以上字形类化前为异构字，类化后互为异写字。

异写字与异构字的研究，对汉字理论研究、汉字字际关系考辨、汉字形体流变、疑难字考辨等研究有指导意义。然而现阶段，针对异写字与异构字的判定标准和归类、异写字与异构字层次关系的描写及文字谱系的梳理和厘清、异写字与异构字对异体字整理和规范的指导等问题还有待进一步讨论、研究和完善。

（吕敏，汉语言文献研究所，703839435@qq.com）

俄罗斯科学院东方文献研究所收藏的满语文珍稀文献

王敌非

提　要：俄罗斯科学院东方文献研究所藏有部分国内未知的满语文珍稀文献。这批文献主要为写本，以经部·小学类、子部·释家类和文学作品的译本居多。俄罗斯科学院东方文献研究所藏满语文珍稀文献多为传教士多年的购置，对其的整理与研究，不仅可以拓展满文文献的研究领域，而且对于熟悉俄罗斯满学研究和汉学史的发展历程具有重要意义。

关键词：满语文；珍稀文献；著录；叙录

清代中俄两国交往渐增，出于地缘和政治需要，俄罗斯极其重视满文文献的收藏。在俄罗斯政府的支持下，许多传教士与汉学家来到中国，通过记录、购买和索赠等方式，搜集了大量满文文献。这批文献内容广泛，价值独特，是满语文、中俄边疆历史文化研究的珍贵史料。

坐落于圣彼得堡市（Санкт Петербург）涅瓦河畔的俄罗斯科学院东方文献研究所（Российская Академия Наук Институт Восточных Рукописей），是俄罗斯最大的满文文献收藏中心。据沃尔科娃（М.П.Волкова，1927~2006）和庞晓梅（Татьяна Александровна，1955~）等学者的整理研究，俄罗斯科学院东方文献研究所藏有满文文献 586 种[1]。与国内出

---

[1] Tatjana A. Pang: Descriptive Catalogue of Manchu Manuscripts and Block-prints in the St. Petersburg Branch of the Institute of Oriental Studies Russian Academy of Sciences, 2001.（庞晓梅：《俄罗斯科学院东方研究所藏满文刻本与写本叙录》，哈拉索维兹出版社 1996 年版）；М.П.Волкова: Описание Маньчжурских Рукописей института Народов Аэии ан СССР, Издательство 'наука' Главная Редакция Восточной Литературы, Издательство Наука Главная Редакция Литературы, 1965.（沃尔科娃：《苏联科学院亚洲民族研究所满文写本叙录》，科学文献出版社 1965 年版）；М.П. Волкова: Описание Маньчжурских Ксилогафов Института Востоковеденияан СССР, Иэдательство 'наука' Главная Редакция Восточной Литературы, Издательство Наука Главная Редакция Литературы, 1988.（沃尔科娃：《苏联科学院东方研究所满文写本叙录》，科学文献出版社 1988 年版）

版的满文文献目录相校读，可知俄罗斯科学院东方文献研究所藏有部分学界未知的珍稀文献，其按照版本类型可分为：第一，孤本，指某书仅有一份在世间流传的版本，亦指仅存一份未刊手稿或原物已亡佚，仅存的一份拓本①；第二，稀缺版本，指未藏于中国而藏于其他国家的文献版本；第三，其他版本，指因文种不同而产生的文献版本。本文根据以上分类，选取俄罗斯科学院东方文献研究所藏较具代表性的满语文珍稀文献进行阐述。

一、《奉天诰命》

满文题名转写为 abkai hesei ulhibure fungnehen。乾隆四十六年（1781 年）九月初六日抄本，满文蒙古文合璧。该档录于深红色丝绸，蒙古文本位于满文本后，记录了承袭蒙古扎萨克贝子一事，满文全文抄录及汉译文如下：

> hese arabtan dahame jifi wang fungnefi, ini jui ceringwangbu sebtengwangbu de juwe jalan wang sirabuha enen akū ofi, wang ni hergen be argiyafi enen obume ujiha pungcuk baitai turgunde beise i jergi nisihai dargafi. bi geli kesi isibume ini jui namjal de jasak i beise sirabuha be dahame kesi isibume. ere jasak i beise be jalan halame lashalakū sirabu sehe.

> 谕：阿拉布坦来降，袭王爵，其子策令王布、色布腾王布无子承其位，故削其位，另其养子彭楚克因事，其贝子爵一并削除。臣加恩其子那木吉拉承袭扎萨克贝子爵，以此札萨克贝子爵承袭不断。

二、《雍正八年六月初一日戊戌朔日食图》

雍正八年（1730 年）刻本，满文，页面高 29 厘米、宽 15 厘米，版框高 25.3 厘米、宽 13.2 厘米，半叶 10 行。该文献为雍正八年六月于京城、浙江杭州府、广东广州府、山西太原府、云南云南府和朝鲜等 17 地发生的日食记录，其中京城记录抄录如下：

---

① 中国社会科学院语言研究所词典编辑室：《现代汉语词典》（第六版），商务印书馆 2012 年版，第 462 页。

han i araha li siyang g'o ceng bithe be gingguleme dahame bodoho hūwaliyasun to bi jakūi aniya ninggun biyai ice de, suwayan indahūn inenggi šun be jetere fun, miyoo, erin, ke, jai deribure, da an i ojoro ergi oron, ging hecen de šun be jeterengge uyun fun orin juwe miyoo, meihe erin i tob ilaci ke i juwan juweci fun de dergi i ci ergici urhumeliyan ekiyeme deribumbi, morin erin i tob ilaci ke i emu fun de labdu jembi. gūnin erin i tob emu ke i juwan emuci fun de hashū ergi i dergici dahūme muheliyen ombi. šun be jeterengge uheri juwan ilan ke juwan duin fun, labdu jetere de šun suwayan jugūn i honin gung ni orin juweci du i juwan ningguci fun, jing usihai orici du i dehi juweci fun, fulgiyan jugūn i honin gung ni orin duici dui duici fun, jing usihai orin juweci du i orin emuci fun.

钦尊，御制历相考成推算得雍正八年六月初一日戊戌朔日食分秒时刻并起复方位，京师日食九分二十二秒：初亏巳正三刻十二分，上偏右；食甚午正三刻一分；复圆未正一刻十一分，左偏上；计时限内凡十三刻十四分，食甚日躔黄道鹑首宫二十二度十六分，为井宿二十度四十二分；赤道鹑首宫二十四度四分，为井宿二十度四十二分。

三、《针灸奇技》

满文题名转写为 sabsire sūiha sindara ferguwecuke arga。一册，写本，线装，满文，半叶 11 行，页面高 47 厘米、宽 27 厘米，另存副本于圣彼得堡大学东方系图书馆（Восточный факультет Санкт-Петербургского университета библиотеки），满文题名 sabsire suihe sindara "翻译针灸书"，两册，满文，半叶 12 行，页面高 38 厘米、宽 22 厘米。该书是一部有关传统中医针灸疗法的介绍，主要对五种常见病症如 weihe nimere hacin "牙痛"；fucihiyara hejere hacin "咳嗽与呼吸困难"；bethe gala nimere hacin "手足疼痛"；taran waliyara hacin "多汗"；šahurun derbehun de nimere hacin "手脚冰凉出汗"等的成因进行解释，并配以治疗方案及穴位插图。

四、《百二老人语录》

满文题名转写为 emu tanggū orin sakda i gisun sarkiyan。松筠撰，富俊译，写本，六

册，满汉合璧，页面高 27.5 厘米、宽 17.5 厘米，半叶满、汉文各 6 行。该文献为清代老人回忆录合辑，内容涉及乾隆朝末期旗人社会的各个方面，其序言转录如下：

emu tanggū orin sakda i gisun sarkiyan šutucin

gingguleme gūnici, euduringge ejen cohotoi hese wasimbufi erin forgon i bithede, niowanggiyan singgeri i ton be dabakorilame emu tanggū orin obume nonggime arabuhangge, cohome gubci mederi tulergi niyalma irgen be bireme se jalagan nonggikini sere gosingga gūnin, gosingga ofi, jalafungga seme, bisirele niyalma irgen fekuceme urgunjeme, enduringge ejen i tumen se be huksendume jalbarire unenggi, yala abkai fejergide jalukabi.

百二老人语序

恭维，皇上特降谕旨，将时宪书花甲之数叠算重周，增为百二，只期薄海内外人民咸登寿域用，协人心惟仁者寿，人民欢洽，共祝夫皇帝万岁，感戴之诚，遍于寰区矣。

五、《连话》

著录见于《俄罗斯科学院藏满文写本与刻本目录》，写本，满蒙汉合璧，页面高 30 厘米、宽 19.5 厘米，半叶汉文、满文和蒙古文各 3 行。该书为一部格言合辑，分"头本"与"下本"。"头本"两册，因"头本"二字与题名过于靠近，俄学者将其著录为《连话头本》；"下本"四册，第四册封面存题名 manju monggo i gisun "满蒙语"，"头本"首页抄录如下：

天大亮了，abka gehun gereke；tengger geb gegerebe；
昨日早起，sikse erde，ecigedur erte；
今日晚上，enenggi yamji，enedur ashun；
夜里阴着来着，dobori de tulhušehe bihe, sui du burkusen biliye.

六、《大清国国书》

满文题名转写为 daicing guruni guruni bithe。刻本，满汉文，版框高 20.8 厘米、宽

22 厘米，页面高 34.5 厘米、宽 22 厘米，每页 6 行，经折装，左侧满文，右侧汉文，中间为朱色印 amba daicing gurun i badarangga doro i gūsin duici aniya omšon biyai orin uyun "光绪三十四年十一月二十九日"。该文献为光绪三十四年（1908 年）以清末代皇帝溥仪之名致俄末代沙皇尼古拉二世（Николай II Александрович，1868~1918）的信件，主要内容为保持中俄两国良好关系的意愿，全文转录如下：

amba daicing gurun i amba hūwangdi gingguleme amba oros gurun i amba hūwangdi de sain be fonjifi, dulinba i gurun jai wesihun gurun sain i guculehe aniya goidaha takūraha elcin genere jidere de aifini haji jiramin seci ombi, te bi hargašame abkai hesebun be alifi amba doro be gingguleme siraha cohotoi wesihun gurun de tebunehe takūraha amban saintu be gurun i bithe be alibufi, bi afaha tušan i gūnin be iletulehe harangga amban tondo unenggi akdun sijirhūn tacin sarsu amba hafu ishunde tabušara baita hacin be icihiyahangge gemu lak seme acanara de isibuha hono amba hūwangdi de da an i obume tuwame ereni terei tušan be akūmbure be erebe bime juwe gurun ishunde guculehengge ele haji hūwaliyasun be jiramilame muterengge erebe hing seme erehunjehengge inu.

大清国大皇帝敬问大俄国大皇帝好，中国与贵国通好有年，使命往还，向称亲密，兹朕仰承天命，寅绍丕基，特命驻扎贵国使臣萨荫图，呈递国书，以表朕委任之意。该大臣忠诚亮达，学识宏通，办理交涉事件悉臻允洽尚望大皇帝照常接待，俾尽厥职，克令两国邦交益敦亲睦，是所厚望。

七、《八旗满洲成家结亲礼书》

满文题名转写为 manju gūsai boo banjire niyaman jafara dorolon i bithe。一册，写本，满汉俄文，页面高 22 厘米、宽 17.5 厘米，20 页，半叶 7 行。该文献为满族生活描述及婚礼介绍，其中婚礼介绍包括《婚约》《新娘仪式》和《新郎仪式》等部分。

八、《册封逊都布多尔济继妻为贝子夫人制册》

经折装，硬纸封面，由褪色红丝包装，正文由红色满文和蒙古文书写于黄色丝绸，满文蒙古文内容相同，该丝绸位于手绘银色框内，20扣，每扣7行，页面高33.5厘米、宽 13 厘米，银框上下为飞龙、左右为祥云，另有升降飞龙位于正文两侧。以下为该制册的满文、蒙古文原文及作者自译汉文：

满文原文

abkai hesei forgon be aliha

hūwangdi hese

wang ni ilhi ofi, wesihun be isibure be dahame, kesi be selgiyere de jergi bi. dorgi durun be tob obufi, jergi be tuwame obure be dahame, sain be fungnere de ilgarakū. yargiyan i doroi miyamigan de acanaci kesi hese be isibure giyan. kalkai jasak gūsai beise sundubdorji i sirame gaiha sargan sula uksun yung šeo i sargan jui, sini banin ginggung olhoba, erdemu nesuken nemgiyen eigen de aisilame. boode durun ilibufi, dasara teksilere wen yongkiyafi dorgideri aisilahangge yargiyan i ambula. tuttu simbe beise i fujin fungnefi hoošan i abdangga fungnehen buhe. beise de holbohongge wesihun derengge juru akū, juktere amsun be bolgomime hiyoošun ginggun be endeci acambi wesihun oho seme ume coktoloro kesi be aliha seme ume dabašara ginggule.

abkai wehiyehe dehi uyuci jorgon biyai juwan uyun.

蒙古文原文

tengri yin bošoγ iyar caγ i ejelegsen

quwangdi yin jarliγ

wang un ded boluγad, erkim i kurtegekui yin tulada, kesig i tongγalaqui dur jerge bui. toto γadu keb i tob bolγaγad, jerge yi inu ujeju bo γaqui yin tulada. sayin i ergumjilekui dur ilγaquugei, uneger yosotu cimeg tur neilelcebesu. kesig jarliγ i kurtegeku jokistai bui, halq a yin jasaγ qosi γun u beyise sondobdorji yin qoyitu abuγsan gergei uqaγ a jug šeo yin okin. cini torolki inu kiciyrnggui ayumdaqu. erdem inu dolgen tuliyen nokur tegen tusalaju gerte keb bayiγulju jasaqu ba tengsileku soyul i tegusuged, dotuγar iyar tusalaγsan anu uneger yeke bolai, teyin ku camayi beyise yin qatun ergumjileged. caγasun u nabcitu ergumjilel soyuqabai, beyise dur qolbaγsan anu erkim niɣurtai qoyar ugei. takiqujoɣoɣ i ari ɣulaju takiɣdaqu kiciyenggui yi uriddabasu jokimui erkim bolbai kemen buu omurqa ɣdun, kesig i kurtebei kemen buu rasi ɣura ɣdun, kiciyengguyile.

tengri yin tedgugsen u dosin yisuduger on ebul un segul sar a yin arban yisun.

汉文译文

奉天承运，皇帝制曰：

成王之序，当予荣耀，受爵推恩。内则端庄，则授准衔爵，无别封善，实合华美之道，理宜施恩。喀尔喀扎萨克固山贝子逊都布多尔济继妻，闲散宗室永寿之女，性情谨慎，德行温婉，辅佐夫君，树立家规，内整教化，辅助实深，故封尔为贝子夫人，授予纸册。结缘贝子，尊荣无双。致斋祭祀，宜隐孝敬。富贵以及，沾恩勿傲，勿骄慎之。

乾隆四十九年十二月十九日。

通过以上论述可以看出俄罗斯科学院东方文献研究所藏满语文珍稀文献具有以下特点：

第一，据德国目录学家瓦尔拉文斯（Hartmut Walravens）的研究，满文文献在俄罗斯、英国、法国、德国、美国和日本等国均有收藏[1]。部分满文文献虽未藏于国内，但在俄罗斯的不同图书馆或其他国家均有收藏，如圣彼得堡诸图书馆均藏有《万物真原》，法国国家图书馆（巴黎）、耶稣会罗马档案馆（梵蒂冈）与俄罗斯诸图书馆均藏有《天主实义》等。俄藏满语文珍稀文献中有部分汉文作品如《纲鉴会纂》《列国志传》和《与淮南王长书》等，虽在国内有其汉文本，但俄罗斯藏品为其满文译本；另有如《百二老人语录》，虽然中国、日本和美国等国均藏有其满文本，但俄罗斯藏品为该文献满汉合璧本。可见，俄藏满语文珍稀文献中孤本较少，藏于其他国家的稀缺版本和因文种不同而产生的其他版本较多。

第二，俄传教士的满文著述虽国内未藏，但多为中国现存满文文献的节选，它们或无题或被重新冠名，因此往往被误认为是满语文珍稀文献，如俄罗斯科学院东方文献研

① Hartmut Walravens, Bibliographie der Bibliographien der mandjurischen Literatur, Wiesbaden, Harrassowitz Verlag Publishing House, 1996.（瓦尔拉文斯，满族文献书目，威斯巴登，哈拉索维兹出版社 1996 年版）

究所藏满汉合璧写本《集满语书》（isabuha manju gisun i bithe），为由日常会话《一百条》中选取六十八条编撰的满语教材，内容与《一百条》完全相同；满汉俄文《官员类》为一部解释官员名称和级别的辞典，词条均选自《御制增订清文鉴》设官部等。但是俄传教士的满文著述仍有部分珍稀文献，如满文写本《亚当与夏娃》（adama efa）与《伊犁事记》（ili ba i baita be ejere bithe）等。

第三，与俄其他单位的满语文珍稀文献收藏主要来自小规模的个人捐赠不同，俄罗斯科学院东方文献研究所藏满语文珍稀文献主要依靠几代传教使团多年的购置。从种类上看，俄罗斯科学院东方文献研究所藏满语文珍稀文献多以子部各类和经部小学类居多，如满文刻本《御制四体合璧翻译名义集考证》、满蒙汉合璧刻本《佛号目录》、满文写本《三十六条》和《学生名册》等，这些文献多不为学界所知，且副本较少，与俄其他单位或其他国家藏品互为补充。可见清代俄来华传教士不仅精通数种中国语言且了解俄罗斯各收藏单位的收藏情况，使有限的资金避免了重复购置①。

与俄藏满文文献的庞大数量相比，俄罗斯科学院东方文献研究所藏满语文珍稀文献虽然数量较少，但多不为学术界所知。这批文献不仅能反映同类文献编撰的历史背景和特点，还可为学术研究提供真实可靠的资料。对其的整理与研究，不仅可补国内满文文献研究之阙，还可为中俄文化关系及东北边疆研究提供重要史料。

（王敌非，中国社会科学院民族文学研究所，wdf_donald@163.com）

---

① 阎国栋：《俄国汉学史》，人民出版社 2006 年版，第 546 页。

方块白文记录语言单位研究

李二配

提　要：文字是记录语言的符号系统。方块白文作为汉字式借源文字，是用来记录白族语言的符号系统。方块白文具体是怎么样记录白语的，大致可以从两个方面进行研究，分别是文字记录语言的单位与文字记录语言的方式。本文拟对第一个问题进行探讨，分析方块白文记录白语语言单位的具体情况。

关键词：方块白文；白语；语言单位

汉字式借源文字的方块白文是如何记录白语的，为了更加清楚地展示出方块白文记录白语语言单位的实际情况，我们从语言单位——词、语素，以及语音单位——音节三个层面进行分析。明确方块白文记录白语语言单位的情况，对进一步了解方块白文的性质具有重要意义，鉴于此，本文拟对方块白文记录语言单位的情况进行研究。

本文以释读充分，且具有代表性的明清碑铭、近现代纸本方块白文文献作为基础文献。具体有明清时期《杨宗碑》《山花一韵》《山花碑》《白曲诗碑》。近现代时期《云龙短曲残本》（以下简称《残本》），该《残本》是用古白文传抄，由白族学者徐琳先生保存，经徐琳、（美）傅京起、赵敏、段伶等先生释读，收录于 2011 年出版的《中国白族白文文献释读》，以原文、白语注音、直译、意译四对照的形式呈现。《大理孝婿赵某祭奠岳母亡灵文》《云龙孝侄字某祭奠伯父亡灵文》（亦选自《中国白族白文文献释读》）。

首先，我们从语言中较大的单位——词进行分析，目的是将文献中少数字词不对应的情况交代清楚，之后在此基础上再将字词对应中的方块白文单字与所记录的词、语素和音节进行对照，具体分析其对应关系。

一、方块白文字词对应关系

分析方块白文与白语词的对应关系，即分析方块白文是否能够完全记录白语词，是否能够有序地表达白语。通过对文献的系统整理可以发现，方块白文与白语词的对应关系可以分为两种情况：一是字词不对应；二是字词对应。以下我们分别举例说明。

（一）字词不对应

通过对方块白文文献的整理发现，其中也有少量字词不对应的情况存在，分为两种类型：一是有词无字；二是有字无词。但是，方块白文文献中的少数字词不对应情况是后期学者翻译时为了照顾表达习惯而形成的，并非语言文字自身因素的限制。因此，文献中的"有词无字"并不是词没有对应的文字记录，"有字无词"也不像东巴经书中表意却不读音的字。但是，为了更好地探讨本文主题，在此，文章将不对应例以更加直观的形式呈现出来，便于读者对其有一个感性的认识和了解。

1. 有词无字

通过对文献的考察，现将有词无字例列举如下：

例 1：明代《杨宗碑》

原文：子　男　文　郁　文　郑　等　　哀　戚　依　礼　伤　葬　在　　弘

注音：tsi³³ po³⁵ vɯ⁵⁴ ju³⁵ vɯ⁵⁴ mo⁵⁴ uɑ⁵⁵n̠i²¹ e³³ tɕhe³⁵ ji³³ li³¹ uɑ⁵⁴ ko⁵⁴ tsɯ³⁵ xu⁵⁴

对译：子　男　文　郁　文　郑　等人　哀　戚　依　礼　埋　葬　在　　弘

原文：圭　山　祖　墓　　宅　　　中

注音：kue³³se³³ ku³¹ mo³¹ 　tɕi³¹ 　　　xɯ³¹

对译：圭　山　祖　墓　　宅，地　　中

例 2：白祭文《大理孝婿赵某祭奠岳母亡灵文》

原文：叫　害　　　自　害　脚　高

注音：ɣɯ³⁵ xɛ⁵⁵ 　　mɯ³¹ tsɿ⁵⁵xɛ⁵⁵ ko⁴⁴ ka³⁵

对译：喊　天　　它　则　天　脚　高

意译：叫天天高

例3：白祭文《云龙孝侄字某祭奠伯父亡灵文》

原文：可　是　大　爹　叱　　　　招　呼　咊　肺

注音：ko²¹　ɕi⁵⁵　ta⁵⁴　ti³³　ŋi⁵⁵ n̠ɔ³³　tso⁵⁵　xo⁵⁵　puɯ³¹ phia⁴⁴

对译：可　惜　大　爹　您上　　招　呼　不　到

意译：可是没有招呼到大爹您

以上三例，例 1 是译注者在阅读时加上了一个白语词"n̠i²¹，人"，从而更符合白语的实际表达习惯；例 2 添加了白语词"mɯ³¹，它"，同样是为照顾白语实际的表达习惯；例 3 则是按照白语语法添加了宾语助词"nɔ³³，上"，从而使其更符合语言表达习惯。

方块白文文献中有词无字现象与东巴经书文献中的有词无字现象有所不同："东巴文记录的经书是辅助口诵经文的工具，故东巴们在书写经书时，无需将经文逐词记录，而只记录关键词语以辅助记忆，因而形成了其独特的记录方式：共用、省略和行义固化"[①]；方块白文文献中有词无字出现的原因则相对简单，主要是为了照顾音节、韵律的和谐而省略了原本语言表达习惯中的某个词语，而学者译注时又按照实际语言表达习惯临时将省略词语添加上来。

2. 有字无词

所谓有字无词是指文献中出现的某些字没有得到词的对应，表现出字多于词的现象。象形程度较高的东巴经书文献中也存在有字无词现象，如经文中有的字只表意不表音，主要是对某些词进行附加或补充性说明。方块白文文献中有字无词现象则与东巴经书中的有字无词有所不同，现列举如下：

例1：《山花碑》

原文：秀　雀　瓬　景　鸣　嗾　嗾　　蝉　吟　　声　嗽　嗽

注音：ɕou³⁵　tsou⁴⁴　kuɛ³¹　tɕɯ³¹ mɛ₃³¹　xu³⁵ xu³⁵　ta²¹ pi²¹　tɕhɛ₃⁵⁵ zu³³ zu³³

对译：秀　雀　玩　景　鸣　轰　轰　　蝉　　声　欲　欲

---

① 邓章应：《东巴文与水文比较研究》，人民出版社 2015 年版，第 129 页。

例 2：《残本》第 53 首

原文：结　　细　　能　　吐　　细　　冷　　科

注音：ɕi³⁵　tɕɛ⁴⁴　nɯ⁵⁵　nɔ³³　　　lɯ³¹　khɔ³³

对译：牵　　心　　你的　上　　　这　　颗

意译：牵着你的心这颗

例 3：白祭文《云龙孝侄字某祭奠伯父亡灵文》

原文：哎　哥　哎　姐　罢　过　后　呢　思　老　嘠

注音：ŋa⁵⁵　ko³³　ŋa⁵⁵　tɕi³¹　pa⁵⁵　ko⁴²　xɯ⁵⁵　　mi³³　lɔ³¹　tua⁴⁴

对译：我们　哥　我们　姐　他们　过　后　　　想　老　上

意译：咱哥咱姐在后面想我们

以上例 1 直接以"蝉声"代替"蝉吟声"，在不影响表意的情况下省略了白语词"吟"；例 2 是为了避免语言表达重复而省略了第二个词"tɕɛ⁴⁴，心"；例 3 省略了语气词"ni⁵⁵，呢"，不影响语言表达的完整性。

从以上三例中可以看出，没有被词对应的这些字仍然是形、音、义的结合体，且在文献原文语句中是以既有读音又有意义的角色存在的，之所以译注者在阅读翻译时没有读出来，主要是为了照顾语言表达习惯或者为了避免表达重复，于是在不影响正确表达语句意义的前提下省略了某个词或语素。

方块白文文献中有字无词现象与东巴经书中的有字无词有所不同，主要有两点：①东巴经书文献中有字无词的情况主要是：有的字是表主题或主语的，不读音；有的字在语句中的作用只是对某些词进行附加和补充性说明，也不读音①，但方块白文文献中没有词对应的这些字则不具有这样的作用；②东巴经书文献中的有字无词现象具有约定俗成性，是由东巴经书的记录习惯与东巴的诵读习惯之间的这种"约定"而形成的，但方块白文文献中的有字无词则更多的是一种临时性的省略，省略的前提是不影响原文意义的表达。

（二）字词对应

所谓字词对应是指语言中的每个词都有文字进行记录，对于多音节单纯词和多音

---

① 邓章应：《东巴文与水文比较研究》，人民出版社 2015 年版，第 135、136 页。

节的合成词只要有至少一个音节或至少一个语素被文字记录，也属于该词得到了记录，符合字词对应的情况。通过对文献的系统分析发现，文献中字词对应占绝对比重，现举例如下：

例1：《残本》第34首

原文：鹐　嘿　我　尚　那　　南　邈

注音：ke⁵⁵　mɛ²¹　ŋɔ³¹　sa³⁵　na⁵⁵　na⁴²　khɯ³³

对译：鸡　鸣　我　从　你们　那里　起

意译：鸡鸣我从你那里启程

原文：达　橡　跻　偲　偆

注音：ta⁵⁵　kua⁴²　tɕi⁴²　ŋɯ⁵⁵　ɣɯ³³

对译：拿　棍　追　我的　后

意译：拿棍子追赶我

例2：《大理孝婿赵某祭奠岳母亡灵文》

原文：枝　算　树　勾　跪　岸　当

注音：tsɿ³³　sua³⁵　sv⁵⁵　ko⁴⁴　kv³¹　ʔa⁵⁵　ta⁴⁴

对译：子　孙　双　脚　跪　　这里

意译：子孙双脚跪这里

原文：叫　我　母　情　以　须　化

注音：ka⁴⁴　ŋɯ⁵⁵　mɔ³³　tɕɛ²¹　ji²¹　sua⁴⁴　xua⁴⁴

对译：把　我的　妈　情　义　诉　说

意译：把我妈的情义诉说

例3：明代《杨宗碑》

原文：年　　初　　聪　明　秀　气

注音：ni⁴⁴sua⁴⁴　se³¹tsi²¹　tshu⁵⁵miɯ³⁵ɕo⁵⁵tɕhi⁵⁵

对译：年岁　幼时幼小　聪　明　秀　气

原文： 迎　　市　　　　上 村 老 人 王　　秋 小 女 观　　音 宝

注音： ŋɛɹ²¹　tsi³³pɛɹ²¹　　to³⁵jɯ⁴⁴ku³³ŋi²¹ua⁵⁴tɕhɯ³³se²¹nv³³kua³³　jɯ³³po³¹

对译： 迎娶　街子　　　　上 村 老 人 王　　秋 小 女 观　　音 宝

以上用例中的每个白语词都有对应的文字符号来记录。通过对文献的系统分析发现，虽然方块白文未经规范，存在用字较为随便等问题，但实际是能够按照一定的规则完整且有序地记录白语词的。

通过考察分析得出，方块白文文献中字词不对应的情况仅为少数，字词对应则占绝对比重。因此，根据分析我们初步得出：方块白文基本上可以完全记录白语，并且能够完整有序地记录白语。

二、方块白文与语素、词及音节的对应关系

通过以上对方块白文字词对应关系的举例分析可知，文字符号基本上与语词对应，能够完全记录语言。但这种对应不完全是一一对应，即不完全是一字一词的对应方式。

苏培成先生指出，确定文字的性质要看文字的基本单位记录的是什么样的语言单位。文字的基本单位是指文字体系中能和语言成分相对应的最小单位，汉字的基本单位即单字；而语言则是一个层级体系，分为上下两层，上层是指语音层，包括音素和音节；下层是音义结合的符号和符号的序列，包括语素、词和句子。世界上的文字有许多种，从文字的基本单位记录的语言单位来看主要有三种，分别是音素文字、音节文字和语素文字。如英文的字母记录的是英语的音素，属于音素文字；日文的假名也是一种字母，一个假名代表一个音节，所以记录的是日语的音节，属于音节文字；汉字单字记录的是汉语的语素，属于语素文字[①]。

吕叔湘先生也将世界上的文字分为音素文字、音节文字和语素文字三大类，并指出音素文字和音节文字都是拼音文字，拼音文字的字母原则上都是没有意义的，有意义是偶然的例外，而语素文字的基本单位是字，不是字母，且字是有意义的，所以汉字是形音义的统一体，而其他文字则是形和音的结合[②]。

---

① 苏培成：《现代汉字学纲要》，商务印书馆 2014 年版，第 2 页。
② 转引自苏培成：《现代汉字学纲要》，商务印书馆 2014 年版，第 5 页。

就汉字而言，其表音的因素不容忽视，这一点也给汉字的定性造成了很大的困扰，因此汉字的性质问题历来众说纷纭。比如，苏培成先生指出汉字的形和它所表示的语素的音和义紧密结合在一起，形成形音义的结合体。但是语素也有多音节的，如联绵词、重叠词和音译的外来词，那么记录多音节语素的每个汉字则只有形体和读音，没有意义，因而不是形音义的统一体，但是这样的字数量不多，不反映汉字的本质，也不会影响汉字是语素文字的论断①。裴锡圭先生认为，人们在借某个字来表示一个跟它音同或音近的词的时候，通常并不要求他们原来在意义上有什么联系。……假借字是借用已有的字作为音符来表示跟这个字音同或音近的词的。……但是汉字使用的音符跟拼音文字的音符有很大的区别，这种音符作为表音节的符号来看，跟音节文字的音符当然同样是有很大区别的。汉字既使用表音节的符号，也使用属于语素这个层次的符号，表音节的符号都是借现成的文字来充当的，而且借来表示同一个音节的字往往有很多个，这些都是跟音节文字不同的地方。因此，裴先生认为不能简单地称汉字为语素文字，综合考虑其表音节的情况应该称之为语素——音节文字。同时还指出，汉字记录具有两个以上音节的语素，一般用假借字和造专用字两种方法，此时假借来的字必须连在一起才能表示出意义，各个字只具有表音节的符号的性质；为双音节语素造的字跟记录双音节语素的假借字一样，也必须两个字和在一起作为一个整体才有意义。且记录多音节语素的一组假借字分开之后每个字尚有它本来固有的字义，而为双音节语素造的字分开之后连这种字义也没有②。

由此，汉字式借源文字方块白文记录语言单位的问题就显得更加复杂了，它既有汉字中假借表音节的现象，也有记录语素的现象。那么方块白文究竟记录的是语言的什么单位，以下我们通过举例，将方块白文单字与语言单位——词、语素，以及语音层面中的音节放在一起进行具体分析：

例 1：《残本》第 14 首

原文：暗　　止　　干　　　偲　　　细　　　双　　　溂

注音：ʔa³¹　tsʅ²¹　ka⁴⁴　　ʔɯ⁵⁵　　ɕi³⁵　　sua⁴⁴　　phɛ⁵⁵

对译：一　　时　　把　　　我的　　心　　　说　　　软

意译：一时让我软了心

---

① 苏培成：《现代汉字学纲要》，商务印书馆 2014 年版，第 4 页。

② 裴锡圭：《文字学概要》，商务印书馆 2013 年版，第 11、14、17、19 页。

表1　音节、语素等对照表（一）

字	暗	止	干	偲	细	双	湴	7个字
音节	γa^{31}	tsn^{21}	ka^{44}	γu^{55}	φi^{35}	sua^{44}	phe^{55}	7个音节
语素	暗	止	干	偲	细	双	湴	7个语素
词	暗止		干	偲	细	双	湴	6个词

从表格所呈现的对应关系可以看出，方块白文单字与音节和语素是一一对应的，但跟词没有完全一一对应，双音节合成词是用了两个文字符号来表示的。具体分析如下：

"γa^{31}，一"是白语固有词，根据音同音近而跨文字系统假借汉字"暗"来记该语素的音节，只表音，不表意，只作为记录音节的符号使用；"湴"是自造字，但实际是借汉字"迫"的音来记录音节，加偏旁为了表明是区别于汉字的自造字，所以只与该白语词的读音有联系，与意义无关；同样只是用来记录音节的还有"止""干""细""双"。

"偲"借用汉字"恩"记录白语人称代词的读音，加"亻"有辅助表意的作用，是方块白文自造形声字。裘锡圭先生就汉字而论认为，形声的声旁也是表音节的符号，形旁则只跟语素的意义有联系，可以把形声字看作介于语素字跟音节字之间的一种文字[1]，我们赞同先生的观点。综上，从一一对应的角度来看，该句话中的方块白文单字在记录白语时主要以纯粹表音为主，即以记录音节为主，少数记录与意义有关的语素。

例2：清代《白曲诗碑》

原文：天　　地　　吒　　　当　　母

注音：he^{35}　tei^{31}　ηi^{55}　　to^{35}　mo^{33}

对译：天　　地　　与，和　　父　　母

意译：天地和父母

表2　音节、语素等对照表（二）

字	天	地	吒	当	姆	5个字
音节	天	地	吒	当	姆	5个音节
语素	天	地	吒	当	姆	5个语素
词	天地		吒	当姆		3个词

根据表格可知，白语词完全得到了记录，但方块白文单字同样与音节和语素一一对应。"当""吒"，纯粹用来记录白语音节，与意义无关；"天""地""母"是形音

---

① 裘锡圭：《文字学概要》，商务印书馆2013年版，第17页。

义的结合，分别记录了白语中的语素"he³⁵，天""tɕi³¹，地""mo³³，母"。

例3：《残本》第80首

原文：白　　踦　　螺　　咃　　方

注音：pɯ³⁵　tɕi⁴²　sɛ⁵⁵　se⁴²　to³³

对译：白　　　　生　世　上

意译：白活在世上

表3　音节、语素等对照表（三）

字	白	踦	螺	咃	方	5个字
音节	白	踦	螺	咃	方	5个音节
语素	白	踦螺		咃	方	4个语素
词	白踦螺			咃方		2个词

根据表格可知，方块白文单字只与音节——对应，5个单字记录了4个语素3个词。单字"白""咃""方"均记音且表意，——对应地记录了语言单位中的语素和音节；而"踦螺"是双音节语素，由两个单字分别记录其音，并合起来记录一个语素，单字只记音，不表意，这种情况在文献中的只有少数。

例4：《残本》第105首

原文：乐　　祇　鴗　廿　有　　赫　菜

注音：luo³⁵　tsʅ²¹　tso⁴⁴　li⁵⁵　tsɯ³³　fv⁵⁵　tshe⁵⁵

对译：麻雀　　　　　也　有　夫　妻

意译：麻雀也有夫妻

表4　音节、语素等对照表（四）

字	乐	祇	鴗	廿	有	赫	菜	7个字
音节	乐	祇	鴗	廿	有	赫	菜	7个音节
语素	乐祇		鴗	廿	有	赫	菜	6个语素
词	乐祇鴗			廿	有	赫菜		4个词

据表可知，该句方块白文单字与白语音节——对应。单字"乐""祇""廿""菜"是纯粹记音的，属于表音节的符号。其中，"乐祇"用来记录双音节语素"luo³⁵ tsʅ²¹"，只记音，不表意。"鴗""有""赫"在记音的同时还表意，分别对应一个音节、一个语素。

例 5：《残本》第 104 首

原文：因　　　屸　　　本　　　想　　　稗

注音：juɯ⁴⁴　tsha⁵⁵　puɯ³¹　ɕa³¹　pe³³

对译：吃　　早饭　　不　　想　　晚饭

意译：吃了早饭不想晚饭

表 5　音节、语素等对照表（五）

字	因	屸	本	想	稗	5 个字
音节	因	屸	本	想	稗	5 个音节
语素	因	屸	本	想	稗	5 个语素
词	因	屸	本	想	稗	5 个词

据表可知，方块白文单字与白语音节、语素、词都一一对应。"因""本"纯粹记录音节，与意义无关；"屸""想""稗"则记音又记意。

通过以上举例分析首先可以判定：从单字的角度来看，汉字式借源文字方块白文可以完整记录白语的音节。首先，不管是音读字、训读字、全借字还是自造字，一般来说，一个方块白文的读音就是一个音节，只有极少数单字记录多音节的语素或词，如方块白文"蝉"记录了白语双音节词"ta²¹pi²¹，蝉"，但不足以影响方块白文几乎完整记录音节的客观事实。其次，纯粹记音的音读字在整个文字系统中占绝对比重。因此，从一定程度上方块白文具有音节文字的属性。

但是，方块白文记录白语的音节，或者说方块白文具有音节文字的属性，与日本假名有极大的不同，正如被定性为语素音节文字的汉字同音节文字假名不同。张玉金先生认为："音节文字这个概念有特定的含义，这种文字里的一个符号记录语音中的一个特定音节，如日本语中的'い'这个符号记录[i]这一音节，这个音节也只用'い'这个符号。"[①]可见，像日本假名这样的音节文字是发展非常系统而成熟的。相比之下，方块白文记录语言音节则没有达到日本假名程度，普遍存在一个音节用多个单字记录的不规范用字现象，发展还非常不成熟。

其次，从单字的角度来看，方块白文基本上可以完整记录语素。白语词汇系统目前尚无具体研究，只有少数学者作了介绍性描述，如徐琳先生指出，白语固有词中单音节

---

① 张玉金：《论汉字的性质》，《辽宁师范大学学报》（社会科学版）2001 年第 5 期。

词较多，多音节词较少，且绝大多数多音节词是由单音节词按照一定的构成方式组合成的；白语中的汉语借词非常多，大多是以音译的方式直接借入，且很多汉语借词也可以做构词成分[1]。白语单音节词很多，多音节词也占有相当比例，但具体比重目前尚无相关数据可参。本文文献包括明清和近现代两个阶段，文献中单音节词与多音节词都有大量使用，但白语词汇系统演变的过程或结果并不清楚。因此，方块白文单字究竟记录白语语言单位中的语素还是词，涉及白语词汇系统发展演变的问题，还有待深入的统计和研究。

三、小结

本文旨在对方块白文记录白语语言单位的情况进行初步分析和研究。首先从语言中较大的单位——词进行分析，目的是将文献中少量字词不对应的情况交代清楚，即过滤出本文文献中字词不对应的情况。由分析得出，字词不对应只是为了照顾行文韵律与实际语言表达习惯，并且只有少数用例，而字词对应则占绝对比重。

在此基础上，我们将方块白文单字与所记录的词、语素和音节进行对照，具体分析其对应关系。通过分析我们得出，方块白文单字与白语音节基本上是一一对应的，但这种对应不同于音节文字的日本假名，因此，考虑到方块白文未经规范、发展不成熟的因素，我们认为从广义的角度来看，方块白文具有音节文字的属性。

但是，方块白文记录白语词还是语素的问题较为复杂，涉及白语词汇系统单音节词与多音节词的比重及演变过程的问题。因此，本文认为有待继续探讨和研究。

（李二配，西南大学汉语言文献研究所，18716623072@163.com）

---

① 徐琳、赵衍荪：《白语简志》，北京民族出版社 1984 年版，第 100 页。

浅析纳西东巴文起首符号特征

苟开青

提　要： 本文主要通过对《纳西东巴古籍译注全集》中出现的所有起首符号进行分类探析，从不同地域不同东巴所用起首符号、同一东巴在同一年龄和不同年龄所用起首符号以及存在师徒关系的东巴所用起首符号三方面考察，以此考察起首符号的使用特点及其变化发展的原因，并由此推测判定部分不详地区经书的时地信息，为东巴文分域断代等问题的研究提供帮助。

关键词： 东巴文；起首符号；形态差异

引　言

纳西东巴文以手抄本的形式传世，不同时期、不同地域的不同东巴，甚至是同一东巴在同一年龄所写的经书也不尽相同。邓章应老师认为："东巴文分域断代将以东巴为中心展开，全面收集文献，以显性的文献外部特征和隐性的用字及书写风格为标准进行系联归类。显性特征包括跋语信息、经书有无哥巴文，隐性则包括经书内容、装帧、封面书写行款和语言及用字差异等。"[①]起首符号是位于东巴经书的首页首行或者其他表示段落段首位置的一个表示起首的标志[②]，它属于隐性特征，其书写形态既反映了东巴经书的历时演变，也折射了不同东巴的性格特点，对它的研究有助于东巴文历时层次的

---

① 邓章应：《纳西东巴文分域与断代研究》，人民出版社 2013 年版，第 5 页。
② 邓章应：《纳西东巴文分域与断代研究》，人民出版社 2013 年版，第 153 页。

划分。本文将对《纳西东巴古籍译注全集》①（以下简称《全集》）中出现的所有起首符号进行分类探析，从不同地域不同东巴所用起首符号、同一东巴在同一年龄或不同年龄所用起首符号以及存在师徒关系东巴所用起首符号三方面来探讨其使用特点及影响其变化发展的原因，并由此推测判定部分不详地区经书的时地信息。

本文所涉及经书和起首符号均来自《全集》，引文格式为卷-页-行-格，如（29-107-1-1），表示此符号位于全集第 29 卷第 107 页第 1 行第 1 格。

一、不同地域的东巴所用起首符号

白小丽、邓章应《〈纳西东巴文古籍译注全集〉时地信息》②一文把《全集》中出现的经书分成了宝鸣大、丽江和鲁甸三大地区，每个大地区又划分为几个小地区，宝鸣大地区分为宝山、鸣音和大东及不详；丽江地区分为坝区、南山和东山及不详；鲁甸地区分为新主村、鲁甸村和维西及不详。本文对《全集》起首符号的综合分类也借鉴了这一分区法。

由于《全集》部分经书的时地信息不完整，且每个地区所用起首符号少则五六种，多则二十多种，鉴于篇幅问题，我们仅在每个地区选择了两位代表东巴，即在该地区使用起首符号最多的东巴，列出该东巴最常用的一个起首符号并算出它占该东巴使用起首符号总数的百分比。

表 1　东巴常用起首符号及其占总数比例

大地区	小地区	东巴名	主要起首符号	比例	《全集》中位置
宝鸣大地区	宝山	欧嘎宙的大伯		97%	22-328-1-2
		欧嘎宙		79%	66-233-3-2
	鸣音	和即贵		78%	51-43-3-2
		恩垛华		89%	54-251-2-2
	大东	郑兴		71%	17-43-1-1
		东知之孙（69 岁）		44%	6-32-1-1
丽江地区	坝区	东发		83%	92-195-4-3
		和御琴		58%	41-210-3-1

---

① 东巴文化研究所编译：《纳西东巴古籍译注全集》，云南人民出版社 1999~2000 年版。

② 白小丽、邓章应：《〈纳西东巴文古籍译注全集〉时地信息》，载《比较文字学研究》（第一辑），人民出版社 2015 年版，第 201~247 页。

续表

大地区	小地区	东巴名	主要起首符号	比例	《全集》中位置
丽江地区	南山太安	东卢		81%	83-205-1-1
		东恒		95%	100-62-1-3
	东山	佚名（斯勒的东巴）		100%	61-226-2-3
鲁甸地区	新主村	和文质		99%	18-206-1-3
		和世俊		98%	12-241-3-3
	鲁甸村	和乌尤		62%	84-59-1-3
		东其		97%	43-261-1-2
	维西	东恒		71%	62-291-1-1

由表 1 我们可以初步得出以下两点：

（1）不同地区的东巴起首符号的书写形态不尽一致。每个地区都有本地区惯用的较为稳定的标志性符号。如宝鸣大地区以 （99-33-4-5）为主，该地区经书中共有 1149 个起首符号，其中此符号形态就有 545 个，占总数的 53%；丽江地区以 （73-322-2-2）为主，此符号共 1649 个，占该地区总数的 75%，鲁甸地区则以 （10-43-1-2）为主，占该地区总数的 82%。丽江地区的起首符号中还经常掺杂有藏文和哥巴文，宝鸣大及其鲁甸地区仅有一处，分别是 （5-263-1-1）、 （56-359-1-1）。该现象可能与不同地区所处的地理位置和经济的发达程度相关。从地域环境交通便利程度看，宝鸣大地区——鲁甸地区——丽江地区，交通便利程度呈渐次增强趋势。

（2）同一地区的东巴起首符号的书写形态不尽相同。不同地区的东巴起首符号的书写形态不一致，甚至同一地区的东巴起首符号的表现形式也不尽相同。如同为丽江地区的东发和和御琴，前者以 （92-195-4-3）为主，后者则以 （41-210-3-1）为主；同为宝鸣大地区大东的郑兴和东知之孙，前者以 （17-43-1-1）为主，后者则以 （6-32-1-1）为主。这可能与东巴独特的传承方式和东巴个人的知识水平有关。

二、同一东巴在不同年龄或同一年龄所写的起首符号

表 2　东巴年龄与所用起首符号对照表

东巴	年龄	经书位置	主要起始符号	经书名称
和世俊	22 岁	75-215-1-2		超度什罗仪式·规程
		75-187-3-3		
	52 岁（1911 年）	11-97-3-2		延寿仪式·献牲·献圣灵药·求福泽

续表

东巴	年龄	经书位置	主要起始符号	经书名称
和世俊	67 岁（1926 年）	68-309-1-3		超度胜利者·竖胜利者天灯树、武官树、美德者树，插胜利旗，挂武官和美德者衣服
	68 岁（1927 年）	69-219-2-2		超度胜利者·董的伊世补佐东巴，点着火把寻找失踪了的胜利者
		69-224-1-3		
和文质	20 岁（1926 年）	70-244-1-1		超度胜利者·迎接优麻神·擒敌仇
	24 岁（1930 年）	33-151-1-1		禳垛鬼仪式·堵塞地缝·后卷
	26 岁（1932 年）	40-36-1-2		除秽·白蝙蝠取经记
	27 岁（1933 年）	12-3-1-1		延寿仪式·大祭署·建署的白塔
	32 岁（1938 年）	16-179-1-1		祈求福泽·祭风招魂·鬼的来历·首卷
东知之孙（大东）	49 岁	38-48-2-3		退送是非灾祸·为优麻战神烧天香·消灭千千万万的鬼怪
	57 岁	6-3-1-1		祭署·开坛经
	64 岁	9-226-2-1		祭署·立标志树·诵开坛经
	68 岁	23-167-1-1		禳垛鬼大仪式·点油灯作供养经
		31-51-1-1		禳垛鬼仪式·送大神经
	69 岁	18-173-1-1		祭毒鬼、仄鬼、云鬼、凤鬼·交鬼食
		89-204-2-2		祭乌利命·送木牌送鸡
和乌尤	20 岁	69-52-2-3		超度死者·生离死别
	26 岁	62-16-2-2		超度死者·死者跟着先祖们去登上面·抛白骨和黑炭
	28 岁以前	61-147-1-1		超度死者·寻找和复原死者的身体
		61-265-1-1		超度死者·绸衣的来历，洒药
	28 岁（1927 年）	68-163-1-2		开神路·拆里塔冥房
	29 岁（1928 年）	24-200-1-1		禳垛鬼仪式·白蝙蝠求取祭祀占卜经
	30 岁（1929 年）	38-253-1-1		退送是非灾祸·驱鬼经卷首
	33 岁（1932 年）	1-223-1-1		祭祀绝户家的天·献牲献饭
	34 岁（1933 年）	84-3-1-1		大祭风·禳除年厄
	35 岁（1934 年）	54-3-1-1		关死门仪式·把死灵从娆鬼手中赎回
	28 岁~40 岁之间	9-202-1-1		祭署·给仄许愿·给娆许愿
		91-183-1-1		招集本丹战神·送神
		43-30-2-2		除秽·用犏牛、牛、羊除秽（上）
	47 岁（1946 年）	21-124-1-1		祭云鬼和风鬼·结尾经
		21-128-1-1		
	50 岁（1949 年）	81-153-1-1		大祭风·十二种牺牲的出处来历

　　从表 2 所列的鲁甸地区新主村东巴和世俊与和文质、鲁甸村和乌尤东巴以及宝鸣大地区大东乡东巴东知之孙在不同年龄和同一年龄所写的起首符号，我们可以得出：

　　（1）一个东巴在不同年龄阶段所写的起首符号形态不尽相同。如表 2 中和世俊东巴在 22 岁时书写的起首符号均使用了海螺的形体，象形性颇强。而在 68 岁时书写的符号则多是两片云彩结合的形式。就书写形态来看，后者较前者更为繁复，前后两者象形性都强。

（2）东巴在同一年龄所写的起首符号也不完全一致。如和世俊东巴在 22 岁、52 岁以及 68 岁时所写起首符号皆不全相同。《全集》具有起首符号并时地明确的经书共涉及的东巴有 59 个，其中在同一册经书中，东巴所采用的起首符号前后不一致的多达 52 个，占总数的 88%。也许是为了避重复或求新奇，他们会或多或少地改变原有起首符号的体态，或是直接创造一个全新的符号。

（3）虽然同一东巴在不同年龄和同一年龄所写的起首符号形态不完全一致，但从宏观上看，每个东巴一生中使用的起首符号形态具有一定的稳定性。和乌尤东巴从 28 岁到 50 岁共用了 99 个起首符号，其中除了个别符号略有差异，用得最多的是这个符号（91-183-1-1），占总数的 90%。和文质东巴从 20 岁到 32 岁时所写的经书中用的起首符号，全是 （40-36-1-2），没有一个例外，稳定性极强。

三、师徒之间的起首符号对比

父子相传是东巴传承的主要形式，其他还包括舅传外甥、叔传侄或拜师学艺等形式。独特的师传方式很大程度上保证了东巴文形态的稳定性，起首符号也属列其中。和世俊是鲁甸乡一带历史较早的东巴，也是鲁甸一带最有名的大东巴，新主上、中、下村及其附近村寨有他的很多东巴弟子，如和文质、杨向芝。其中，和文质与其既是师徒关系，又是爷孙关系，和文质的东巴技艺几乎都来自其爷爷和世俊。和瑞发是和文质的好朋友，他的东巴技艺是向和文质学的。和乌尤东巴是鲁甸村威望极高的大东巴，和云章东巴就是他的弟子①。下面分别列举《全集》中他们所写经书的主要起首符号：

表 3　和乌尤东巴等所写经书的主要起首符号

东巴名（师傅）	卷-页-栏-格	起首符号	起首符号	卷-页-栏-格	东巴名（弟子）
和世俊	14-289-1-2			6-155-1-1	和文质
				69-183-1-1	
				17-305-3-2	杨向芝

---

① 以上内容均参照李国文：《人神之媒——东巴祭司面面观》，云南人民出版社 1998 年版，第 91~237 页。

续表

东巴名（师傅）	卷-页-栏-格	起首符号	起首符号	卷-页-栏-格	东巴名（弟子）
和文质	69-183-1-1			41-225-1-1	和瑞发
	70-231-1-1			42-183-1-1	
和乌尤	37-67-1-1			56-359-1-1	和云章
	2-324-3-2			63-205-1-1	

　　通过比较具有师徒关系的两个东巴所写的起首符号形态，我们可以看出：师傅对弟子起首符号的写法影响颇大。有的东巴弟子完全沿用了师傅的手笔，如表中杨向芝东巴所写的起首符号几乎完全继承了其师和世俊东巴的手笔。当然，《全集》中此类完全继承的例子并不多，多数情况下，东巴弟子对于师傅的手笔更多的是继承，同时也有所创新。有的弟子由于跟从多名东巴学习，在起首符号的书写上就表现出了杂糅的风格，如和云章东巴的 （56-359-1-1）就是藏文与东巴文变体的融合， （46-3-1-1）则是东巴文、哥巴文与藏文的融合。

四、东巴文起首符号的使用特点及其原因

（一）差异性明显、稳定性增强

　　不同地域的不同东巴所用起首符号形态差异明显。由上可知，每个地区、每个东巴基本都有自己的代表性符号。此种差异性的形成有客观原因和主观原因，客观原因包括其所处地理环境、东巴文文字系统发展的不成熟与不完善以及缺少整理规范的过程。主观原因则可能为东巴间的争强斗狠。纳西族分布在滇、川、藏三省区毗邻的澜沧江、金沙江及其支流无量河和雅砻江流域。这里山川、沟壑纵横交错，复杂的地理环境成为了东巴间相互学习交流的天然屏障，直到近年来此种情况才得到改善。

　　虽然各地区起首符号形态各异，差异明显，但从上表中对不同地域不同东巴、同一东巴在同一年龄和不同年龄所用起首符号统计来看，各个地区、各个东巴所用的起首符号整体宏观上仍具有一定的稳定性，而东巴特殊的传承方式则是保障其形态稳定的重要原因。

（二）与东巴文相比，起首符号的符号化更强

　　在东巴经中，起首符号是用来提示经书开始的标志性符号，东巴文则是东巴用来记

录纳西语的符号，具有表词达意的作用。两者功能的差异使得东巴在书写经书时应遵守不同的规则。东巴文的象形性让读者通过它的字符形态就可以大体感知它的含义，所以东巴对于东巴文形体的改造多是在不影响其表意的前提下进行的。而起首符号的形态虽然部分来源于纳西人民生活中的实物，但其特殊的作用使得它的形体更加符号化、简单化，便于使用。

（三）形态繁复的符号易被淘汰

随着年龄的增长，东巴书写水平越来越高，手法越发娴熟，在起首符号的书写上也形成了自己独特的风格。且起首符号特殊的工具性作用使得其形体不宜过于繁复，渐趋符号化发展，因而某些形态较为繁复的起首符号可能由于不符合符号发展规律而很少再用，直至被完全淘汰。如：✿✿（54-247-1-1）、✿（4-156-1-1）、✿（11-21-1-1）。这些符号体态繁复，在经书中就仅仅出现过一次。

五、起首符号对于分域断代的启示

目前，东巴经历时层次的模糊成为了东巴文研究的最大瓶颈，而起首符号作为经书的关键部分，功能特殊，位置醒目，使用频繁，其形态无疑成为了东巴的个人标志。因此，从不同东巴书写起首符号的形态特征，对东巴经书进行进一步的分域断代是完全有可能实现的。以下是我们将时地信息明确的经书中所使用的起首符号与不详地区的进行对照，来推测判定其时地信息，从而进行分域断代。当然，由于比较对照的对象仅有起首符号，可能在说服论证力度上略显单薄，所以此处我们也仅是将推测可能列于此，以便为之后的相关研究提供备用参考。

《全集》96 卷《以花甲的五行等推算孩子的凶吉》属于宝鸣大地区鸣音乡东命，40 岁，1949 年，土牛年三月十日，《全集》第 97 卷《看卦辞之书·时占属相占月占》原属宝鸣大地区不详，63 岁，火年。经对照，后册可能与前册同属于宝鸣大地区鸣音乡，且可能为东命所写。

《全集》第 63 卷《超度死者·关死门，结尾经》属于丽江坝区白沙太平村，《全集》第 53 卷《关死门仪式·都沙敖吐、崇忍利恩、高勒趣三个的传说》以及《全集》第 53 卷《关死门仪式·给牦牛酒法水关死门》两册原属丽江地区不详。经对照，后两册推测可能与第一册同为丽江坝区白沙太平村的经书。

《全集》第 68 卷《开神路·中卷》属于丽江地区坝区大研镇，《全集》第 58 卷《开神路·达树的来历》原属丽江地区不详。经前后对照，后者可能与前者一样为坝区大研镇经书，且可能为同一人所写。

《全集》第 62 卷《超度死者·献牲》属于丽江地区坝区下束河东丹，《全集》第 74 卷《超度什罗仪式，开神路（上），法轮之出处》也属于丽江地区坝区。经对照，两者有可能是同一人所写。

《全集》第 35 卷《退送是非灾祸·献猪鸡牺牲》与第 14 卷《延寿仪式·嘎神神山的出处·请素神、嘎神、俄神·招子嗣福泽及富强》同属于丽江地区不详。经对照，可能为同一人所写。

六、余论

（一）起首符号作为东巴的另一张"身份证"，在长期发展过程中逐渐形成了自己独特的风格，可以说是同中有异，异中有同。从个别来说，差异性明显，但就宏观来看，稳定性却在不断增强。功能的特殊使得其形态越发显得符号化、简单化。随着时代的发展，形态繁复的起首符号可能淘汰。

（二）一般情况下，起首符号在经书中都是单个出现来表示经书的起始。李霖灿在《麽些象形文字标音文字字典》①认为："近日曾见以 、 等符号写于经文之末者，盖倒 字头为'字尾'之用也。"邓章应老师在他的博士论文中也表示东巴经后来还有使用文末（段落末）符号的趋势②。在对《全集》的起首符号整理分析后，我们发现经书中确实存在起首符号放在文末或段末的情况，它们成对出现且前后形态对称，分别表示开始和结束。因其多用在经书的末尾处，之间内容多为跋语和祝福语之类，且前后符号距离相差不超过一节，所以我们认为它可能是东巴为装饰而写的，表示经书结束的可能性不大。《全集》中这样的例子仅有三处，分别是新主村和世俊东巴的《超度放牧牦牛、马和绵羊的人·美利董主、崇忍利恩和高勒高趣之传略》（第67卷227页）和《超

---

① 李霖灿：《麽些象形文字标音文字字典》，文史哲出版社 1972 版，第 131 页。
② 邓章应：《西南少数民族原始文字的产生与发展》，人民出版社 2012 年版，第 102 页。

度胜利者·驱赶冷凑鬼，摧毁九座督支黑坡》（第 70 卷 28~29 页）、东雄东巴的《超
度什罗仪式·在生牛皮上点灯火》（第 73 卷 215 页），分别对应图 1、图 2 和图 3：

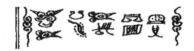

图1

图2

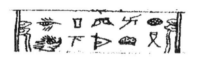

图3

（苟开青，西南大学汉语言文献研究所，1031168222@qq.com）

白地吴树湾村汝卡东巴丧葬用经编目

和根茂

提　要： 白地是纳西族东巴教的发祥地，自古就有"不到白地不算真东巴"的说法，可见在各地东巴心中白地的地位非常之高。但是学者们对白地东巴文化的研究力度还远远不够，对白地汝卡东巴经的研究更少。本文主要介绍了白地吴树湾自然村纳西族汝卡支系的东巴传承情况、纳西族纳罕支系和汝卡支系丧葬情况、汝卡丧葬规程及丧葬用经编目。

关键词： 白地；吴树湾；汝卡；东巴经；编目

前　　言

白地作为东巴教的发祥地，东巴文化保留较好，是各地东巴尊仰的朝圣地，历史上有"不到白地不算真东巴"的说法。白地行政村由八个村子组成，分为白上、白下两片。白上片为：古都村、波湾村、吴树湾村、水甲村；白下片为：恩水湾村、补主湾村、恩土湾村、阿鲁湾村。除阿鲁湾村自称 na²¹ɕi³³（纳喜）外，其他村的纳西族都自称 na²¹hæ⁵⁵（纳罕），而吴树湾村是白地唯一一个纳西族汝卡支系人居住的重要聚居村落。吴树湾村 20%的人口系称"纳罕"的纳喜支系，其余均为称 ʐʋ r⁵⁵kha³³（汝卡）或 la³³gə²¹（拉格）的汝卡支系人口。

汝卡人去世时所祭诵的东巴经、送魂路线、东巴唱腔、仪式规程跟纳喜支系的纳罕人差异较大，因此，吴树湾村的东巴需要同时掌握纳喜支系与汝卡支的唱腔、仪式、规程与东巴经。东巴经是东巴教文化的主要载体。白地汝卡支系的东巴经书自成体系但却又不能完全自足，由于白地现存的汝卡东巴经数量与类型无法完全支撑整个汝卡东巴祭祀活动，白地汝卡支系的东巴经大致可分为两类。一类为只用于汝卡丧葬仪式的汝卡东巴经，另一类则为汝卡东巴与当地纳罕共用的东巴经。本文系白地汝卡支系单独使用的丧葬类东巴用经编目。

一、东巴文献的收集和编目

现国内外公私收藏的东巴古籍达两万余册，内容丰富、卷帙浩繁，不少学者致力于东巴文献的编目，补充、深入探讨东巴文献的总体收藏情况。如北京图书馆编《北京图书馆馆藏东巴经》6 册（1987~1989 年）；朱宝田先生对美国国会图书馆和哈佛大学燕京学社图书馆馆藏的东巴经的编目（1998 年）；郭大烈先生等《中国少数民族古籍总目提要·纳西族卷》（2003 年）；和继全博士论文《白地波湾村纳西东巴文调查研究》对波湾村现存东巴经的编目（2012 年）；喻遂生先生等《俄亚、白地东巴文化调查研究》中对俄亚、白地部分经书的编目（2016 年）；近几年北京东巴文化艺术发展促进会等联合进行的"世界记忆遗产东巴经典传承体系数字化国际共享平台建设研究"课题对国内外图书馆等单位收藏的东巴经的整理、编目等。上述刊布的东巴文献编目中极少有汝卡支系的东巴文献，笔者通过田野调查，对白地吴树湾村的汝卡东巴丧葬用经进行全面、细致的调查、编目，并作出研究，补充汝卡东巴经的研究材料，同时也使东巴文的地域研究更完整，更有说服力。

二、吴树湾汝卡人最后一次大仪式——丧葬仪式

丧葬仪式，是汝卡人一生中最大也是最后一个仪式。当病人卧床不起，病势无好转之势时，家人会通知所有亲朋好友和四邻乡亲，请来东巴，陪伴老人（病人）最后一程，同时准备后事①。病人即将驾鹤西去，家人需准备 sa³³（撒）即口含（一个临时缝制的小布袋，里面放些碎茶、碎银子、没有缺口的男 9 粒女 7 粒米②）。当病人去世后

---

① 白地纳西族的习俗是白事时主人家不用请人来帮忙，知道消息后只要能来的大家都会自觉来帮助，陪伴。
② "男九女七"是纳西族汝卡支系的习俗，比如转烧香塔的次数，丧葬中准备的供品，丧葬后用的柳条白旗，火葬用的木头都是"男九女七"。

东巴边口诵相关的东巴经，边给死者放口含，后合上死者的嘴，这个过程叫 saᶟᶟkhuᶟᶟ（撒克），即放口含。据说，假如死者在身体冰冷前没有得到口含，死者就回不去祖居地，只能去鬼居地，死者的家中也会频频发生种种不顺、家人备受非议；若得到了口含，死者在回祖居地的路途中便有了盘缠，能够顺利到达祖居地与祖先团聚，保佑家中平安顺利。由此，纳西人一直讲究口含的安放。

人断气离世后则要洗尸，按（男九女七）惯例来舀洗尸水，给洗尸水念咒语，称 dʑi²¹na²¹huaᶟᶟ（及纳花），保证用干净的水来为死者洗身。洗身完毕，再用木梳给逝者梳头，全身涂抹酥油，拉直死者的手脚，之后从头到脚换上 ʂɿᶟᶟdʑiᶟᶟ（寿衣）[1]，用纸裹脸避免死者与生人再见，穿戴整齐后把逝者的床移到母屋 tʂuaᶟᶟmeᶟᶟduɯ²¹（主人和贵宾坐的地方），在死者头旁放一张桌子，点油灯、祭献吃食，丧葬仪式由此正式开始。

白地汝卡支系的丧葬仪式一般持续三天，每天需要做很多 tʂərⁿⁿⁿdʐo²¹（者佐）规程。第一天，全村每户人家都带着礼品来祭拜死者，每家带 3 个 naⁿⁿndʐər³³（纳汁）糯米煎饼、男 9 个女 7 个核桃。孝子孝女也陆续开始来献牺牲，一般每户子女都会用一头牛，一到两头猪，和若干只鸡，主人这一家还需要用一只羊，在出殡这天把羊胃用于竖立 miəᶟᶟueᶟᶟda²¹ndʐər²¹（谬威达仔），所有祭献的祭牲宰杀之前都要带到死者旁 khoᶟᶟmvⁿⁿla²¹ta³³（阔木拉搭）祭献给死者，从死者床头牵出一根麻线搭在所献的祭牲身上，表示已交到死者手里。

第二天除了做献饭、献祭牲等仪式外，还要给死者入棺。白地一带的传统棺材叫 khæ²¹（恺），人去世后第二天请村里的木匠师傅在逝者家当场制作，棺材左边画一条雄龙，右边画一条雌龙，若逝者为男性，妻子在世，画雄龙回首；如若逝者为女性，丈夫在世，则雌龙回首；如若伴侣已去世两龙都不回头而朝前。在棺内需放几根刺荆，以防鬼怪在尸体入棺前占了棺材，等到入棺的时候才取出来。到下午太阳快落山时就可正式入棺，入棺后，棺材要放在堂屋中间，一半放入堂屋，另一半放在堂屋外，之后所有的祭祀都在此进行，这天要做好丧前准备工作。

第三天，也是整个丧葬中最忙的一天，雄鸡头鸣时逝者已成家的儿女们要跪在灵前

---

[1] 男死者里穿麻布衣服外穿绸衣，头戴毡帽或者绸缎帽，腰束麻布腰带，脚穿黑靴子或黑布鞋，下身穿麻裤。女死者上身穿纳西传统农服，下身穿白色麻布裙，脚穿红色靴子或者黑色布鞋。

边哭边唤醒逝者，东巴则要吟唱 æ⁵⁵tɕy²¹ba³³da²¹phi⁵⁵（艾居巴达毗）《鸡鸣唤死者》，结束后表示已唤醒死者，给死者献汤、肉、饭等。接着东巴要念从吴树湾开始，最后到phv²¹la³³mø³³kv⁵⁵tɯ³³（普劳目古滴）的汝卡支系送魂路线。吃过早点，东巴们开始布置东巴道场，请神，买东巴，等等，每个 tʂər⁵⁵dzo²¹（者佐）规程都要吹牦牛角号角、敲法鼓、法铃、法锣等法器，逝者如果已为人父母，这天道场则要设在 hæ²¹（含）打粮场。献冥马结束后，请个可靠的人扛松木大经幡（男9尺女7尺），逝者常用的一些个人物品放在一个篮子里背着，小孩们按照逝者性别（男9根女7根），一人扛一根柳条小经幡，走在棺材前到火葬场，把经幡放在一棵大树下就回来。男人们前四个后四个把已经拴好的棺材扛起来，传说给逝者扛棺材可以 i³³ku³³tɕy³³（阴功居）有功德，大家都会争着扛，一般走四五米就会换一次人，从死者家里出来在第一个桥，所有孝子孝女和直系亲属按照年龄一字跪地排开，纳西语叫 gv³³mv³³ndzo²¹（古母左），棺材要从他们头顶经过，在此女的在死者身后磕个头就脱掉孝，不能再往前了。除了超度什罗仪式外，其他仪式出殡后东巴跟在出殡队伍之后也只送到此，在此念了咒语后用一只牛脚或者羊脚做占卜就返回家里。其他男的要继续去到火葬场，到了后由几个 tshv²¹ɑ³³（同一家族）带头，把前一天找好的（男九女七）根粗松柴，架起来刚好可以放棺材，把棺材放上来后，几个手脚麻利的人开始给逝者脱衣服，全身用酒洗一遍，最后年纪最长的人要拿着火把嘴里说着"唵呢叭咪吽"转（男九女七）圈后，要在正面点火，一场丧葬也伴随着这一缕青烟结束。

三、吴树湾汝卡东巴丧葬用经编目

逝者为大，汝卡人去世后一般连续三天都要做仪式超度，其间会有逝者生前亲朋好友前来祭拜。孝子孝女披麻戴孝，每个规程中都会带着祭品前来祭献给逝者，每次都会在逝者灵前哭诉，此曲调凄美，唱词感人，不管听不听得懂语言，听到的人都会不禁伤感泪流满面，（so³³ŋi³³mæ³³dɯ⁵⁵dɯ³³v⁵⁵zi³³le³³kæ²¹kha³³le³³mi³³，ɑ³³sʅ²¹kha³³le³³mi³³lo³³mə³³ɹø³³从今往后，即使听到世间万物的声音，再也听不到父亲您的声音）……我们根据白地吴树湾汝卡东巴丧葬用经顺序，讲述吴树湾村汝卡丧葬仪式。

1. 生送经

si²¹pv³³

生 送

汉译：生送经

按语：人去世后，东巴要给逝者口含（要在一个临时缝制的小布袋，里面放些碎茶、碎银子、没有缺口的男 9 粒女 7 粒米）。东巴边口诵 si²¹pv³³（生送），边给死者放口含，并把死者的嘴合上，这个过程纳西语叫 sɑ³³khɯ³³（撒克），也就是放口含。此经为口诵经。

2. 洗身水念咒语经

图1　洗身水念咒语经

dʑi²¹水。

na²¹黑。

hua⁵⁵白鹇，借作"咒语"，读作 hua³³。

uo²¹谷堆，借作"是"。

238

$\mathfrak{Z}$ me^{33}雌，借作"的"，读作 me^{24}。

dʑi^{21}　na^{21}hua^{33}uo^{21}me^{24}

水　黑　咒　是　的

译文：洗身水念咒语经

25cm×9cm，9 页，烟盒书写，左侧线装。

按语：人去世后在逝者身体还有体温的时候，就要给逝者最后一次洗澡，纳西语称 gv^{33}mv^{33}tʂhər^{55}tʂhər^{33}（古母赤持）[1]，诵此经是给洗澡水念咒语，让逝者所用的洗澡水里没有不干净的东西，此时一般不会让女人在场，相传女人的哭声会让死者不能安心离去，甚至会眼睛再睁上片刻，为了防止类似情况出现，一般不会让女人、小孩参与此过程。

3. 油灯经

图2　油灯经

$\mathfrak{Z}$ to^{33}mba^{33}ʂæ^{55}lər^{33}东巴什罗，在此不读音。

$\odot$ ma^{21}酥油。

mi^{55}火，在此读作 mi^{33}。

tʂʅ^{55}土，借作"点"，读作 tʂʅ^{33}。

ma^{21}mi^{33}tʂʅ^{33}

（不读）油 火　点

译文：点油灯经

25cm×9cm，21 页，烟盒书写，左侧线装。

---

[1] 传说古时候有些民族一生才洗两次澡，出生的时候一次，去世时一次，纳西族汝卡支系也曾有这个习俗，随着时代的发展越来越注重个人卫生了，这个习俗也就慢慢消失了，至今保留着去世后给逝者洗澡这个习俗。

按语：人去世后去阴间的道路上是黑暗无光的，点上了油灯就能照亮逝者前行的道路，也可以有光照着吃饭、起居等，从人去世开始，在他头旁放着一张小桌子，桌上点着一盏油灯，出殡前需要一直守着这盏油灯，不能让它熄灭。

4. 献祭牲经

图3　献祭牲经

kha^{21} 栅栏，借作"杀"，读作 kho^{33}。

mv^{55} 簸箕，借作"祭牲"（牺牲）。

la^{21} 手。

ta^{33} 匣子（箱子），借作"交"。

uo^{21} 谷堆，借作"是"。

me^{33} 雌，借作"的" me^{24}。

$kho^{33}mv^{55}la^{21}$　　$ta^{33}uo^{21}me^{24}$

杀　牺牲　手　　交　是　的

译文：献祭牲经

25cm ×9cm，6 页，烟盒书写，左侧线装。

按语：子女用在给逝者的牺牲，这些牺牲逝者都会带到祖居地。一般子女每户要用一头牛、一到两头猪，还有若干只鸡，主人家还要用一只山羊。丧葬中要宰杀这些牺牲前，每户都要来 kho³³mv⁵⁵la²¹ta³³（把祭牲交给逝者）la²¹ta³³是指交在他手上，东巴从逝者床头牵一根麻线，拴到所献的牲畜身上，念完此经才解开绳子，表示牺牲已交到逝者手里。

5. 吴树湾汝卡献茶点经

图4　吴树湾汝卡献茶点经

ʐv³³刀。

kha³³角，两字连读借作 ʐvr⁵⁵kha³³（汝卡）。

le³³茶。

nv⁵⁵黄豆。

ʥi⁵⁵羊毛剪。三字连读借作 le³³nv⁵⁵ʥi⁵⁵（献茶点）。

uo²¹谷堆，借作"是"。

me³³雌，借作 me²⁴

lv³³ɡɯ³³裂石。

ue³³村。

ʂʅ⁵⁵肉，借作"新"。

ue³³村。四字连读借作 lv³³ɡɯ³³ue³³ʂʅ⁵⁵ue³³裂石下的新村（吴树湾）。

ʐvr⁵⁵kha³³ le³³ nv⁵⁵ ʥi⁵⁵　　uo²¹me²⁴　　lv³³ɡɯ³³ ue³³ ʂʅ⁵⁵ ue³³

汝卡　　茶点放　是　的　　石裂村新村

汉译：吴树湾汝卡献茶点经

32.5cm×10.6cm，东巴纸，左侧线装。

按语：每家每户都要给逝者献茶点，所带的茶点一般为三个油炸糯米粑粑、男九女七个核桃，ko²¹pe³³（舂打过的碎谷粒）每一家都要说了家名后还要说出祖上三代的名字，告诉逝者他们家给你带来了供品。

6. 献初汤经

tho²¹ho³³phi³³
初　汤　献
译文：献初汤经
按语：人去世后，杀了牺牲以后，在所有祭牲的脖子上割下一块瘦肉煮了，祭献给逝者，让逝者先吃。

7. 找药经

图5　找药经

丩 tʂhər⁵⁵代，借作"药"。

𰀣 ndø³³赶，借作"找"。

𰀤 uo²¹谷堆，借作"是"。

⋛ me³³雌，借作"的"me²⁴。

tʂhər⁵⁵ndø³³uo²¹me²⁴
药　　找　是　的
译文：找药经

25cm×9cm，21 页，烟盒书写，左侧线装。

按语：此经讲述的是人去世后，在世的亲人给逝者找药，不论他生前有什么疾病，希望去世后都得到康复，回到祖居地后无病无痛，吃好、喝好、睡好。这是纳西族汝卡支系的一本药学书，记录了许多药材。

8. 酒、肉、饭的来历经

图6　酒、肉、饭的来历经

▭ tʂʅ²¹土。

⩜ pu⁵⁵艾蒿。

⌁ uo²¹鹅，借作"是"。

𝌆 me³³雌，借作"的"，读作 me²⁴。

tʂʅ²¹ pu⁵⁵uo²¹me²⁴

纸　布　是　的

译文：酒、肉、饭的来历经

25cm×9cm，11 页，烟盒书写，左侧线装。

按语：要给逝者献饭、献酒、献肉时，要说出，酒、肉、饭的来历出处。

9. 献饭经

图7　献饭经

𝌆 ha⁵⁵饭。

𝌆 ʂʅ²¹黄，借作"献"。

𝌆 uo²¹谷堆，借作"是"。

𝌆 me³³雌，借作"的"，读作 me²⁴。

ha⁵⁵ʂʅ²¹ uo²¹me²⁴

饭　献　是　的

译文：献饭经

25cm×9cm，5 页，烟盒书写，左侧线装。

按语：给死者献饭时所念的经书，孝子孝女们带上煮好的肉、炒好的瘦肉、豆腐等拿出家里最好的东西放在小簸箕里带到逝者前，经书里念到 mi³³le³³kha³³的时候要把带来的每样吃食用筷子夹出一点撒到灵前，其余的要放入 tɕiər⁵⁵bø³³（很大的两个皮口袋），这些祭品是逝者路上所带的盘缠。

10. 超度逝者挽歌经

图8　超度逝者挽歌经

y^{21}绵羊

$d\partial r^{55}$池，在此读作 dua^{55}。

la^{33}

uo^{21}

me^{24}

y^{21}　　$\text{dua}^{55}\text{ la}^{33}$　　$\text{uo}^{21}\text{ me}^{24}$

与　　端　　拉　　是　　的

汉译：超度逝者挽歌经

25cm×9cm，2 页，烟盒书写，左侧线装。

按语：晚上吃过饭，亲朋好友围一圈坐在灵柩前，主祭东巴念完这两页经后要给一大瓢漱口水念咒语，与在场的亲朋好友一起漱口后诵唱 108 句"唵嘛呢叭咪吽"$o^{33}\text{ma}^{21}\text{nu}^{55}\text{pe}^{33}\text{mi}^{33}\text{ho}^{21}$，给逝者超度。

11. 放领路鸡经

图9　放领路鸡经

ʐ̩³³ 路。

æ²¹ 鸡。

khɯ³³ 脚，借作"放"。

uo²¹ 谷堆，借作"是"。

me³³ 雌，借作"的"，读作 me²⁴。

ʐ̩³³ sv³³ æ²¹ khɯ³³ uo²¹ me²⁴

路领　鸡　放　是　的

译文：放领路鸡经

25cm×9cm，2页，烟盒书写，左侧线装。

按语：东巴念完这2页经书后，要口诵从吴树湾开始到 phər²¹la³³mø³³kv⁵⁵ʈɯ³³ 的汝卡送魂路线，之后要把领路鸡放在逝者的灵前，请鸡给逝者带路回到祖居地。

12. 给最后一餐饭经

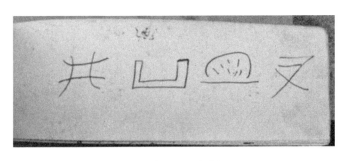

图10　给最后一餐饭经

共　gu⁵⁵粮仓。

凵　dʑo²¹马槽。

▨　uo²¹谷堆，借作"是"。

乂　me³³雌，借作 me²⁴（的），四字连读借作 gu⁵⁵dʑo²¹uo²¹me²⁴（贡佐是的）。

共　凵　▨　乂

gu⁵⁵dʑo²¹ uo²¹me²⁴

贡　佐　是　的

按语：给最后一餐饭经

25cm×9cm，6页，烟盒书写，左侧线装。

提要：这是在家的最后一顿饭，从此要与家人离别，在世的人故意说家里村里没有人留恋你，想让逝者了无牵挂地离去，要用两份饭来祭献，两份饭一共只用一只筷子，要把筷子劈成两半，一半往上放在一份饭食盘子里，另一份往下，放在另一个饭食盘里，然后把筷子往下的那一份献给逝者，把筷子朝上的那一份带回给主人，把那一半筷子放入筷子笼里。

13. 称颂、安慰能者经

图11　称颂、安慰能者经

👹　to³³mba³³东巴，在此不读音。

sꭠ³³木。

bv³³锅。两字连读 sꭠ³³bv³³（能者）。

khu⁵⁵门。

duɯ²¹大，两字连读借作 khu⁵⁵duɯ²¹（夸奖）。

thv³³桶，借作"出"。

me³³雌，借作 me²⁴（的）。

sꭠ³³bv³³khu⁵⁵duɯ²¹thv³³uo²¹me²⁴

（不读）能者　口　大　出　是　的

译文：称颂、安慰能者经

24cm×9cm，25 页，东巴纸，老经书，左侧线装。

按语：献饭时要念此经，逝者已逝，后人给逝者夸奖、安慰。

14. 称颂、安慰经

图12　称颂、安慰经

to³³mba³³东巴，在此不读音。

ɑ²¹绿松石，借作ɑ²¹tshi⁵⁵

tshi⁵⁵肩胛骨，借作ɑ²¹tshi⁵⁵

uo²¹谷堆，借作"是"。

me³³雌，借作 me²⁴（的）。

ɑ²¹tʂhi⁵⁵uo²¹me²⁴

（不读）称 颂　是　的

译文：称颂、安慰经

27cm×9.5cm，东巴纸，封面彩色，左侧线装。

按语：献饭时要念此经，给逝者夸奖、安慰，让他走好。

15. 加福泽经

图13　加福泽经

to³³mba³³东巴，在此不读音。

nɯ³³心。

ɑ²¹骨节，两字连读借作"福泽"。

sa³³气，借作"加"（留住）。

nɯ³³　ɑ²¹　sa³³

（不读）福　泽　加

译文：加福泽经

28.5cm×10.5cm，11 页。

按语：把逝者的福泽加给（留给）后代。

16. 鸡鸣唤亲人经

æ⁵⁵tɕy²¹ba³³da²¹phi⁵⁵
鸡 鸣　唤亲 人

汉译：鸡鸣唤亲人经

按语：雄鸡头鸣时逝者已成家的儿女们要跪在灵前边哭边唤醒逝者，东巴就要吟唱 æ⁵⁵tɕy²¹ba³³da²¹phi⁵⁵（哎居巴达皮）《鸡鸣唤死者》，结束后表示已唤醒死者，就要给死者献汤、肉、饭等。之后要念送回路线从吴树湾开始，最后送到 phv²¹la³³mø³³kv⁵⁵tɯ³³（普劳目古滴）十八层天上，口诵经。汝卡人家在做此规程时，分民间和东巴，民间的口诵经和东巴的口诵经是不一样的，民间的那套比较短，一般汝卡人家在老人去世后，请东巴来做 æ⁵⁵tɕy²¹ba³³da²¹phi⁵⁵，有些地方又叫 æ⁵⁵tɕy²¹tshv²¹i⁵⁵ʂv³³（鸡鸣唤醒鬼）。

17. 汝卡请神经

图14　汝卡请神经

ʐvr⁵⁵刀。

kha³³牛角，两字连读借作 ʐvr⁵⁵kha³³（汝卡）。

ka³³uo³³ka³³dʑo²¹出殡当天东巴道场之形。

ka³³鹤，给 ka³³uo³³ka³³dʑo²¹出殡当天道场之形注音。

uo²¹头顶，借作"是"。

me³³麦子，借作助词"的"，读作 me²⁴。

ʐvr⁵⁵ kha³³ka³³uo³³ka³³dʑo²¹uo²¹me²⁴

汝　卡　　请神 道场　 是 的

译文：汝卡请神经

26cm×10cm，44 页，东巴纸，左侧线装。

按语：出殡当天早上在做仪式前迎请神，把神的威力加在自己身上，这一天如果去世的是ɑ³³sɿ²¹ɑ³³me³³（为人父为人母的人）东巴道场要设在主人家的 hæ²¹（家里有粮架的地方）。因是露天，为了防止下雨、下雪等天气，会在各个粮架之间搭上帐篷，ka³³uo³³ka³³dʑo²¹道场一般都面向东南方向，东巴用的所有法器经书都会放在那里。

18. 法器的出处来历经

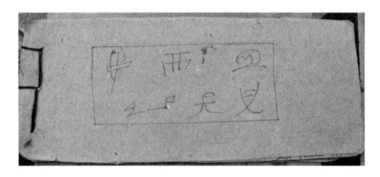

图15　法器的出处来历经

ndʑo²¹桥。

ʂvr³³满了溢出，两字连读借作 ndʑo²¹ʂvr³³（法器）。

thv³³桶，借作"出"。

gv³³低头，借作"成"。

uo²¹谷堆，借作"是"。

ꀕ me³³雌，借作"的"，读作 me²⁴。

ndʐo²¹ʂvr³³thv³³ gv³³ uo²¹me²⁴
法器　　出　处　是　的
译文：法器的出处来历经

30cm×12.5cm，12 页，牛皮纸，左侧线装。

按语：在祭祀当天所用的法器、法帽、法衣、法鞋等一切东巴用的东西在用前要说出其出处来历。

19. 请东巴经

to³³mba³³hæ³³
东巴　买
译文：请东巴经

提要：在出殡这一天仪式开始前，有个买东巴的环节，家里的 sv³³khv²¹（请家神）的东巴，在这一天仪式正式开始前，要来到东巴道场上买东巴（请东巴前来做法事），东巴在做仪式的时候已泄露了天机，所以在买东巴的时候要说他们是来自很远的地方，是跟后面的推（脱）罪经密切相关的口诵经。

20. 规程用酒来历经

zʅ³³na²¹so³³tʂʅ⁵⁵ thv³³gv³³
酒 黑 三 规程 出处
译文：规程用酒来历经

按语：在用酒前，要说明用于规程中的酒的出处来历，口诵经。

21. 规程使唤经

mv³³tʂər³³
规程使唤
译文：规程使唤经

按语：出殡当天主祭东巴把当天要准备的所有东西和规程告诉一个小东巴告知家里 sv³³khv²¹的东巴，口诵经。

22. 加威力、刀的出处和法仗经三经合一

图16　加威力、刀的出处和法仗经三经合一

to³³mba³³东巴手持法杖，在此不读音。

phər²¹白。

ndzər²¹威力。

ʂu²¹铁，借作"加"，读作tʂæ³³。

ʂu²¹铁，借作"加"，读作tʂæ³³。

gæ²¹刀。

thv³³桶，借作"出"。

gv³³蛋，借作"地方"。

mv⁵⁵thv³³法杖。

thv³³奶渣，借作法杖中的一个音节。

tse³³用。

　phər²¹ndzər²¹tʂæ³³　gæ²¹ thv³³　gv³³ mv⁵⁵thv³³tse³³

（不读）　加威力　　　刀 出　　处 法仗 用

汉译：加威力经；法刀的出处来历经；法杖经

29cm×9.5cm，30页，东巴纸，老经书，彩色，左侧线装。

按语：此经是加威力、刀的出处和法仗经三经合一。ndzər²¹tʂæ³³要在 le³³tɕiə³³（煨茶）时念，逝者要去了把威力给他，让整个三坝的大东巴的威力都加给他。gæ²¹thv³³gv³³讲述的是东巴法刀的出处和来历，法刀用在献冥马中的除秽仪式。mv⁵⁵thv³³tse³³法杖的出处来历，主祭东巴在丧葬中所使用的的法杖又叫la³³ho²¹mv⁵⁵thv³³。

23. 祭献贡品经

图17　祭献贡品经

🐟 to³³mba³³东巴手持法杖，在此不读音。

🐟 ne⁵⁵苋米。

🐟 ne⁵⁵苋米，两字连读借作 ne³³ne²¹（贡品）。

🐟 uo²¹头顶，借作"是"。

🐟 me³³雌，借作助词 me²⁴（的）。

🐟　　🐟🐟　　🐟🐟

　　　ne³³ne²¹ sv³³uo²¹me²⁴

（不读）贡品　祭　是　的

译文：祭献贡品经

29.9cm×10.6cm，13页，东巴纸，左侧线装。

按语：逝者在去世后，要给对方接他的人带礼物。

24. 开门经

图18　开门经

☲　to³³mba³³东巴，在此不读音。

▦　gv⁵⁵九。

⌢　mbu²¹坡。

⊥　ŋv³³祖先。

☲　　▦　⌢　⊥

　　　gv⁵⁵mbu²¹ŋv³³

（不读）九　坡　　祖先

译文：开门经

9cm×29.5cm，东巴纸，老经书，左侧线装。

按语：又叫 tʂæ³³gv³³phu³³，死者回去时死门关着不让他去，所以东巴要帮死者开门，要砍掉 miə³³ue³³da²¹ndʐ²¹逝者才能过去死者之地。

25. 送逝者回祖居地经

tʂər³³tʂər⁵⁵ndo⁵⁵ndo³³

指　　至　垛　躲

汉译：送逝者回祖居地经

按语：把逝者送回他家历代祖先之后，从此他也是神仙了，口诵经。

26. 献冥马经

图19　献冥马经

ʐua⁵⁵gɯ²¹

马　抖

汉译：献冥马经

11cm×30cm，30页，东巴纸，老经书，左侧线装。

按语：献冥马在丧葬仪式末尾，东巴在念此经的同时，一个东巴带着除秽的火把从把头开始除秽，另一个带上念好咒语的咒水撒在马鬃毛上，孝子孝女们会跪在地上祈求逝者骑马，马全身抖动就算逝者已骑上马，就可以出殡。

27. 拆帐篷经

图20　拆帐篷经

🛉 to³³mba³³东巴，在此不读音。

🛉 kv⁵⁵蒜。

🛶 mbər⁵⁵sv³³kv⁵⁵ʥi²¹牦牛毛（雨衣）帐篷。两字连读 kv³³mbər⁵⁵帐篷。

🛶 khæ³³射箭，借作"拆"。

🛶 uo²¹谷堆，借作"是"。

🛶 me³³雌，借作 me²⁴（的）。

🛉　　　🛉　🛶　🛶　🛶　🛶

　　　　kv³³mbər³khæ³³ uo²¹ me²⁴

（不读）帐篷　　拆　是　的

汉译：拆帐篷经

10cm×29cm，19 页，东巴纸，老经书，左侧线装。

按语：做完仪式有一个拆帐篷仪式，表示仪式已做完，逝者可以离去。

28. 推罪经

图21　推罪经

🛉 to³³mba³³东巴，在此不读音。

🛶 mi⁵⁵火。

🛶 khə³³篮子，两字连读借作 miə³³kɯ²¹（罪责）。

 phv³³雄，借作"推脱"。

 o²¹鹅，借作 uo²¹（是）。

 me³³雌，借作 me²⁴（的）。

miə³³kɯ²¹phv³³uo²¹me²⁴

（不读）罪责　推脱　是　的

译文：推罪经

9.5cm×27cm，牛皮纸，左侧线装。

按语：东巴教认为，东巴是给人鬼神沟通的使者，做仪式用了很大的法力，泄露了天机，所以做完仪式把罪过推给不知道的地方和不知道的人。

29. 送神经

图22　送神经

 to³³mba³³东巴，在此把不读音。

 phər²¹解开。

 la²¹手，两字连读借作 phər²¹la²¹（神）。

 pv³³蒸，借作"送"。

 uo²¹头，借作"是"。

🐾 me³³雌，借作 me²⁴。

🐾　　　步 🐦 ⅏ 免 🐾

　　　　phər²¹la³³pv³³　uo²¹me²⁴
（不读）神　　送　是　的

译文：送神经

10.5cm×29.8cm，12 页，牛皮纸，左侧线装。

按语：做仪式时请来各路神仙，请神仙的威力加在东巴身上，这样东巴在做仪式时法力无边，做完要把请来的神仙送回去。

30. 吴树湾祖先经

图23　吴树湾祖先经

🐾 lv³³gɯ³³裂石。

🐾 ue³³村寨。

🐾 ʂʅ⁵⁵肉，借作"新"。

🐾 ue³³村寨。四字连读借作 lv³³gɯ³³ue³³ʂʅ⁵⁵ue³³裂石下新村，也就是今天的吴树湾。

🐾 dɯ³³大，借作"一"。

🐾 mbe³³雪，借作"村"。

形 gə³³上，借作"的"。

天 hi⁵⁵人。

彐 tʂhər³³代。

皿 uo²¹谷堆，借作"是"。

艮 me³³此，借作助词。

XX　风⟡　风　兜兜　形天彐　皿艮

lv³³gɯ³³ue³³　ʂʅ⁵⁵　ue³³ dɯ³³mbe³³ gə³³　hi⁵⁵tʂhər³³uo²¹me³³

裂　石村新　村　一村　的　人代是的

译文：吴树湾祖先经

10.5cm×30.5cm，52页，牛皮纸，左侧线装。

按语：以前汝卡支系的都只记了三代祖先，现在吴树湾的祖先经书从以前的三代扩展到了更多代的祖先，在丧葬中很多地方都要用到此经书，把逝者送回祖先身后。

31. 勒务搓歌本

图24　勒务搓歌本

形 to³³mba³³东巴，在此为封面纹饰无实际意义。

形 to³³mba³³东巴，在此不读音。

gv²¹熊。

dʐo²¹马槽。

zɿ³³草，三字连读作 gv³³dʐo²¹zɿ³³dʐo²¹古佐斯佐。

uo²¹谷堆，借作"是"。

me³³雌，借作 me²⁴（的）。

　　　　　　　　　　　　　　　　gv³³dʐo²¹zɿ³³dʐo²¹uo²¹me²⁴

（不读）古　佐　斯　佐　是　的

汉译：勒务搓歌本

10.5cm×30cm，31页，牛皮纸，左侧线装。

按语：纳罕人去世时晚上要 ze²¹tsho³³（热搓），而汝卡人家则要 le²¹u⁵⁵tho³³跟纳罕家的 ze²¹tsho³³（热搓）类似。此经书是用于 le²¹u⁵⁵tho³³（勒务搓）时所用的唱词，刚开始是一圈人围在院子里跳到了后半夜，跳累了就开始坐着唱，一直到天亮。

32. 献饭、斧头的用处经

图25　献饭、斧头的用处经

to³³mba³³东巴，在此不读音。

ŋv²¹银，借作 ʂɿ²¹ŋv⁵⁵献饭中的一个音节。

ʂʅ²¹黄，借作 ʂʅ²¹ŋv⁵⁵献饭中的一个音节。

mbe²¹斧头。

tse³³用。

uo²¹谷堆，借作"是"。

me³³雌，借作 me²⁴（的）。

ʂʅ²¹ ŋv⁵⁵ mbe²¹tse⁵⁵uo²¹me²⁴

（不读）献 饭 斧头 用 是 的

译文：献饭、斧头的用处经

10cm×30cm，32 页，牛皮纸，左侧线装。

按语：此经书是把献饭和斧头的用处两本经书合在一起。除了 tʂʅ²¹pu⁵⁵（只布），ha⁵⁵ʂʅ²¹（哈时）两本经书外 ʂʅ²¹ŋv⁵⁵（时恩）也是献饭经。mbe²¹tse⁵⁵（备争）要用斧头砍 miə³³ue³³da²¹dzər²¹时要念斧头的出处来历和用途。

33. 仪式结束抹酥油

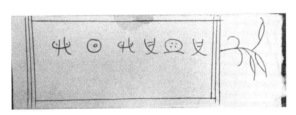

图26　仪式结束抹酥油

ba³³蛙。

ma²¹酥油。

ba³³蛙。三字连读借作 ba³³ma²¹ba³³末酥油仪式。

me³³雌，借作"的"。

uo²¹谷堆，借作"是"。

me³³雌。借作助词 me²⁴（的）。

ba³³ma²¹ba³³me³³uo²¹me²⁴

抹酥油　的　　是　的

汉译：仪式结束抹酥油

按语：白地汝卡人在丧葬仪式结束后，家里 sv³³khv²¹（素库）东巴要给当天帮忙的所有人头上要抹酥油，表示仪式已完成，同时感谢大家帮忙。在抹酥油前要念此经。

余　论

白地汝卡丧葬仪式因逝者的年龄、身份、支系不同而有所差异。

（一）受年龄影响

（1）小孩夭折。夭折小孩的丧葬仪式比较简单，中间会省去很多环节，出丧当天所有仪式 tʂər⁵⁵dʐo²¹（者佐）规程，需在院坝中进行。

（2）ɑ³³sɿ²¹ɑ³³me³³（阿嘶阿美）已为人父人母。这种情况在丧葬中需要做整套的仪式，出殡这天要把道场设到 hæ²¹（海）粮场里，在这里做所有仪式，

（3）还未为人父母，主要包括未婚青年与已婚未育者。出丧那天道场不设在 hæ²¹（海）粮场里，直接设在院子里，因没有子女侄子侄女戴孝，由年龄更小的弟弟妹妹戴孝。

（二）受身份影响

1. 非东巴者去世

（1）若正常死亡。ɑ³³sɿ²¹ɑ³³me³³（阿嘶阿美）与上阿嘶阿美同。非父母与上非父母同。

（2）遇正常死亡。汝卡人在外非正常死亡，遗体一般不会进家门，在家外空地里设道场做仪式。有的甚至不到村里来，在村附近的空地里做仪式，所做的仪式和用的东巴经也不一样，这个仪式一般东巴都会回避，只有法力很高的东巴敢做，所用的经书也跟一般丧葬不同。

2. 东巴去世

东巴的丧葬仪式比非东巴者的丧葬更加复杂。

（1）用经。不但要念以上的很多东巴经，还有一套超度什罗仪式东巴经。

（2）舞蹈。东巴去世后，在家给了寿衣，做好 phe²¹ndʐo²¹tso³³（赔作左）用神路图从房顶连接到去世东巴床头后，全村东巴都穿上东巴服饰，从家里开始跳东巴舞一直到火葬场去 mbv²¹tsv³³gæ³³（布佐赶）占火葬场，到火葬场后顺时针跳九圈东巴舞，回到家里继续做东巴仪式，出殡当天也要在东巴道场跳东巴舞，主祭东巴左手持板铃右手持法杖领头绕棺材跳东巴舞，有个东巴需右手持 ʂv²¹phər²¹kə⁵⁵tʂə²¹（属盘格者）要去 mv³³lɯ⁵⁵da²¹dzi²¹hɯ³³（木利达吉呵）里捞什罗①，东巴们会用一个大平顶锅里面放上水，编一个什罗模样的人偶放在里面，要用 ʂv²¹phər²¹kə⁵⁵tʂə²¹（属盘格者）把他捞上来每一圈只能捞一次，一直到捞出来，其他东巴左右手分别持有板铃和法鼓，出殡后东巴要带头跳着东巴舞蹈火葬场，等棺材放好后要按顺时针跳九圈东巴舞之后猜呢鞯点火，东巴要脱掉所有东巴服饰和法珠等。

3. 特殊仪式

kə²¹bu³³æ²¹（格布埃），kə²¹bu³³（格布）即东巴之弟子，æ²¹（埃）对唱，大东巴去世后，最后一天出殡前其弟子侧躺在灵前右手拿着法鼓，用法鼓遮住右侧脸，左手拿着板铃（法铃），中途还要摇动板铃和法鼓，与主祭东巴有一个对唱 kə²¹bu³³æ²¹（格布埃）经，是弟子对师傅的哭诵。

（三）受支系影响

在吴树湾有汝卡和纳罕两个纳支系，做仪式时有两套不同的东巴经，其中有一部分东巴经是属于两个支系共用，汝卡纳罕两个支系的丧葬仪式主要的区别在于：所用经书、唱腔、晚上跳的舞和有些规程、火葬场。在当地居民心中，两个仪式有着明显的区别。

（和根茂，西南大学汉语言文献研究所，genmao520@qq.com）

---

① 相传东巴什罗是在 mv³³lɯ⁵⁵da²¹dzi²¹hɯ³³（木利达吉呵）里中毒身亡，所以在超度什罗仪式里需要在 mv³³lɯ⁵⁵da²¹dzi²¹hɯ³³（木利达吉呵）里吧什罗捞上来。